岭南乡村印象丛书

畅古谈今 印象石灰埔

郭小清 蓝永红 主编

华南理工大学出版社

·广州·

图书在版编目（CIP）数据

畅古谈今：印象石灰铺/郭小清，蓝永红主编．—广州：华南理工大学出版社，2016.1

（岭南乡村印象丛书）

ISBN 978-7-5623-4883-2

Ⅰ．①畅… Ⅱ．①郭… ②蓝… Ⅲ．①乡镇－概况－英德市 Ⅳ．① K926.55

中国版本图书馆 CIP 数据核字（2016）第 022411 号

畅古谈今：印象石灰铺
Changgutanjin：Yinxiang Shihuipu

郭小清　蓝永红　主编

出 版 人：	卢家明
出版发行：	华南理工大学出版社
	（广州五山华南理工大学 17 号楼，邮编 510640）
	http://www.scutpress.com.cn　E-mail: scutc13@scut.edu.cn
	营销部电话：020-87113487　87111048（传真）
策划编辑：	王　磊
责任编辑：	谢茉莉
印 刷 者：	广州市人杰彩印厂
开　　本：	787mm×1092mm　1/16　印张：16.25　插页：1　字数：301 千
版　　次：	2016 年 1 月第 1 版　2016 年 1 月第 1 次印刷
定　　价：	85.00 元

版权所有　盗版必究　　印装差错　负责调换

编辑委员会

主　　任：郭永红

副 主 任：林秀丽　刘丁科　蓝惠忠

委　　员：林　谦　沈志雄　华　北　钟光惜　范秀和
　　　　　钟履华　李少环　黎海坤　曾文亮

主　　编：郭小清　蓝永红

参　　编：李寒冰　石早娣　黄双娣　林永威　王享修
　　　　　蓝玉珍　黄祖近　陈伟清　包继强　范兰福
　　　　　冯碧燕　郭　妹　石建廷

项目策划：舟义文化

石灰铺镇文物古迹及旅游资源分布图

石灰铺镇行政区划图

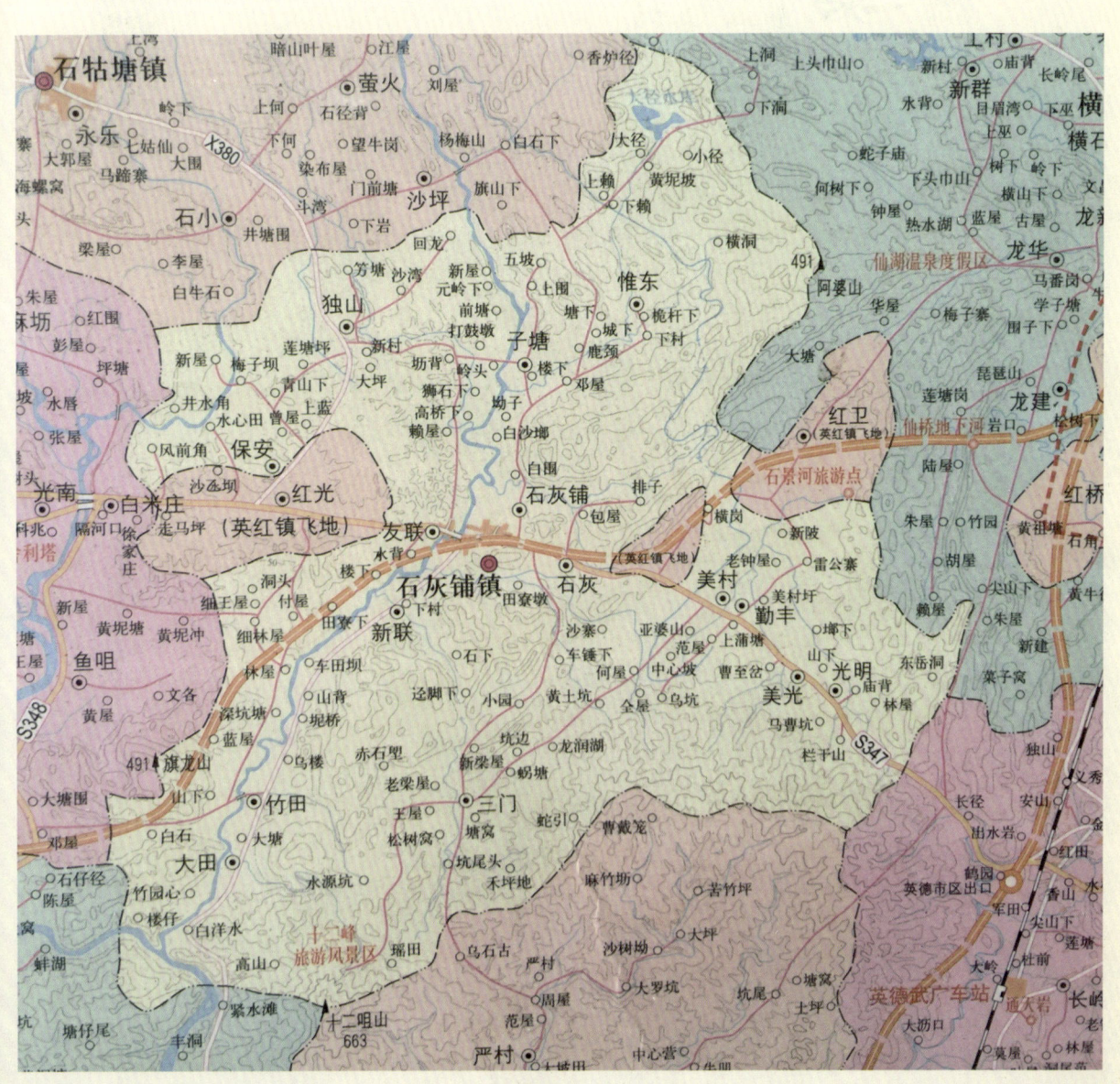

审图号：粤S（2011）108号

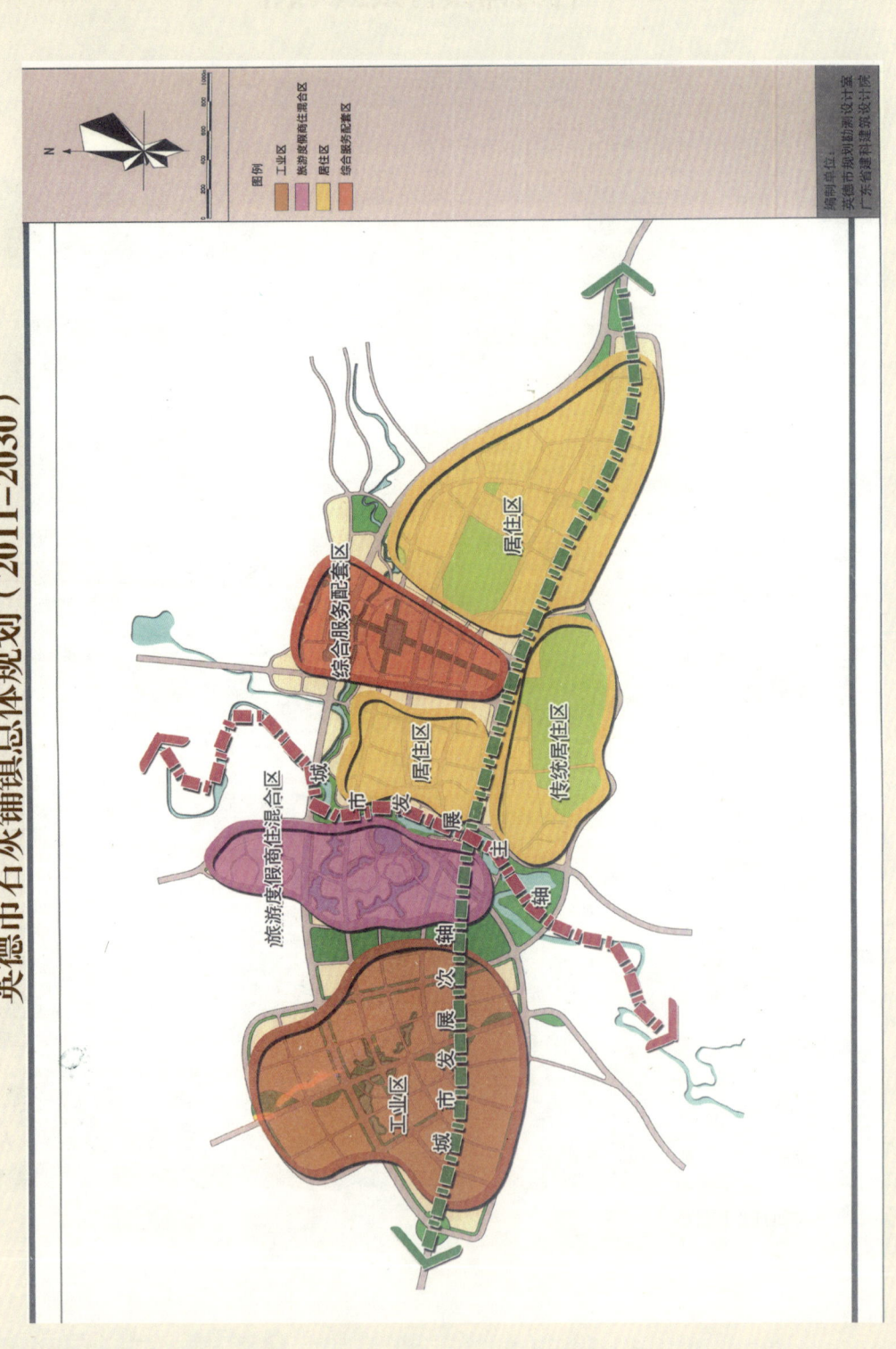

英德市石灰铺镇总体规划（2011-2030）

石灰铺镇名片

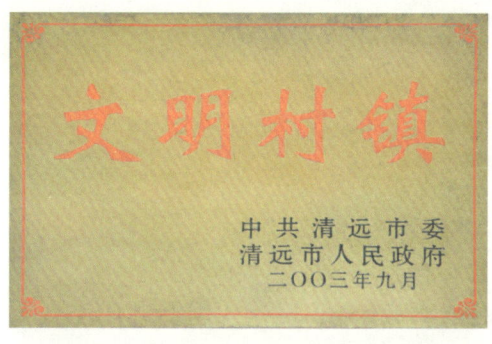
清远市文明村镇

清远市文明小康镇

清远市畜禽生产大镇

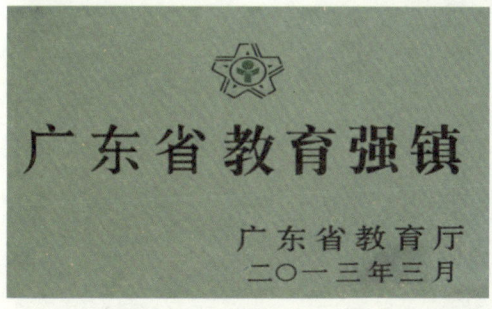
广东省教育强镇

石灰铺镇名片

广东省卫生村——坝角村

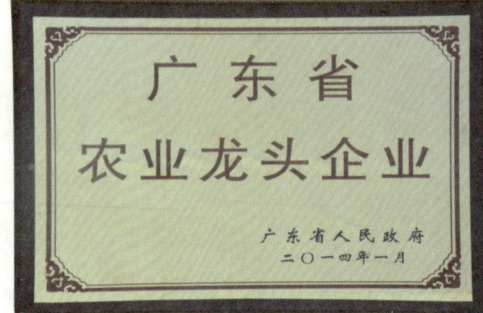

广东省农业龙头企业——德丰公司

英德最大村级农贸市场——美村市场

纳税大户——宝江水泥材料有限公司

凡例

一、本书贯通古今，详今略古，上溯至西汉，下迄至公元2014年。

二、本书以述、记、志、传、图、表、录为表述形式，共分十章，设章、节、目、子目等层次，书末附大事记。

三、本书人物以本籍为主，原则上生不立传。

四、纪年。民国及以前采用朝代年号，以汉字书写，括号内注公元年份；新中国成立后以公元纪年，纪年用阿拉伯数字书写。

五、称谓。凡行政区域，地名，行政和事业机构，职官名称，度、量、衡单位，货币等，均按当时、当地的称谓。过去地名与今地名有异的，在括号内注今名。

六、数据与资料。统计数据，原则上依据英德市统计部门资料及石灰铺镇所属有关部门统计资料；如统计部门缺乏相关数据，则选用有关单位的准确数据。历史资料，原则上采用文献资料；无文献资料者，采用口碑资料加以说明。

七、本书资料来源于英德新、旧志书，英德市档案馆、图书馆、博物馆、统计局、史志办、政协文史委等市属有关部门及石灰铺镇各单位，有关报刊、地方文献、族谱，有关知情人提供的回忆资料等，经严格考证鉴别后载入，为节省篇幅，除特别引文外，均不注明出处。

序

　　石灰铺地处英德西部，东接英城镇，距市区18公里，总面积229平方公里。境内交通发达，省道347线和汕昆高速横贯东西，广乐高速从南北擦身而过。境内水系纵横，石灰铺河从北向南流经墟镇，与连江汇合，航运可直达连州、韶关及广州等珠三角地区。

　　石灰铺历史悠久。早在1500年前，这里就是古冈溪县治所，南迁客家人沿着冈溪河两岸居住下来，在这片美丽富饶的土地繁衍生息。摩岩石刻、客家炮楼、祠堂庙宇、古桥栈道……一处处历史文化遗址，一段段凝固的历史，记载着石灰铺人的生活场景，礼赞着石灰铺的美丽山水，流溢着奇情异彩。

　　石灰铺是英西崛起的卫星镇。近年来，石灰铺镇大力推进城镇化发展战略，东进南拓，围绕"一心两核"，着力亮点工程，村镇建设大提速。今天的石灰铺，一幢幢高楼拔地而起，城镇范围不断拓展，街道整洁明亮，一座美丽的城镇在英西大地快速崛起。

　　石灰铺镇按功能区划分为都市农业与村镇发展区，是绿色生态的天堂。红茶、竹笋、沙糖桔、糖蔗、蚕桑、黑皮冬瓜等六大农业基地，托起石灰铺农业产业的希望；温氏、德丰、德美、创美、英农农科院等大型农业龙头企业的进驻，引领石灰铺生态农业高歌猛进。

石灰铺拥有丰富的石灰矿产资源。石灰铺镇石灰石储量大、品质优、易开采，吸引了英德市宝江水泥材料有限公司、英德市荣兴新型建材有限公司等企业进驻，石灰产业成为石灰铺工业发展的一大亮点。

石灰铺是旅游休闲的福地，是广东省"宜居乡镇"。冈溪水、三门十二峰、石景河风景区、洋水峡、笔架山、白眉山、南岗山，有旖丽的自然风光；摩岩石刻、古井栈道、祠堂庙宇，是沉淀的历史文明；德丰、创美等一批特色休闲农庄，丰富的旅游资源独具魅力。石灰铺正敞开大门，欢迎每一位客人的到来。

鉴古识今，踵事增华。《畅古谈今：印象石灰铺》全面展现了石灰铺镇地理、社会经济、城镇建设、历史人文。愿此书成为石灰铺人体悟本土文化的平台，为社会各界提供一个了解石灰铺的视窗。

中共石灰铺镇委书记、镇人大主席

郭永红

2015 年 12 月

目录

第一章　魅力冈溪　山乡水涧石灰铺 …… 001
- 第一节　冈溪水道　连贯南北尽沧桑 …… 006
- 第二节　青山秀峰　纵横东西显魅力 …… 011
- 第三节　石灰铺溯源 …… 017
- 第四节　石灰铺历史沿革与行政区划 …… 020
- 第五节　各村（社区）概况 …… 024
- 第六节　石灰铺之最　岁月沉积满荣耀 …… 031

第二章　美丽嬗变　崛起中的卫星镇 …… 034
- 第一节　东进南拓　打造英西卫星镇 …… 035
- 第二节　美丽乡村　和谐村镇美好居 …… 038
- 第三节　扶贫开发　踏上富民奔康路 …… 040

第三章　产业集聚　唱响发展协奏曲 …… 043
- 第一节　农业强镇　托起绿色的希望 …… 045
- 第二节　工业兴镇　石灰产业一枝独秀 …… 052
- 第三节　旅游旺镇　山水之乡美丽容颜 …… 055
- 第四节　村级市场　撑起农贸大舞台 …… 057

第四章　教育强镇　托起未来领航灯 …… 059
- 第一节　石灰铺教育发展年谱 …… 060
- 第二节　石灰铺教育概况 …… 063
- 第三节　教育创强　成就省教育强镇 …… 066
- 第四节　捐资助教　浓墨谱写群英榜 …… 068

第五章　新农医保　惠益百姓保健康 …… 070
- 第一节　石灰铺卫生院简介及发展年谱 …… 071
- 第二节　百名寿星　长寿之乡石灰铺 …… 074

第六章　史海拾贝　冈溪文脉彰华彩 …… 078
- 第一节　石刻　会讲故事的摩岩 …… 079
- 第二节　碉楼　客家民居的典范 …… 083
- 第三节　古井　沉淀的历史记忆 …… 088

第四节　庙宇　隐藏的精神图腾 …………… 091
　　第五节　古桥　承载岁月的车轮 ……………… 095
　　第六节　石磨砻碓　回望生活的图景 ………… 100
　　第七节　碑记诗文　刘泽大与王治均 ………… 102
　　第八节　古遗址　历史浓缩的画卷 …………… 107
　　第九节　红色乡村　革命故事永传唱 ………… 112
　　第十节　子塘惟东　承载知青永恒的记忆 …… 119

第七章　城镇名片　冈溪特产扬四海 …………… 127
　　第一节　红茶基地　品牌荟萃 ………………… 128
　　第二节　传统特产　地道石灰铺 ……………… 133
　　第三节　名品荟萃　风味美食聚芳英 ………… 136

第八章　乡风民俗　民间瑰宝传千秋 …………… 141
　　第一节　乡间民俗　石灰铺风情 ……………… 142
　　第二节　社公树　护佑村民的神灵 …………… 146
　　第三节　民间传说　真情故事永相传 ………… 148

第九章　寻根问祖　血脉传承溯本源 …………… 155
　　第一节　人口及姓氏分布 ……………………… 156
　　第二节　主要姓氏源流 ………………………… 159
　　第三节　族谱与家训辑录 ……………………… 170
　　第四节　石灰铺姓氏源流探究 ………………… 173
　　第五节　一村十八姓　多姓混居客家村落 …… 176
　　第六节　祠堂匾额旗杆夹　珍贵遗产 ………… 179
　　第七节　水口石　依水而盛 …………………… 182
　　第八节　王屋古村　文风昌盛 ………………… 185

第十章　人才辈出　群英铸就冈溪魂 …………… 187
　　第一节　石灰铺籍先贤 ………………………… 188
　　第二节　石灰铺籍商界人物 …………………… 204

　　石灰铺大事记 …………………………………… 231
　　后　记 …………………………………………… 245

第一章 ▶▶▶
魅力冈溪　山乡水涧石灰铺

　　石灰铺是一块神奇、美丽而又富饶的土地，是广东英德西部一颗璀璨的明珠。这里有着美不胜收的自然景观和奇异独特的人文景观。

　　延绵不绝的山脉丘陵、质朴纯净的山乡水涧、大自然的鬼斧神工，赐予石灰铺一片美丽的山川：惊险刺激的十二峰猴王谷生态漂流、神奇迷幻的石景河风景区、碧波荡漾的洋水峡、风光秀丽的南岗山、突兀挺拔的石板庙中心寨、洞穴幽深的硝璃岩……尽显石灰铺山水的无穷魅力。

古冈溪河畔田园风光

这里，遗存着大量的古民居和祠堂，像散落在民间的珍珠，被一根线牵引着，成了一串耀眼的项链。这条线，就是自北向南缓缓流淌的冈溪水，它的南端，流经洋水峡，汇成连江，流入北江。冈溪水，日复一日地流淌在石灰铺境内，滋润着这片古老的土地。数百年来丰腴的冈溪水，凭借斜阳的余晖，给迷离的目光找到一个可以长久停留的支点。而这个支点，就是这条水道上的锦潭六级、七级、八级、九级和宝江水电站，或是亲吻水面的亚记潭。曾经客家祖先放排而下的帆影竹筏，已无迹可寻；盈盈一水间，那竹篙在冈溪水划过的深深痕迹，永远闪烁着鳞光，向人们不知疲倦地诉说着从前。

远离城市的浮躁和喧嚣，来到石灰铺任何一个村落，沏上一壶英红九号红茶，坐定，手捧茶杯送至唇边，鼻息间幽幽浮动着芳醇，胸中仿佛一下子装进了整个石灰铺。石灰铺物产丰富，这里是英德红茶的主产区，也是笋竹和糖蔗的重要生产基地。

文化和民俗交织的石灰铺，早在千百年前就有了属于自己的肤色，那些青墙灰瓦的老房子、斑驳的摩岩石刻、千年青石古井，在漫长而曲折的岁月里，饱受了战火的熏燎和摧残，也经历了人为的冲击和打磨，却始终以淡定的姿态矗立着，经过不断的沉积、升华，历经风化和修葺，留下了惊心动魄的沧桑和壮观。

在石灰铺大地上穿行的时候，你会不由自主地想起那些曾影响石灰铺历史的身影——四川提刑按察使刘泽大、清朝举人范以礼、直隶州同石载珠、留法归乡醉心教育的石明德，他们从石灰铺这块土地走出来，保持着共同的口音，这个口音，直到今天，还在声声不绝地影响着、渗透在石灰铺的山间水乡。

石灰铺镇南部的竹田坪（古称大田坪），位于古冈溪水下游与浰水汇合处，曾是冈溪故县治所（470—472年），它前临洋水峡，后枕尧山，山川形势，堪称壮丽。冈溪置县期间，竹田坪设冈溪八景，千百年来，吸引文人骚客前往览胜，赏景赋诗，聆听竹田坪山间水乡的古韵和鸣，流连吟咏，留下许多赞美诗文。

附：古冈溪县大田坪古八景诗[1]

惠妃古迹

（背山苍翠，门畴平绿）

【明】赖万耀（进士）

何年粉黛逐狼过，三石遗踪势嵋峨。
兵甲已随黄土没，灶烟犹起白云河。
月明竹院惊烽火，风动松篁奏戍歌。
苔藓半封碑记古，千秋赢得玺褒多。

危楼摘月

（楼悬高阜，门枕清流）

赖万耀

山翠重重百尺楼，楼高傍月倚天浮。
前亭水绕金波动，小阁烟笼柱影幽。
把盏明珠悬掌内，卷帘玉镜挂床头。
醉来恍遇霓裳舞，疑驾水轮上苑游。

松峰拥翠

（峰绝古松千株，为登眺之胜）

朱统崯（号彝唐王孙）

涛声谡谡万株松，把酒登临兴更浓。
十里翠烟凝袖湿，一双蜡屐破云封。
秋分古殿啼山鸟，夜半微霜吼毒龙。
寄语大夫应待我，题诗还上最高峰。

---

[1] 资料来源：同治版《韶州府志》26卷，第529页。

鸭绿澄清

（鸭绿潭最清，两岸多竹树）

王应斗（壬戌进士）

练色澄澄一线浏，芦花片片带霞流。
风生有意萍开幕，月落无声露滴秋。
龙马图浮排绿字，水晶帘卷见银钩。
汉江酷发应如许，遥指星源天际头。

平原晚眺

（原名中洲，背山临水）

朱统铟（号竖白王孙）

绿野寻芳望欲迷，两崖花影自东西。
波摇白鹭连晖动，日落玄猿向客啼。
出郭疎松寒把雾，浸郊明月澹笼堤。
徘徊极目林峦失，几处渔灯点碧溪。

河阴茂林

（有祖冢在旁，林长数里）

王应斗

夹岸芙蓉映浅沙，峰峦叠翠拥飞霞。
林前瀑布当尊落，天外藤萝半壁遮。
入眼芳菲三岛胜，怡情烟景五湖赊。
新看桂树丛丛长，月殿香飘第几家。

石洞流云

（四面峭壁，绝少人踪）

其一

【宋】郑赓

乾坤谁辟石林南，鹤影鸾踪把把堪。

每爱无心留出岫，岂容余地更楼岚。
一朝触石疑真幻，四海为霖望再三。
便拟从龙天上去，不教山客共眠探。

其二
赖万耀

丹崖深处五云边，幽景中开别洞天。
壁险时闻猿啸月，草青疑觉钵生莲。
红尘回隔蓬莱晓，匹练空明河汉悬。
不向鹿门期九转，褰衣到此悟真禅。

西岩吐奇
（山半有岩，幽深高险）

其一
【宋】郑赓

杖底名山遍岭南，西崖支策眺尤堪。
容光抛过蛛丝月，飞翠疑嘘燕尾岚。
似此云峰谁可二，何如蓬岛独称三。
丹光宝色天上秘，我欲凌风禹穴探。

其二
赖万耀

岩壁嶙峋耸巨阿，半藏偏处半藤萝。
谷中敲月千峰静，木末吟风万壑和。
试剑巉岩连斗落，振衣危蹬碍云过。
遥看琼玉交加翠，应识函关紫气多。

第一节
冈溪水道　连贯南北尽沧桑

据《舆地纪胜》载述："冈溪水在真阳县西六十里，与光水合，会于溱水。"光水古称洭水，今连江；溱水，今北江。从今天地图上看，英德县西60里南流汇入连江有两条河流：其一是浛洸镇东五里的陶江，其二是竹田河。

从郦道元《水经注》的记载看，今天的竹田河即史料上说的古冈溪水。

古冈溪水中游傍依南岗山，南岗山麓有冈下村，绕村而南流的溪流因而得名冈溪水。杨守敬《水经注疏》所载述的古冈溪水三角洲，正是今天地图上竹田河口三角洲，是冈溪故县所在地。

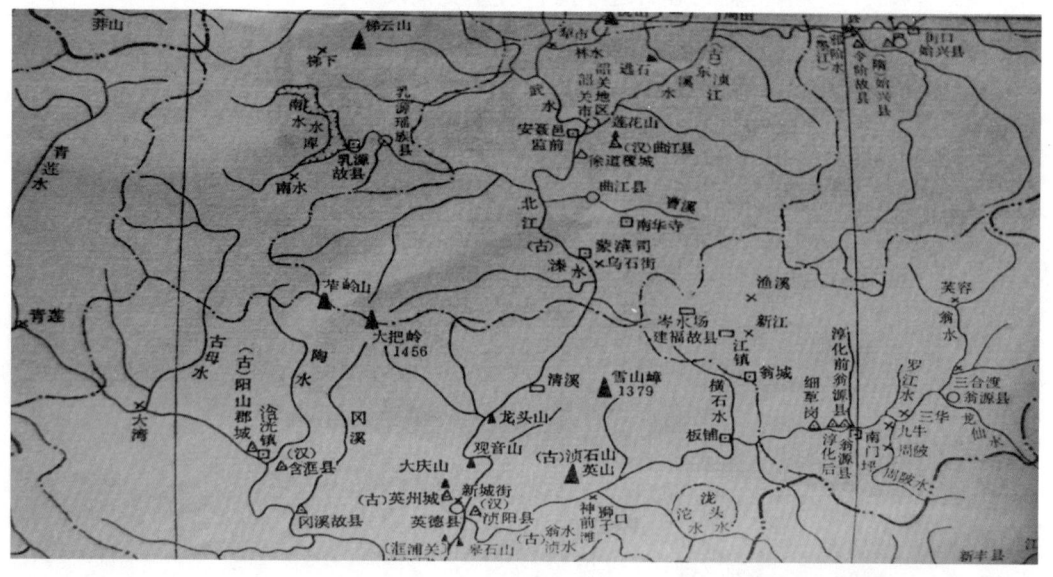

冈溪故县图[①]

---

① 参考祝鹏《广东省广州市佛山地区韶关地区沿革地理》，学林出版社，1982年。

冈溪水，发源于英德之巅——船底顶，蜿蜒南流，贯穿石灰铺镇南北，至白洋水汇入连江。河长45公里，河道平均比降5.1‰，流域面积302平方公里。①

古冈溪水干流生态环境优良，森林覆盖率高，水力资源丰富，农业发达。古冈溪水干流流经石牯塘镇黄洞、锦潭、长江、萤火、沙坪及石灰铺镇独山、惟东、子塘等村，穿石灰铺墟而过，下游流经新联、友联、竹田、大田等村，至白洋水汇入连江。

古冈溪水沿途有黄洞河、白水寨河、鲤鱼溪、冈下溪、简溪、河角溪、三门溪、潭口溪、林屋溪、坭桥溪、深坑塘溪、井塘溪、畔子塱溪、下白石溪、郭屋溪等相继汇入，水量大增。古冈溪水冲积而成的丘陵平原、河谷台地，土地肥沃，水源充沛，物产丰富，素有英德"粮仓"之称。古老的冈溪水滋润着勤劳勇敢的油栏垌老曾屋曾氏、乌石岗南寨包氏、水口石洋水石氏等英德的三大客家人族群。

自古以来，古冈溪水两岸乡民傍水而居，先后在冈溪水中下游筑拦水陂25座，以蓄水引流灌溉。随着社会经济发展及电力的普及，当地群众在冈溪水中下游建设钱塘、打鼓墩、白沙塱、石桥寨、上河角、操屋园、老曾屋、刘屋、林屋、深坑塘、井塘、竹田墟、郭屋等13座电排灌站，有效地保障了两岸民众的生产生活用水。2000年后，当地对古冈溪水干流进行全面梯级开发，建成10座梯级发电站，总装机容量6.1万千瓦，年发电量达5万千瓦时。其中位于石灰铺镇境内的有簕塘电站（五级）、坝角电站（六级）、打鼓墩烂陂电站（七级）、高桥下电站（八级）、石灰铺桥头电站（九级）、竹田宝江电站（十级）。

两岸民众赖以生存的古冈溪水，也曾给石灰铺人民带来巨大的灾害。1931年6月30日、1982年5月12日、2013年8月16日、2014年5月22日等特大洪水，给两岸民众的生命和财产造成极大危害。史载，1931年农历辛未年，"北江连江流域连降暴雨，山洪暴发，黄水滔滔，导致竹田河两岸农舍房屋被毁，财物遗尽，哀鸿遍野，惨不忍睹"②。自古以来，古冈溪水两岸民众靠竹排摆渡或涉拦水陂往来，险象环生，给民众生活带来极大的不便，"要致富，先筑桥修路"成为当地历届政府和群众的共识。新中国成立后，石灰铺镇政府筹集资金，先后建造了石灰铺大桥、子塘大桥、过境公路大桥、竹田大桥和大田二片大桥等5座

---

① 资料来源：《中国河湖大典·珠江卷》，中国水利水电出版社，第246页。
② 资料来源：《英德县志》之"自然灾害"，2006年，第147页。

桥梁，极大地改善两岸地区的交通条件。

　　清澈的冈溪水缓缓南流，向我们诉说着石灰铺人的勤劳与智慧。石灰铺人沿河而居，筑桥修路，拦河筑陂，建设糖寮……如今的冈溪，留下了一串串历史印记。

连接冈溪水河口三角洲两岸的大田二片大桥

附：二咀、三渡、四糖寮、八滩、十二潭、二十五陂

【二咀】

1. 犁头咀（石灰铺墟桥西）

2. 金鸡石咀（新联下村）

【三渡】

1. 石灰铺渡（在石灰铺墟旧桥）

2. 竹田渡（竹田街下墟）

3. 白洋水渡（洋水码头）

【四糖寮】

1. 乌石岗糖寮（乌石岗村前）

2. 车田坝糖寮（车田坝陂下）

3. 深坑塘糖寮（深坑塘坑口）

4. 活滩糖寮（活滩陂下）

犁头咀

【八滩】

1. 背夫滩（竹田鱼良阁背夫山）
2. 过水滩（老曾屋陂头）
3. 阁子滩（竹田鱼良阁头）
4. 赞滩（竹田鱼良阁陂下）
5. 社公下滩（竹田上墟社公社下）
6. 大塘滩（大田大塘村前郭屋坑口）
7. 担杆石滩（大田竹园心村担杆石码头）
8. 高车滩（大田田心村高车滩码头）

石灰铺旧桥

【十二潭】

1. 园子潭（子塘石河与鹿颈河汇合处）
2. 鳖潭（社区白沙塱陂上）
3. 金花庙潭（社区石桥芒头背陂下）
4. 寨下潭（社区石桥寨下）
5. 亚记潭（石灰铺墟）
6. 正角潭（新联下村，水最深的潭）
7. 桂花庙潭（新联老曾屋陂下）
8. 罗屋塱潭（新联罗屋陂下）
9. 杨古潭（竹田田背陂下）
10. 圆潭（竹田活滩陂上，水第二深的潭）
11. 下铺角潭（竹田下墟）
12. 潭角（大田田心坑口桥对面）

石桥寨下潭

【二十五陂】

1. 五陂陂（子塘五陂村）
2. 湾角陂（子塘湾角村）
3. 五公陂（子塘新屋村）
4. 楼下陂（子塘楼下村）
5. 坳子陂（子塘莲叶围村）
6. 流干陂（子塘狮石下村）
7. 白沙塱陂（社区白沙塱村）

8. 坝角烂陂（独山坝角村）

9. 打鼓墩烂陂（子塘打鼓墩村）

10. 蓝屋陂（社区白沙塱村）

11. 芒头背陂（社区石桥村）

12. 石桥寨陂（社区石桥村）

13. 亚记潭陂（石灰铺墟）

14. 老曾屋陂（新联老曾屋村）

15. 铜鼓陂（新联铜鼓陂村）

16. 罗屋陂（新联罗屋村）

17. 刘屋陂（新联刘屋村）

18. 车田坝陂（新联车田坝村）

19. 大林屋陂（友联林屋村）

20. 山背陂（新联山背村）

21. 圫桥陂（新联圫桥村）

22. 田背陂（竹田田背村）

23. 鱼良阁陂（竹田鱼良阁村）

24. 活滩陂（竹田井塘村）

25. 社公下陂（竹田上墟）

亚记潭

第二节
青山秀峰　纵横东西显魅力

　　石灰铺山清水秀，风光绮丽，冈溪水穿流其间。南岗山、金鸡山、笔架山、白眉山、十二峰、硝璃岩、莲塘寨、井塘寨、阿婆嶂等青山秀峰，千姿百态，山峰陡峭，溶洞众多。青山秀峰，点缀着石灰铺大地。

南岗山

　　南岗山古称蓝岗山，海拔483米，坐落于石灰铺墟镇附近。南岗山气势磅礴，石奇峰秀，风光旖旎。北毗尧山石门台，东南为悬崖峭壁，崖下石穴幽深。南岗山生态分为三个层次：山麓麻竹林郁郁葱葱；山腰林木荫翳，乔木参天；山顶云烟缭绕，山峰裸露或半裸露着石灰岩，覆盖着低矮乔木灌木林。南岗山西面有一条石阶古径，从山麓蜿蜒至三圣坛，足有867米长，或砌石为级，或浓荫相夹，险要处凿有石坎。三圣坛至峰顶，山崖险峻。攀上峰顶远眺，满眼绿色，英西平原一派田园风光尽收眼底。

　　康熙版《英德县志》载："蓝岗山，在县西六十里，上接云霄，布雨泽下，资灌荫通水利众山之尊，祺祷乡应昔有兄弟三人射猎此，摘仙桃食之，逐仙去。号蓝岗三圣，通乡祀焉。"

　　据《松柏塱蓝氏族谱》记载，其开基祖志广公，最初从兴宁迁到南岗山下蓝屋陂，购买了背夫山，即蓝岗山。不知何时起，人们为书写方便，将蓝岗山写成南岗山。

　　南岗山文物古迹众多，如白云寺学宫、四方碑文、石级古道、大炮山、寨门、三圣坛、仙人棋盘、峰顶三角点地标、龙滚水等。

金鸡山

　　金鸡山位于石灰铺墟南，因其山顶形如公鸡头而得此名。金鸡山海拔298米，山麓剥蚀黄土堆积，山顶石灰石山体裸露。1958年秋，当地政府在金鸡山北麓兴建石美中学（今聚龙花园）。金鸡山东侧有一垌，垌中长满箭子竹，箭子竹叶是编织竹帽的上乘材料，附近乡民都到此垌采摘竹叶，故名曰："帽叶垌"。

近年，石灰铺镇政府对金鸡山进行整治，依山建设金鸡山公园，公园第一期占地面积50亩，是宜居石灰铺重要建设工程之一。金鸡山公园现已成为石灰铺群众休闲娱乐的主要场所。

笔架山

笔架山，坐落于三门村委东部，其形状像笔架，故得此名。笔架山海拔583米，四周峭壁千仞，犹如刀劈斧削，蔚为壮观。眺望笔架山，只见云雾缭绕。

宣统版《英德县志》载："笔架山在县西浛属三门峒东，高逾千丈，为诸山之冠，石壁产仙茶，采摘不易，年仅获数斤，味厚色清七日不变。"

笔架山的峭壁石缝中，有10余棵镰刀柄粗的山茶树，当地村民攀爬采摘，每次可采青炒制干茶500多克，每年春夏秋三季采青6次，共制干茶不超过4 000克。笔架山茶，成长于深山之中，无污染，纯天然，馨香爽口、甘醇浓郁、回味留香。从前，笔架山茶是当地豪门乡绅的专用茶，用十二峰坑溪水泡茶，味厚色清七日不变。据住在笔架山西麓龙润湖村的沈伯和新厂村的卜伯回忆，从他们爷爷那辈起，就没有人攀山采摘茶叶了。

笔架山

白眉山

白眉山其一面山崖有一道像长在眼眉处的白色而得名。白眉山海拔488.3米，方圆15公里。其山顶垒筑有文笔塔，形如"笔"和"塔"。文笔塔系竹田河（古称冈溪水）中下游标志性的风水塔，登高可望远。

东麓是冈溪故县竹田坪、山半石羊巢、琉璃头等山。登临其上，稻田、冬瓜园、糖蔗园、桑园、裸露的英石尽收眼底。

北麓是尧山、石门台、船底顶。

西麓是遥观塘、古含洭县治鱼咀、滔滔南流的古洭水、千年古邑浛洸。

南麓是犀牛潭、西牛盆地田园风光。

当地村民流传一首《白眉山》的打油诗：

    白眉山顶高半天，山清水秀在眼前；
    腾云驾雾显白马，雨后奔跑在眉边。
    文官武将站两傍，前呼后拥保神仙；
    光阴照明千秋代，冈溪之水到衙前。

道光版《英德县志》载："白眉山，在县西浛属竹田乡山下，高数百丈，山半多产英石，相传时有白马出现，其色如银云。"

十二峰

十二峰位于石灰铺、西牛、连江口等三镇的交界处，海拔663米，为石灰铺镇最高峰。十二峰风景秀丽，层峦叠嶂，云遮雾绕，溪水曲折回环，飞瀑流泉，古木参天。这里，生长着国家一级保护植物——刺桫椤。刺桫椤是白垩纪时期遗留下来的珍贵树种，距今3亿多年，有"活化石"之称，堪称国宝。位于十二峰北麓的大番狮古寺庙遗址，具有独特的风水文化，寺庙曾经雕刻有技艺精湛的壁画，栩栩如生，信徒游人赋诗题咏，香火盛极一时，是一块人间福地。

道光版《英德县志》载："十二峰，群山层叠中，顿走起十二尖峰，体皆端丽，峰峰相接，面面相向，左右支出，临河中面铺落平坡成乡市。"

1944年夏，日军进犯清远英德，国民革命军159师12团驻防小舍—水边一线，与日军激战，日军败退。当时，159师12团官兵在十二峰挖战壕、筑掩体、建炮台，居高临下，扼守连江，占据战场主动权。昔日的战壕、炮台等至今仍依稀可辨。

硝璃岩

　　硝璃岩位于三门村委龙润湖村对面圆墩顶山麓。硝璃岩是一个巨大的石灰岩溶洞，溶洞呈东西走向，分上、中、下三层，面积万余平方米。

　　硝璃岩洞口在圆墩顶山腰处，从山下到洞口，有一段80厘米宽的青石板路相通。圆墩顶山底有一口"没水洞"，龙润湖一带的地表水汇入"没水洞"，经硝璃岩第三层（最底层）暗河、亚婆岩下岩，最终汇入三门河。据说，以前有人往"没水洞"倒入10多筐瘪谷，第二天瘪谷从亚婆岩下岩及山背小园村等出口流出。春夏雨季，"没水洞"常见鲶鱼的身影，即使是久旱无雨的冬季，在硝璃岩下层仍隐约听见"哗啦、哗啦"的流水声。

　　硝璃岩是一个典型的喀斯特溶洞，溶洞发育特别。石幔、石乳、石笋、石柱、石塔、石花、石菠萝、石帘、石将军、石瀑布、石帐、石馒头等遍布洞内，形状奇特，千姿百态。

硝璃岩洞口

莲塘寨

莲塘寨位于子塘村委上围村,呈南北走向,海拔392米,是一座石灰岩孤峰,方圆约2公里,四周悬崖峭壁。莲塘寨凿有攀登顶峰小栈道,明万历举人刘泽大以"莲塘居士"的身份隐居莲塘岩屏翠署时,常在此登高远眺。登上顶峰,西望千年古邑浛洸;北望雄壮尧山,层峦叠嶂、山林葱郁;南望白眉山文笔塔。"小马追大马,追到马鞍山;谁人葬得中,代代出探花。"当年举人刘泽大留下的风水偈语被一代一代流传下来。

同治版《韶州府志》载:"莲塘寨,在县(英德县)西五十里,御阳子修真于此。传说前秦时代,御阳子在莲塘寨修炼成仙。"

莲塘寨

井塘寨

井塘寨位于竹田村委井塘村,因其耸立于拥有一口泉水的井塘边,故得名井塘寨。井塘寨相对高度135米,方圆约1.5公里,呈圆柱状,是独秀峰式石灰岩孤峰。井塘寨山势险要,奇石万象丛生,四壁悬空,林木葱茏,怪石嶙峋。井塘寨有一条拾级而上的栈道,依山势设有寨门,筑有擂鼓台和炮台,炮台下备有滚木、礌石和戈矛枪炮,用于防止匪贼侵扰。井塘村自蓝氏始祖在此定居以来,未曾遭受土匪侵扰,得益于此炮台守护。今天,若攀上井塘寨顶,映入眼帘的是"苍翠竹林滚绿浪,汽车摩托绕寨转。家家搬进小楼房,一派小康好景象"。

井塘寨

阿婆嶂

阿婆嶂，古称兜鍪山。阿婆嶂有三嶂：三嶂、二嶂、头嶂，其中头嶂最高，海拔754米。阿婆嶂山高林密，陡峭崎岖，茶谷埂茶林郁郁葱葱，站在阿婆嶂头嶂顶峰，举目可西望笔架山，北眺长迳旗山——求水顶，南临南山，东望英德城。

唐末匪贼侵犯麻寨，虞夫人之夫为寨将，率乡兵迎战，与贼战死。广东古代五贞女之一的虞夫人为替夫报仇，躬擐甲胄，率众把贼匪驱赶出西衡州，与匪贼激战而死。虞夫人抗匪的事迹，感动了麻寨乡民，乡民立庙祀之，并将虞夫人葬于麻寨西面长迳阿婆嶂，后人称为"惠妃墓"。《重修英德县志》载："虞冢在兜鍪山（今阿婆嶂），旧传虞夫人冢在上，樵者无心见之，有心寻觅，则云蔽而迷其归路。"从前，虞夫人冢前有一块大石板，两边各长一棵大金竹，由于阿婆嶂山高风急，大风吹得金竹枝，使其像扫把一样把虞夫人冢前的大石板扫得干干净净。后因地质变迁，金竹摇扫石块的情形已不复见。

虞夫人坐镇阿婆嶂，护卫着古英州风水。

惠妃墓

第三节
石灰铺溯源

石灰铺历史溯源

元朝延祐元年（1314年），浛洸境内战乱频繁，百里萧条，户口锐减。元仁宗废真阳、浛洸两县建制，并入英德洲。真阳与浛洸之间沿线十里为一铺，列亭传，置邮驿，石灰铺为"铺"的所在地。

石灰铺以境内盛产石灰而得名。石灰铺建制于明洪武二年（1369年），因境内石灰石遍布，乡民凿石烧制石灰，置办商铺买卖，遂成集市，集市为"铺"所在地，故名"石灰铺"。

新中国成立前，石灰铺逢农历二、六为墟日，附近塘湾峒、车田峒、油栏洞、简溪峒、水背楼下峒以及冈下峒一带乡民前往赶墟。墟日主要交易猪肉、牛肉、鸡鸭、油炸豆腐、青菜等农副产品及石灰，市场人声鼎沸，特别是每年农历八月十二日牛肉节，更是热闹非凡。墟日市场由六总祠指定专人管理，安排专人打扫市场。乡约巷后圆岭顶叫阉鸡岭，乃阉割猪、鸡之所，鸡鸣猪叫之声给热闹的墟日增添了一分喧嚣。

1957年11月，美村撤区设石美乡，乡政府从美村墟迁往石灰铺。

1959年4月，从红旗人民公社析出石灰铺人民公社，自此石灰铺墟成为石灰铺辖区经济、文化中心，历经55年的建设，现已发展为物阜丰华的英德卫星城镇。

镇村地名探源

石灰铺镇有215个自然村落，各村的村名以山势命名的村庄有竹田山下、惟东山下、石灰竹山下、三门山下、美村山下、美光山口、光明尖山下、新联山背等自然村；以地形地貌命名的有坳子、小径、大径、洞头等村；以河(溪)流、湖泊、

20世纪50年代美村区（五区）政府旧址

树等命名的有榄树下、鹤树下、河角、坑尾头、大塘面、枫树影等自然村；以姓氏命名的有三门王屋、勤丰上范下范、老江屋等自然村；以地名物名命名的有坭桥杨屋、楼下江屋、松柏塱上蓝等自然村；以祖先辈分命名的有水径大房、雷公寨上伙、石灰四伙等自然村；根据传说命名的有蛇引、亚婆山、佛子陂、龙润湖等自然村。

现选取石灰铺境内的三门与山门、龙滚水、独山、雷公寨、浊水村、竹田与大田坪等地名来源作探究。

三门与山门

"三门"古时称"山门"。从前，人们一听闻"山门"两字，都甚为畏惧，因山门确实太偏远了，外地姑娘不愿嫁进去，本地姑娘都往外嫁，整个山门峒找不到老婆的单身汉很多。山门四周环山，中央山间盆地被山脉环抱，进出此地，要经过佛子高、塘湾坳和乌石牯严村等三道岭埂坳。这三道岭埂坳地势险峻，如羊肠小道，是进入山门村的必经之地。这三个出口如同三道"大门"，当地一王姓秀才根据山门地形特点和"山"同"三"谐音，将"山门"改称"三门"。从此以后，外地姑娘愿意嫁进"三门"的不少，该地单身汉少之又少。新中国成立后，特别是改革开放以来，县道石三公路和勤三公路开通，三门村群众利用当地丰富资源，靠山吃山，广种麻竹笋、糖蔗和冬瓜，发展经济，致富奔康。

龙滚水

南岗山西坡山麓，有一小山岗名叫打石山，在打石山山麓处有一溶洞，一股清泉水从溶洞流出，水质甘醇，水色清澈。该水沿着溶洞18米长石缝隙滚滚涌出，流水声像龙嬉水的声音，当地村民将它命名为龙滚水。龙滚水出水量大，水流出后汇入沙塘及瓦窑塘，再经拱桥流向坳子、白沙塱和石桥等自然村，被用于灌溉农田，也是包、吴两姓近千村民的饮用水源。

独山

独山位于独山村委北500米处，形成于地质年代2亿年前的燕山运动，是一座石灰岩孤峰，相对周边丘陵平原，给人以拔地而起之感，故名独山。独山呈西北—东南走向，相对高度103米，因其形态像一只狮头，狮头朝东南方，狮尾向西北方，所以当地乡民也称呼其为狮头山。独山墟就是以此山命名，其名称从明清时期一直沿用至今。

雷公寨

相传，500多年前，背村图有位猎人，常在村后深山老林中狩猎。一天，猎人上山打猎，发现一头野猪，忙举起猎枪射击，可惜没击中，野猪受到惊吓，慌忙向山顶逃窜。猎人紧追不舍，直追到山顶，连射两枪，才把野猪打死。这时，猎人累极了，坐在山顶一块大石头旁休息。顷刻，天空乌云密布，电闪雷鸣，猎人此时抬头发现，身边石头足有2米多高、1米多宽，形状像雷公嘴，雷声像是从石头里发出来的，猎人惊惧。此时，下起了倾盆大雨，猎人扛起猎物往家里赶。

猎人回到村后，把事情的经过告诉了村里人，村里人不信。第二天村里有几个人跟着猎人爬上山顶查看，证实了猎人所说，此事就慢慢地传开了。后来这个村子就被称作雷公寨。雷公寨是一块风水宝地，枫树影吴氏鼻祖友泉公后裔廷儒公、廷用公、铎公、操公、启英公、文通公、希师公等移居此地，发展为一个千余人口的传统古村落。

浊水村

石灰铺镇有一陈姓自然村，村前有东西向两条溪流，汇合于宝积岩下暗河，暗河穿山而过，于隔子背涧溪垌村旁出水岩流出，流入涧溪水，最后汇入石灰铺河。汇集于宝积岩下的暗河有两条溪流：一条是英红十分场—横岗村—浊水村—宝积岩下没水岩暗河；另一条是詹屋—猪嫲坳山麓—浊水村—宝积岩下暗河。每逢大雨，宝积岩下暗河无法及时疏通两条溪水，经常发生洪涝，溪水浑浊，人们将这条溪水称作"浊水"，把浊水溪畔陈姓村庄，称为浊水村。

竹田坪与大田坪

竹田河自北向南穿竹田墟而过，沿河两岸篁竹，林中有田，田中有竹，竹林与田园环抱的墟寨，故称"竹田坪"。此地名从古代起一直沿用至今。又因竹田坪地处河口三角洲，古代沿河两岸分布着大片竹林水田，水田面积大而平坦，人们又称之为大

连接大田坪两岸的竹田大桥

田坪。古之大田坪，包括今天竹田村和大田村及友联深坑塘、新联圳桥一带。

第四节
石灰铺历史沿革与行政区划

石灰铺镇地处英德市西部,东与英城镇、横石塘镇接壤,南与连江口镇、西牛镇相连,西与浛洸镇交界,北与石牯塘镇毗邻。石灰铺镇东起龙沟曲光明林场,西至保安石子坳,南起洋水峡祖尾山,北至川风坳马鞍山,东西长22.5公里,南北宽25公里,面积229平方公里。

石灰铺在古代为"南蛮"之地,春秋前为"百越"之地,战国时期属楚地,秦时属南海郡。汉武帝元鼎五年(前112年)始置含洭县,历东汉、三国、两晋、南北朝、隋、唐、宋、元等朝代,石灰铺均属含洭县所辖。元朝仁宗延祐元年(1314年),废真阳、浛洸,石灰铺属英州所辖。

明朝洪武二年(1369年),石灰铺始建制,属浛洸巡检司所辖。

清康熙四十四年(1705年),设浛属清二都,辖美村图、石灰铺图、崇仁都沙坪图。

清光绪十二年(1886年),英州设捕属、浛属、象属等,设三属总局。浛清

石灰铺镇政府楼全景

二都美村图、石灰铺图，洽属崇仁都沙坪东图、沙坪西图、沙坪南图。

宣统三年（1911年），废都图，设美村乡、沙坪乡、石灰乡，实行乡辖自然村制。美村乡下辖马背山、排子、马槽坑、山口、大塘面、三甲、庙背、黄土冈、牛牯岭、塯下、雷公寨、天星塘、高岭下、楼下。沙坪乡下辖水径、冈下、坳子、松柏塯、梅子坝、沙坪、七姑山。石灰乡下辖六总：竹田总、麻地总、车田总、乌坑总、三门总、涧溪总等。

民国二十一年(1932年)实行区—乡—保甲制，设美村乡、竹田乡、沙坪乡，归第三区所辖(区公所驻洽洸)。

1949年10月，设美村乡、沙坪乡、竹田乡，隶属英西区管辖(区政府驻洽洸)。

1950年6月，设美村乡、惟山乡、竹田乡，隶属二区所辖(区政府驻洽洸)。

1951年，惟山乡川峰坳村、黄竹洞村划归横石塘管辖。

1952年4月，设五区(区政府驻美村墟)，辖美村乡、美光乡、石灰乡、三门乡、子塘乡、惟东乡、独山乡、保安乡、转村乡、竹田乡等10个小乡。

1953年4月，第五区政府易名第五区公所(区公所仍驻美村墟)，辖美村乡等10个小乡。

1956年8月，改第五区公所易名为美村区公所(区公所驻美村墟)。是年，川峰坳村归回惟东乡管辖。

1957年11月，撤区并小乡，设石美乡，乡政府从美村墟迁往石灰铺。

1958年4月，石美乡易名石灰铺乡。

1958年9月，成立红旗人民公社（驻洽洸），石灰铺乡隶属红旗人民公社。

1959年4月，红旗人民公社析出石灰铺人民公社，美村乡、美光乡、石灰乡、三门乡、子塘乡、独山乡、保安乡、竹田乡等8小乡以及光明、勤丰、新联、塘窝、郭屋、山下、友谊、共联、水径、马粽塘、水心围等11个耕作区改制为19个生产大队，原农业社或自然村改制为生产队。

1963年冬，原19个生产大队撤并为光明、美光、美村、勤丰、石灰、三门、竹田、新联、转村、保安、独山、子塘、惟东等13个生产大队。

1965年8月，美村大队天星堂、下园、塘窝、横岗、浊水、高山岭下、楼子、老钟屋、新陂、上新、白楼、上伙、中厅、马口等14个生产队划归英德茶场四分场管辖；1970年1月，以上14个生产队又划归美村大队管辖。

1973年1月，从竹田大队析出大田大队、竹田大队。

1977年9月，子塘大队养鱼塘、石桥、白围、白沙塱、赖屋、关岭下等生产队和新联大队上河角、下河角、钟屋岭等生产队，组成新的石灰铺大队。同月22日，美村大队析出美寨大队、美村大队，转村大队析出共联大队、转村大队。

1980年1月，惟东大队析出水径大队、惟东大队。

1983年12月，撤社设区建乡，设石灰铺区公所，各生产大队改制为乡政府。

1987年4月，撤区设镇，设石灰铺镇，乡改为管理区。同时，撤美寨乡与美村乡，合并为美村管理区；撤水径乡与惟东乡，合并为惟东管理区。

1998年，撤管理区，设立村民委员会，实行村民自治；镇辖光明、美光、美村、勤丰、石灰、三门、新联、竹田、大田、转村、共联、保安、独山、子塘、惟东、石灰铺等村（居）委。

2003年，撤石灰铺村，并入石灰铺社区。

2004年冬，撤转村村民委员会与共联村民委员会，合并为友联村民委员会。①

附录　美村石灰图界域

美村东界麻寨，西界沙坪，北界下隅，南界石灰。四面高山，中多土阜，纵横十五里。其山从李板径左分一支出莲塘冈至琵琶山止，右分一支从隔子背过凹连叠石山，内为宝积峒，中间串珠过脉起膝头股岭。左转一支迎龙合为宝积峒，水从岩底暗出为涧溪，又从膝头股岭剥换小山，直串三台起亚婆嶂，从左跌落闸子坳。回转一支迎龙与莲塘冈合为没水岩。一从膝头岭左落平冈约十余里为美村墟。一水膝头股岭再出起牙鹰嘴山以上为美村界。其水有分东西两派，闸子坳乌坑曹至垒与美村墟四甲诸水俱由合水庙流入没水岩底，暗出至莲塘冈现面二里许，复没岩而出观音坑约八里许入江。乾溪水源出宝积峒从岩底暗出至上山寨与神仙白水、礤水会同流入洭。

石灰东界美村，西界司前，北界沙坪，南界高道；东南近山，西北近水；纵二十余里，横三十里。其山一从膝头股岭右落，一支约十余里至石灰铺墟。一从牙鹰嘴落石板庙，右出三权寨二里许至大垒田，左由小园过脉车碓下起，雷公寨山约五里至下村，又从雷公山左分一支至塘湾坳，与从十二嘴分来三门之山合脉至烹子塑。一从牙鹰嘴至严村径内有沈屋、塘窝、坑尾头、平田过脉起，为十二

---

① 参考书目：1994年版《英德县政府志》，2006年版《英德县志》。

嘴山。右分一支逆转山麓鹅颈至三门，与塘凹合为一山，水从岩下暗出；一支从十二嘴中落起，鹤子顶山至竹田墟。一从十二嘴左落，经坳村至水口，一从独山墟至走马坪，出楼下、峒头、白石山，下至白洋水止。水口有白洋汛，其水一为涧溪水，发源宝积峒，从岩下暗出至上山寨，与沙坪水合流至石灰铺墟；下与牛栏峒大垒田水合，又十余里至下村，五里与三门水合为三门水。一自沈屋，一自坑尾头，一自山寮下，合共二十里至白洋水，又十里入洭。

（资料来源：道光版《英德县志》，第56—57页）

第五节
各村(社区)概况 [1]

石灰铺镇下辖14个村委和1个社区(居委),230个自然村,299个村民小组。全镇总面积229平方公里,总人口4.2万。

石灰铺社区(居委)

石灰铺社区(居委)位于石灰铺墟镇,区域面积9.57平方公里,总人口8 300人。下辖关岭下、赖屋、钟屋岭、河角、养鱼塘、石桥、白围、白沙塱等8个自然村以及镇中、桥西、桥东等3个街道居民小组,社区主要姓氏有陈、李、张、黄、王、何、刘、曾、吴、包、江、石、林、蓝、钟、杨、范、郭、欧、赖、胡、梁、沈、罗、麦、丘、巫等。省道347线横贯东西,石灰铺河穿墟而过,石大、石惟、石三、石转等县道乡村公路以墟镇为中心,向四周呈放射状分布,交通十分便利,是石灰铺镇经济、文化、交通中心。

石灰铺社区(居委)办公楼

石灰铺社区在民国时期一片荒凉,只有一座六祖祠、两排简易墟寮、一条乡约巷和两户人家。1957年11月,石美乡政府从美村墟迁移到石灰铺墟。1959年4月,从红旗人民公社析出石灰铺人民公社,石灰铺墟为公社机关所在地。1974年,从子塘大队和新联大队析出石灰铺大队,先后

---

[1] 资料来源:康熙版《英德县志》、道光版《英德县志》、宣统版《英德县志》、2006年版《英德县志》,综合镇户籍管理部门、镇统计站、各村(居)委等统计报表资料。

改制为石灰铺管理区、石灰铺村委,2003 年合并到石灰铺社区(居委)。

光明村

光明村位于石灰铺镇最东端,区域面积 16 平方公里,总人口 1 886 人。该村下辖上周屋、下周屋、排子、新屋、书房下、楼子、老屋、王屋、栏杆山、胡屋、上林、下林、赖屋、陈屋、塘背、东岳峒等 16 个村民小组;分布有周、谢、林、李、赖、曾、张、王、胡、钟、郭等姓氏。全村耕地总面积 1 329 亩,其中水田面积 1 002 亩,旱地面积 327 亩;山林总面积 16 323 亩。

民国时期,光明村设庙背头甲保和马槽坑保,隶属美村乡所辖,新中国成立初期为光明耕作区、光明高级社,1957 年 11 月从美光乡析出光明乡,1959 年 4 月起,先后改制为光明大队、光明管理区、光明村委。

关于光明村村名的由来,新中国成立初期农村合作化运动时,美村区(五区)区委书记赖坤和副区长李快来女士认为,美村峒最早见到太阳的是庙背和马槽坑一带村民,遂将此地改名为光明耕作区(光明乡),喻义是村民们经过土改翻身,企盼"光明"过上好日子,此地名一直沿用至今。

美光村

美光村位于石灰铺镇东部,区域面积 15 平方公里,总人口 1 644 人。村下辖曹至垄、韩屋、山口、大塘面、红瓦屋、乌坭湾等 6 个自然村,居住有李、江、邓、罗、韩、曾、王等姓氏。全村耕地总面积 1 113 亩,其中水田面积 863 亩,旱地面积 250 亩;山林总面积 8 830 亩。

美光村委会办公楼

民国时期,美光村设大塘面和曹至垄甲保;新中国成立后,先后改为美光乡、美光大队、美光管理区,现为美光村委。

勤丰村

勤丰村位于石灰铺镇背村垌南边，区域面积8.8平方公里，总人口2 718人。村下辖榄树下、老江屋、蕉园堑、蒲塘、范屋、亚婆山、社岭、乌坑、中心陂、全屋、甲子下、布心坪、何屋、莲塘、黄土坑等15个自然村；居住姓氏有吴、江、范、杨、全、赖、何、李、林等。省道347线穿境而过，东距县城13公里，交通十分便利。全村耕地总面积4 603亩，其中水田面积1 447亩，旱地面积3 156亩；山林总面积3 726亩。

民国时期，勤丰村设乌坑总，先后归石灰乡、竹田乡所辖。新中国成立后，先后成立勤丰高级社、勤丰耕作区；1957年从美村乡析出勤丰乡，先后改制为勤丰大队、勤丰管理区、勤丰村委。

关于勤丰村名的来历，农业合作化年代，时任美村区副区长全辉源提议取名"勤丰"，喻义为勤能丰俭，此地名一直沿用至今。

美村

美村位于石灰铺镇东部，区域面积23平方公里，总人口3 980人。村下辖浊水、横岗、高岭下、老钟屋、楼子、天星塘、下园、新陂、塘窝、白楼、上新屋、上伙、中厅、马口、美村街、枫树影、江屋、楼下、伙砖屋、牛牯岭、田寮下、王土岗、塮下、山下等24个村民小组；居住有吴、钟、江、陈、李、林、王、黄、沈、邝、潘、朱等姓氏。全村耕地总面积3 580亩，其中水田面积2 084亩，旱地面积1 496亩；山林总面积8 300亩。

美村墟是石灰铺城镇规划"一镇两墟"中的一墟。美村墟历史悠久，谈起美村墟的变迁，当地人常自豪地说"先有美村，后有石灰铺"。清初美村曾设背村图，清道光年间设美村乡；新中国成立初先后设美村耕作区、美村高级社、美村小乡。美村曾先后是英德二区、五区（美村区）驻地，辖竹田乡等10个小乡，1957年秋，撤小乡并大乡后成立石美乡，乡政府驻地从美村墟迁移到石灰铺；1959年4月，美村改制为美村大队；1973年2月，美村大队析出美寨大队。美村墟系20世纪50年代石灰铺的经济、文化中心。

石灰村

石灰村位于石灰铺镇中部，区域面积35.5平方公里，总人口3 507人。村下辖羊桥、钟屋、竹山下、上排、下排、鸭麻墩、沙树下、包屋、井栏下、佛子陂、田寮墩、油栏垌、水尾、四伙、上屋、水头、寺前、沙寨、蛤麻窝、堑子、车碓下、小园、石角等23个村民小组；居住有包、陈、胡、吴、钟、黄、罗、梁、赖、林、蓝、曾、涂、张、李、何、丘、杨等姓氏。全村耕地总面积3 500亩，其中水田面积2 314亩，旱地面积1 186亩；山林总面积12 030亩。

民国时期石灰村设简溪总、龙桥甲保，归石灰乡管辖；新中国成立后，先后设简溪—龙桥耕作区、石灰乡、石灰大队、石灰管理区，现为石灰村委。石灰村的上山峡至小园石角一带山脉，石灰石储量丰富，品质优良，是烧制石灰的上等材料。从前，石灰村一带村民几乎每家每户都自制石灰，制作石灰数量大、质量好，远近闻名，人们把这一带地方称为石灰村，此地名从清初沿用至今。

三门村

三门村位于石灰铺镇东南部，区域面积15平方公里，总人口2 868人。村下辖王屋、水源坑、梁屋、赤沙埌、马安山、三门闹、新梁屋、塘窝、门山下、松树窝、坑尾头、新屋垮、塽下、坳塘、新厂、坑边、龙润湖等17个自然村、27个村民小组；居住姓氏有王、沈、卜、吴、丘、张、梁、黎、江、黄、何、叶等。村耕地总面积1 675亩，其中水田面积1 562亩，旱地面积113亩；山林总面积18 980亩。

三门大角园盈进农场

民国时期三门村设三门甲保、三门总，归竹田乡所辖；新中国成立后，先后设三门高级社、三门耕作区、三门乡、三门大队、三门管理区，现为三门村委。

新联村

新联村位于石灰铺镇中南部，区域面积13.8平方公里，总人口2 163人。村下辖杨屋、张屋、山背、车田坝、刘屋、铜鼓陂、曾屋、范屋、塘湾、下村、石下、迳脚下、木塽、崩圳等14个自然村；居住有杨、张、曾、麦、刘、范、巫、周、官等姓氏。村耕地总面积2089亩，其中水田面积1564亩，旱地面积525亩；山林总面积9715亩。

民国时期新联村设车田总，归竹田乡所辖；新中国成立初期从竹田乡析出新联耕作区，后改为新联乡、新联大队、新联管理区，现为新联村委。

竹田村

竹田村位于石灰铺南部，区域面积18平方公里，总人口2138人。村下辖竹田街、塘背石、鹤树下、鱼梁角、乌楼、田背、井塘、山下、白石等9个自然村、22个村民小组；居住有曾、包、巫、朱、杨、胡、黄、石、丘、蓝、叶、刘、莫、陈、欧、万等姓氏。村耕地总面积2089亩，其中水田面积520亩，旱地面积1700亩；山林总面积7000亩。

清乾隆时期竹田村归石灰铺图所辖，清道光年间归石灰乡所辖，宣统三年（1911年）设竹田总，民国三十四年（1945年）设竹田乡。新中国成立后设竹田高级社、竹田耕作区、竹田乡，1959年4月起，先后改制为竹田大队、竹田管理区、竹田村委。竹田墟始建于明朝中期嘉靖年间，系石灰铺镇四大古墟之一。竹田墟现存16栋骑楼，建于清末民初，是广府文化与客家文化融合的结晶，是石灰铺历史文化重要载体。

大田村

大田村位于石灰铺镇最南端，区域面积15.7平方公里，总人口2457人。村下辖围顶、洋老、田心、楼下、楼仔、地头坪、竹园心、塘口、满伙、大垮、大塘等11个村民小组，居住有石、郭、刘等姓氏，其中石、郭两姓氏人口占全村总人口的92%。村耕地总面积1175亩，其中水田面积797亩，旱地面积378亩；山林总面积3471亩。

大田村自从1973年3月从竹田大队析出后，先后设大田大队、大田管理区，现为大田村委。

友联村

友联村位于石灰铺镇西南部，区域面积28平方公里，总人口2941人。村下辖水背、楼下、潭口、永红、新田、新屋垮、水尾、洞头、中心坪、细王屋、细林屋、高屋、傅屋、大林屋、麦屋、深坑塘等16个自然村；居住有黄、曾、王、高、傅、林、麦、吴、陆等姓氏。村耕地总面积3 500亩，其中水田面积2 628亩，旱地面积872亩；山林总面积7 500亩。

友联村民国初期设麻地总，先后隶属石灰乡、竹田乡所辖；新中国成立初从竹田乡析出友联耕作区，后改名友联乡、转村大队；1973年析出共联大队后，先后设转村管理区、共联管理区；2003年将转村、共联两管理区合并为友联村委至今。

保安村

保安村位于石灰铺镇西部，区域面积19.69平方公里，总人口3 385人。村下辖梅子坝、青山下、连塘坪、上蓝、下蓝、管屋、新楼、田厂、水心坝、沙丕坝、围寨、井唇、丰前角、井水角、上欧、下欧、石下等17个自然村；村现有蓝、曾、李、杨、赖、谢、欧、罗、管等姓氏。村耕地总面积3 700亩，其中水田面积1 834亩，旱地面积1 866亩；山林总面积14 120亩。

保安村民国初期设沙西、沙南片区，隶属沙坪乡。新中国成立初从惟山乡析出保安耕作区，先后改制为保安乡、保安大队、保安管理区、保安村委。

独山村

独山村位于石灰铺镇西北部，区域面积8.8平方公里，总人口2 650人。村下辖独山街、簕塘、麻塘、坝角、大坪、新村、大树园、岭下、沙湾、周塘、回龙等11个自然村、23个村民小组；人口分布有李、何、刘、张、朱、林、包、丘、宋、王、邹、赖、黄、盘、文等姓氏。全村耕地总面积3 820亩，其中水田面积1 341亩，旱地面积2 479亩；山林总面积7 100亩。

民国初期独山村设沙坪乡，下辖沙东、沙西、沙南、沙北等片区。新中国成立初，设惟山乡。1952年析出沙坪耕作区、小水洞耕作区、子塘耕作区、惟东耕作区和保安耕作区，先后改制为独山乡、独山大队、独山管理区，现为独山村委。独山墟始建于清顺治年间，系石灰铺镇四大古墟之一。

子塘村

子塘村位于石灰铺镇北部，区域面积13平方公里，总人口2 534人。村下辖坳子、邓屋、楼下、乌石岗、下围、湾角、上围、五陂、新屋（含狗子岩）、圆岭下、前塘、打鼓墩、岭头（含圹背）、莲叶围、狮石下、高桥下、塘窝、下夫田等18个自然村。居住有包、吴、刘、李、邓、徐、涂、罗等姓氏。全村耕地总面积2 463亩，其中水田面积1 821亩，旱地面积642亩；山林总面积12 460亩。

子塘村民国时期隶属沙坪乡，新中国成立初归惟山乡所辖，1952年析出子塘耕作区后，先后改制为子塘乡、子塘大队、子塘管理区、子塘村委。

惟东村

惟东村位于石灰铺镇最北端，区域面积24平方公里，总人口2 867人。村下辖谢屋、刘屋、城下、塘下、白围、双山、水心围、石坡、水新、下村、桅杆下、社角、老屋、坎面、田心、新屋、岩下、山下、横洞、东新、上赖、下赖、李屋、塘边、茅塘、黄泥陂、大迳、小迳、川峰坳等29个村民小组。居住有谢、刘、黄、廖、何、丘、陈、赖、李、吴、包、吕、陆、黎、李、周、伍等姓氏。全村耕地总面积3 860亩，其中水田面积1 947亩，旱地面积1 913亩；山林总面积38 000亩。惟东村是石灰铺镇接收政策移民最多的行政村，计有东新、双山、岩下、社角等4个自然村，72户、418人。

惟东村历史悠久，明末至清代，设置冈下（含子塘、独山及沙坪南部）、洸口巡检司直辖；民国时期隶属沙坪乡；新中国成立初为惟山乡所辖；1952年析出惟东耕作区后，先后改制为惟东乡、惟东大队、惟东管理区，现为惟东村委。

南岗山麓子塘河畔田园风光

第六节
石灰铺之最　岁月沉积满荣耀

古老而长青的竹田河（古冈溪水）浇灌着两岸的土地，哺育着生养在这里一代又一代的客家居民。勤劳而智慧的石灰铺人民用汗水建设自己美好的家园，创造属于自己的幸福生活，谱写了一篇篇壮丽的诗篇。在漫长的岁月沉积中，一个又一个的石灰铺之最，见证着石灰铺人民那一次又一次开天辟地的壮举，让世人感受到那一份又一份属于石灰铺人民的荣耀！

最高峰：十二峰，海拔 663 米。

最低地：洋水码头，海拔 22.3 米。

竹田河最长的支流：三门新联河，发源于十二峰北坡，全长约 10 公里。

竹田河最深的潭：正角潭，深 33 余米。

竹田河最大水电站：宝江电站。

最古老的石拱桥：沙湾拱桥。

最古老的石板平桥：背村庙下桥。

最古老的鸣钟：仙师宫鸣钟。

最古老的码头：竹田上墟码头。

最古老的栈道：龙沟曲闸子坳古栈道。

英石最多的山：白眉山，高数百丈，山半羊嫲山、硫璃头、石羊巢等皆产英石。

品位最优的石灰石：沿古冈溪水东部，自北三峰径起，南延南岗山、上山峡，

石灰铺陆地最低点洋水码头

至佛子高止，分布一系列石灰岩山脉，石灰石储量丰富，是烧制石灰、发展水泥工业的优质原料。

最大的石灰岩溶洞：硝璃岩，溶洞分上、中、下三层，支洞众多，面积万余平方米。

最大的水库：大径水库，库容量173.2万立方米。

最早的公路：横贯石灰铺东西的英洽公路，境内长18公里，1938年修筑，1939年日军侵犯时被毁。

最古老的农贸市场：背村图老闹。

最古老的苦丁茶树王：木塱村有一棵苦丁茶树王，围径260厘米、树高40米、树冠面积约100平方米，为全国最大。

最古老的社公树：佛子高秋枫榔，树龄约250年。

最古老的荔枝树：光明排子角黑色荔枝，光绪年间从增城带鲜荔枝遗核种植，树围周长220厘米。

最古老的土糖寮：车田坝糖寮厂，筑坝蓄水，以水力为动力，通过天车传动石夯压蔗汁制糖。

现存最早的石刻：莲塘岩摩岩石刻《山主人御阳子题》，明朝天启五年（1625年）二月立，至今近400年。

最早的寺庙：兴建于唐宋时期的金华寺、金钱寺和铜锣庙。

地势最高的坛所：南岗山三圣坛，海拔403米，从山麓到坛所的古石级径长867米。

最早的古名人墓：白水寨天子荫的刘元桂(受赠中宪大夫)墓。

古代科考功名旗杆夹最多的村：乌石岗村，达24幅之多。

最早的小学堂：宣统年间的美村铜锣庙育成初等小学堂。

最早的书馆：明末清初兴建的南岗山白云寺金容书馆，清道光二十六年(1846年)重修，文革废。

古代官衔最高的人：刘泽大，尊称刘道爷。曾在桂林全州、南京、四川等地为官，官至正四品。明崇祯二年（1629年），广东巡按吴尚默送工价银20两，行文英德县知县，为刘泽大建皋宪壮猷坊，立于英州城南门西首。

出国留学最早的人：石明德，20世纪20年代留学法国，与周恩来是留法同学，曾为英德县参议员、文澜中学首任校长。

军衔最高的人：勤丰村委中心陂村人吴庆灵，大校军衔。

最早的中共党员：黄志达，1946年加入中国共产党，新中国成立前历任大洞乡长、连江支队四团第七武工大队长。

最早的国家级劳模：杨和新，被评为全国文教体卫系统先进工作者，1960年6月赴京出席全国群英会。

最早获得两个国家级荣誉的人：邹明庚，于1979年、1983年获全国三八红旗手。

年龄最小的地市级先进人物：1990年，11岁的高春秋勇救落水儿童，被清远市政府授予"优秀少先队员"。

最早的省党代表：1956年，李快来为中共广东省第一届党代会代表。

新中国成立后最早的县长：谢煌，1962年任英德县副县长。

保护最完整的祠堂：水口石洋水老屋"石氏宗祠"。

现存最早的族谱：清嘉庆年间编录的纂村范氏千三郎族谱《高平堂》。

落籍石灰铺最早的姓氏：山桠寨（今沙氹坝与围寨一带）余姓，开基祖余本富（与北宋名臣余靖同宗同源），元朝从韶州南迁山桠寨开创基业。

清远全姓人口最多的村：勤丰全屋是清远市全姓人口最多的聚居地，占清远市全姓人口的56.6%。

英德人口最多的姓氏：保安管姓，英德市管姓人口最多聚居地之一，占全市管姓人口的40%。木塱官姓，英德市官姓人口最多聚居地。石灰铺包姓，英德包氏发祥地，是英德市包姓人口最多聚居地，占全市包姓人口的59%。水口石洋水石姓，英德市石姓人口最多聚居地，占全市石姓人口的78%。

最大的自然村：三门王屋村，共365户，2 103人。

地势最高的自然村：火山背，海拔443.3米。

地势最低自然村：竹园心，海拔29.6米。

姓氏最多的自然村：簕塘村，居住有林、朱、盘、张、刘、胡、罗、郭、廖、王、吕、文、冯等13姓。

面积最大的村：石灰村，区域面积35.5平方公里。

人口最多的村：美村，共827户，4 103人。

人口密度最大的村：独山村，人口密度301人／平方千米。

最早的用电照明：1961年公社购置一台40千瓦柴油发电机发电，第一次供应墟镇机关和居民照明。

最大的住宅小区：聚龙花园。

第二章 ▶▶▶
美丽嬗变　崛起中的卫星镇

　　石灰铺镇是英德西部重要城镇，距离英德市区18公里，英阳公路贯穿镇区，是英德市重要的卫星城镇。近年来，石灰铺镇党委、镇政府推动城镇化发展战略，按照"科学规划，加大投入，打造和谐、宜居、宜商、美好幸福石灰铺"思路，以亮点工程为突破口，坚持城镇扩容与乡村建设并重、规划建设与管理维护并重的原则，大力推进城镇化进程，城镇建设日新月异，美丽乡村精彩纷呈。

依山傍水的石灰铺墟镇

第一节
东进南拓 打造英西卫星镇

近年来,石灰铺镇党委、镇政府将城镇化作为镇经济发展及改善民生的战略举措,加大城镇化建设推进力度。一是做好城镇化建设规划,东进南拓,打造"一心两核";二是着力亮点工程,促进村镇建设大提速;三是抓好城镇管理,做好"三边整治",城镇美化、亮化及环境卫生。今天的石灰铺镇,一幢幢高楼拔地而起,城镇范围不断扩展,街道整洁明亮,一座美丽的城镇在英西大地快速崛起。

在城镇建设规划方面,石灰铺镇党委、政府重视墟镇建设规划,聘请专家学者对墟镇建设编制规划。按照"宜居宜商"的功能要求,以英阳公路为东西城市发展主轴,将镇区划分为传统居住区、居住区、综合服务配套区、工业区、旅游度假商住混合区等功能区进行开发建设,打造一河两岸。镇规划方案经镇十五届人大一次会议通过并报相关职能部门审批,街区规划面积为10.5平方公里,其中一期4.8平方公里,二期3.88平方公里,三期1.82平方公里。按照墟镇建设"十二五"规划,以镇政府为中轴线,东至石灰村,西至水背岭,

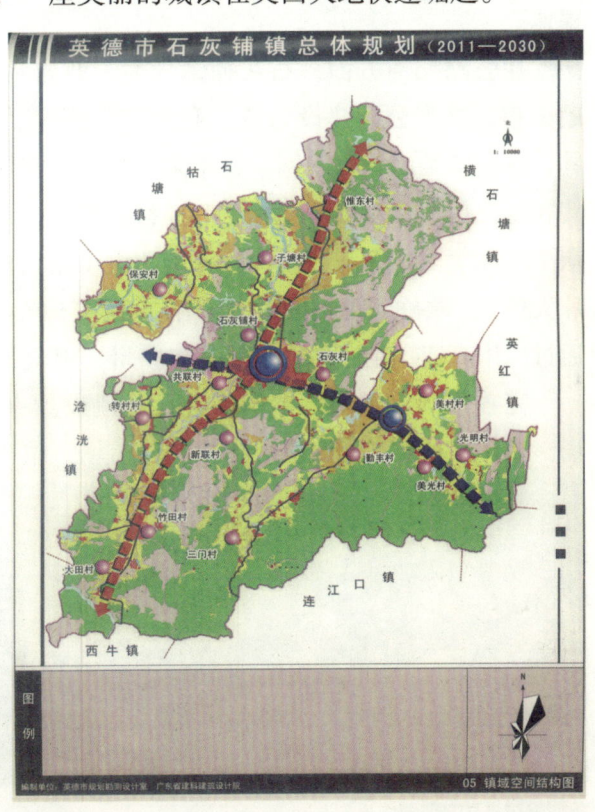

石灰铺镇总体规划图

南至金鸡山公园，北至南岗山麓，墟镇规模将从现有2.3平方公里扩大到9.57平方公里，稳步推进城镇建设。科学的规划、合理的布局，助推石灰铺城镇建设扩容提质。

东进战略是石灰铺城镇发展的一大亮点。按"一心两核"的开发理念，建设美村副中心区。通过对美村市场的规划升级改造及周边环境配套，改善美村墟的集贸条件和人居环境。南拓战略是石灰铺城镇发展的另一大亮点。石灰铺镇利用昆汕高速在该镇设置出口的契机，将墟镇建设南拓，以带动周边村庄开发建设。

亮点工程　村镇建设大提速

石灰铺城镇建设以工程建设为突破口，按照城镇规划部署，重视民生工程项目，以公路交通、水利设施等为重点，启动一批亮点工程，有力地推动了村镇建设大提速。

在公路交通方面，石灰铺镇党委、政府将公路建设作为镇经济社会发展的基础工程，加大公路建设力度。利用广乐高速、昆汕高速、英阳公路三条交通大动脉，在全镇编织一张路网。近年来，投入巨资建设石灰铺至惟东、石灰铺至三门、美村至三门、白石莫屋至山下等乡村公路，共计105.74公里。为方便冈溪河两岸群众生产和生活，石灰铺镇先后筹资建设子塘大桥、石灰铺新桥、竹田大桥和大田二片大桥、上欧桥、白沙塱桥、独山拱角桥等桥梁。如今的石灰铺，乡村公路四通八达，通过广乐高速、昆汕高速拉近了与广州、佛山等珠三角地区的距离。

完善市场、水利等镇街基础设施建设。一是建造石灰铺墟镇及美村墟综合市场。投资2 000万元建设的镇综合性市场，位于S347线镇中学旁，占地面积2 800平方米，综合楼五层：一层为农贸市场及商铺，二层为超市、饭店，三层为室内健身场所，四层为镇级电影院，顶层为酒店客房。投资350万元建设美村

英阳公路贯穿石灰铺墟镇

综合市场。二是兴建一批水利工程。如保安水口陂水利工程；投资850万元建设蛇引饮水工程，工程包括引水大坝、引水管网等，项目日供水2 420立方米，可解决2万人的饮水问题。三是兴建镇街公园、休闲场所。投资300万元整治"亚记潭"西岸河堤，建设防洪堤，对河堤进行绿化、美化、亮化；建设镇级"金鸡山"公园。四是建设镇村服务平台。为完善农村公共服务体系，提高城乡公共服务均等化水平，石灰铺镇投入80多万元，建成镇级综合服务中心1个、村级综合服务站10个。

东进南拓　城镇建设大扩容

石灰铺镇将城镇化作为镇经济发展的重要举措，为此，镇成立了由党委主要领导为组长，其他部门负责人等组成的城镇建设工作领导小组，积极推进城镇建设。近年来，墟镇建设东进南拓，城镇建设大扩容，建成墟镇区域面积由原来的0.8平方公里增加到现在的3平方公里，城镇常住人口由原来的5 000多人增加到现在的1万多人。

石灰铺镇采取多项措施推动城镇化建设。首先，做好镇区建设规划，对镇区进行功能区划分。其次，加大基础设施建设。近年来，该镇在基础设施建设项目上累计投入3 000万元以上，一是投入1 500多万元进行路边、水边、山边"三边"整治，将英浛公路过境路加建扩宽为四车道；二是对"亚记潭"河边两岸进行重点整治；三是镇区街道全部安装了路灯，实现了街道亮化；四是镇区街道全部硬底化，铺设街道下水管道、街区人行道铺装广场砖；五是投入400多万元，建成镇级金鸡山公园；六是投资1 002.6万元，建设36项农村饮水安全工程；七是投入2.75亿元进行农网改造，解决了镇村生产生活用电难的问题。再次，镇政府引进几家房地产开发公司进驻石灰铺，提升城镇建设速度。先后打造聚龙花园、江景花园、金兴花园、英西城市场、德政楼、天和大厦、民安大厦等7个住宅小区。最后，做好城镇环境及卫生管理。近年来，镇政府在墟镇推行"穿衣戴帽"工程，大力植树造林，在镇区及公路沿线两旁植树绿化，种植乔灌木，铺设台湾草皮，镇区绿化面积8.1万平方米；镇政府将德政路、民安路、石灰铺大道（英浛公路过境路）列为"绿化、亮化、美化、净化"示范工程。同时，抓好城镇街区环境管理，建设垃圾压缩站、填埋场、收集点，购置垃圾打扫、清运工具，配备专职卫生保洁员，做好镇区卫生保洁工作。

第二节
美丽乡村　和谐村镇美好居

　　石灰铺镇将美丽乡村建设作为一项惠民益民的重要民生工程，从组织领导、规划实施、资金筹措等方面入手，以改善农村住房条件为核心，积极推进美丽乡村建设。一是做好规划，美丽乡村建设由镇统一规划实施。二是抓好基础设施建设。加快乡村公路建设，2009—2013年完成乡村公路建设里程57公里，解决了群众的行路难问题；投入150多万元建成大田、美光、光明、勤丰等村级公园，在保安青山下新村、大田大垮村、子塘新屋村等新农村建设村级公园；建设镇村级社会综合服务站10个，以及劳动保障、信访综治服务平台。三是抓好示范点建设，以点带面，在全镇掀起了建设新村的热潮。石灰铺将大田村委大垮村小组列为"美丽乡村"示范点，拆旧建新，并严格按照"一户一宅"进行新村建设，做好环境绿化美化，实行人畜分离，将门口塘作为大垮村村级公园的中心部分进行全面治理和升级，建设篮球场、乒乓球场等体育设施，将大垮新村建设成"美丽乡村"建设的新亮点。四是做好清洁绿化工程。镇财政投入资金，对勤丰村委会范屋村民小组杨柳塘北面石山、竹田村委会井塘村民小组老屋场背、居委会石桥村民小

美丽乡村——大垮村

组石桥寨西面山进行绿化整治，绿化面积88亩，植树6 170株；在美光韩屋山、大田村委大垮山、满伙山、地头坪山、满伙鹤子山、居委水背岭种植速生经济林1 880亩；选定水头、井栏下、青山下、田寮墩、子塘及新屋等村组为试点，邀请英德市园林局规划设计，高标准进行整治；改善农村环境卫生，各村（居）配备专职卫生保洁员，负责辖区内村道的卫生保洁。

截至2014年12月，石灰铺镇规划建设美丽乡村28个，涉及农户数794户，建设完工房屋750套，铺设村内道路10公里，建筑总面积5.25万平方米，惠及人口3 978人。在资金方面，房屋及公共设施建设总投入5 400多万元。

大田大垮村 总户数72户，人口350人，已建成房屋72套，建筑面积4 350平方米，铺设村内道路0.8公里。公共设施投资100多万元，文化室、娱乐场所建设共投入20多万元。

大垮村文化讲堂

保安青山下村 总户数43户，人口220人，已建成房屋43套，建筑面积3 096平方米，铺设村内道路300米。公共设施投资200多万元，文化室建设投入12万元，娱乐场所建设投入50万元。

石灰水头村 总户数31户，人口150人，已建成房屋31套，建筑面积2 232平方米。公共设施投资45万元，文化室建设投入12万元，娱乐场所建设投入16万元。

石灰水头新村

第三节
扶贫开发 踏上富民奔康路

石灰铺镇省定贫困村 2 个，非省定贫困村（居）13 个，需帮扶贫困户 411 户，人口 1 583 人（其中省定贫困村 161 户，人口 633 人）。镇党委、镇政府根据各贫困村的实际，实施一村一策，加大扶贫开发力度，帮助贫困村、贫困户脱贫解困。截至 2013 年底，镇 15 个村集体经济收入均超过 3 万元。在挂扶单位帮扶下，光明、惟东两贫困村村集体收入大幅增长，2013 年光明村村集体收入超过 8 万元，惟东村村集体收入近 10 万元。英德市财政局挂扶的非省定贫困村保安村，2013 年村集体收入达到 8 万元。全镇 475 户贫困户，贫困户人均纯收入增幅明显，2013 年，全镇帮扶贫困户的人均纯收入超过 7 000 元，与全国农民人均纯收入已基本持平，实现了全面脱贫。

具体帮扶贫困户措施如下：

一是摸清帮扶村和贫困户的情况，积极配合帮扶单位进村入户，与帮扶单位共同研究制定帮扶总体规划及帮扶措施。

二是加大资金投入力度，抓好贫困村基础设施建设。近年来，累计重点扶贫村到村资金 327 万元，贫困户到户资金 39.5 万元；非重点贫困村到村资金 166 万元，到户资金 156 万元。对口帮护单位投资 34.35 万元，完成美光水利建设、独山小学装修及维修新村桥梁、竹田卫生站等项目；扶持美光村委 10 万元进行商铺投资；投入 20 万元建设大田卫生站、独山卫生站；投入 8 万元建设独山周塘篮球场；投入 10 万元建设竹田水利陂头；投入 5 万元帮助美村、石灰和子塘水利陂头建设；镇政府投入 135 万元帮扶三门村委建设道路、水利设施并建造两座桥梁。

三是推进规模化种养，促进农民增收。各帮扶单位从选择帮扶项目、落实项目资金入手，帮助贫困户实现脱贫目标。镇政府针对当地农村土地撂荒现象，积极推进土地经营权合理有序流转，农民以地入股，引进农业龙头企业，通过"公司+农户"的模式，引导农民以种植英红九号茶叶等高产值作物为主，进行农业布局调整，带动农民进行规模化种养。引进德丰、创美、温氏、德美等农业龙头企业，通过一系列的引导，目前全镇新种茶叶近8 000亩。2012年6月4日，清远市委书记葛长伟到德丰农牧发展公司调研指导工作，对石灰铺镇利用农业龙头企业带动当地农民发展的做法表示肯定，鼓励企业做大做强，带动农民增产增收。2013年农民人均纯收入7 421元，比上年增长12.2%。

四是做好劳动技能培训，促进劳动力转移，通过农村富余劳动力输出、以创业带动就业，帮助贫困户脱贫致富。截至2013年底，全镇共培训贫困户966人次，输出富余劳动力642人。

五是做好全民社会保障工作，使人民群众病有所医、老有所养。至2013年底，全镇城乡居民医疗保险完成率100%，城乡居民社会养老保险完成率91%，城乡登记失业率1.7%。

【媒体链接】

石灰铺镇投千万整治石灰铺大道

大凡经英浛公路过英德石灰铺镇街的朋友，都会发现石灰铺大道宽敞、整洁、美观，已成为该镇的靓丽门面。

英德石灰铺大道属于英浛公路过境路，是该镇亦路亦街的重要路段。自启动"三边"环境整治工程以来，按照亮化、美化、绿化的定位，对英浛公路过境路2公里段进行高起点高标准整治，项目投入1000万元，进行路面拓宽、下水道治理、人行道铺装广场砖、路边绿化、安装路灯等工程。英浛公路石灰铺过境路的整治，达到"点成景、线成荫、面成林"的效果，既提升了城镇的品位，又促进了该路段交通环境的改善。

据悉，该项整治共完成2公里路面二车道拓宽为六车道，安装路灯110座，路边绿化2公里，铺设人行道广场砖36 000多平方米，街道入口以大黄蜡石为载体指明路标。

——摘自《清远日报》

金鸡山公园 石灰铺的闪亮名片

英德石灰铺镇2012年开始对镇政府背后的"金鸡山"进行公园化整治，依山而建的金鸡山公园，是建设"宜居石灰铺"的重要工程之一。站在公园上，整个镇貌尽收眼底。公园占地面积50亩，计划投入600万元，目前已投入近500万元，完成工程建设80%，2015年6月前全面建成，投入使用。届时，金鸡山公园将成为石灰铺镇人民群众平时休闲娱乐的主要场所。

金鸡山公园

——摘自《清远日报》

第三章 ▶▶▶
产业集聚 唱响发展协奏曲

近年来,石灰铺镇立足本地实际,坚持"优化产业结构、扩大产业规模、推动工业化"的经济发展思路,充分利用当地的区位优势和丰富资源,以城镇化为基础,以绿色农业为重心,形成绿色农业、石灰石工业、生态旅游业三大产业集群齐头并进的经济发展新格局。

石灰铺镇党委、镇政府采取多种措施,努力提升产业规模,提高经济发展水平。一是搞好道路网络、墟镇基础设施、通信

骅英公司茶园

电力等基础设施建设。截至2013年底，石灰铺镇97%村民小组都通上水泥路；完成"亚记潭"西岸河堤整治亮化；完善美村市场、石灰铺市场及墟镇排水系统建设；推进城乡清洁工程和"三边整治"。二是制定和出台了一系列积极有效的土地使用优惠政策、财税扶持政策、物质奖励政策、融资政策等扶持措施，推进镇工业化进程，扩大利用外资的领域与规模。三是加大招商引资力度，镇成立了以镇委书记为组长的招商引资工作领导小组，分管副镇长具体抓招商引资工作，以资源"引"商，利用镇自然资源丰富、地处英西北交通咽喉等优势，加大产业集聚力度。四是做好引进重点项目服务工作，提供"保姆式"服务，及时帮助解决商家在生产和生活中遇到的困难和问题，增强外商发展信心，确保企业能够搬得进、能发展。

如今的石灰铺，已成为企业投资兴业的一块宝地，一大批规模以上企业：英德市宝江水泥材料有限公司、广东华农温氏英州分公司、德丰农牧发展公司、德美生物科技发展公司、英德创美农业发展有限公司、广东英农农科院独山农场、高洋茶业有限公司、英州红茶叶有限公司、十二峰漂流项目、石景河旅游度假区项目等纷纷进驻，绿色农业、石灰工业、生态旅游业等企业聚集，唱响了石灰铺经济发展的协奏曲，有力地推动了当地经济和社会的发展。

广东英农农科院独山基地

第一节
农业强镇　托起绿色的希望

近年来，石灰铺镇紧紧围绕都市农业与城镇发展区功能划分，积极探索农业产业化经营的新路子，推行土地整合，引进大型农业龙头企业，引导农民发展规模化种植，取得了明显的成效。全镇引进了温氏、德丰、德美、创美、英农农科院等大型农业龙头企业，已形成红茶、竹笋、沙糖橘、糖蔗、蚕桑、黑皮冬瓜等六大农业基地及养猪、养鸽、养龟、养鹅等大规模养殖基地，有力地推进了镇农业产业的发展壮大，增加了农民收入。绿色规模农业已成为石灰铺镇经济的一大支柱产业，正引导当地农民步入致富奔康的快车道。

六大基地　构建农业新格局

石灰铺镇在农业产业化发展过程中，注重发挥本地优势，大力抓好红茶、麻竹、沙糖橘、糖蔗、蚕桑、黑皮冬瓜等六大农业基地的示范建设，逐步构建优质高效、特色鲜明、优势突出、持续发展的特色农业发展新格局。

红茶基地

石灰铺茶叶历史悠久，红茶基地是英德茶叶种植主要基地。全镇种植英红九号红茶超过8 000亩，注册公司15家。德丰茶韵园、菜仔窝高山有机茶、创美茶博园等的红茶基地被列入清远市"一乡一品"基地，所产英红九号，色泽金黄、汤色红艳、醇厚甘甜。

德丰英红九号基地

麻竹基地

石灰铺种植麻竹笋面积达4万亩，是中国麻竹笋主产区之一。麻竹笋成为石灰铺镇农民致富的法宝，被当地农民称为"剥皮黄金"。

麻竹笋

干竹笋

竹篾工艺品

竹篾编织工艺是石灰铺独具特色的民间手工艺，竹田河两岸盛产竹，当地以生产竹篾制品闻名，竹篾制品主要有粪箕、谷箩、竹席、簸箕、格箩、圆筛、竹篮、竹帽、鸡笼、鸡挤、猪笼、河狗、虾笼等，并形成河角、下村、刘屋、罗屋、铜鼓陂、车田坝、山背、圾桥、田背、鹤树下、鱼梁角、大塘、郭屋、水口石、白石、井塘、深坑塘、丹竹山、新屋垮、田寮下、操屋园、潭口、楼下、水背等"竹篾村"，涌现出一批心灵手巧的篾匠。

每逢集市，当地生产的各种竹篾制品涌进美村闹、竹田墟和独山街等市场，并销往附近西牛、洽洸等商埠。

沙糖橘基地

石灰铺镇充分利用山坡地和亚热带季风气候大力种植沙糖橘，全镇沙糖橘种植面积近万亩，其中惟东村2 000亩，子塘村2 500亩，独山村2 000亩，是中国沙糖橘主产区之一。当地所产沙糖橘，色泽鲜亮、皮薄、无核或少核，果肉爽脆、汁多无渣、口感清甜，深受省内外客商的喜爱。

糖蔗基地

石灰铺镇是粤北糖业糖蔗重点产区，全镇糖蔗种植面积1.8万亩，当地所产糖蔗具有产量高、抗病强、抗伏好、含糖率高等特点。大面积的糖蔗种植，为糖业公司提供了充足的原料，支撑了当地糖业的发展。

蚕桑基地

石灰铺镇是"中国蚕桑之乡"重要产区，全镇蚕桑种植面积达6 000亩，桑园产量高，桑叶质量佳，蚕茧质量好，深受各地客商追捧。

黑皮冬瓜基地

石灰铺镇所产黑皮冬瓜连续3年被中国华南（清远）农博会评选为"冬瓜王"，单个重量达43千克。全镇共种植黑皮冬瓜1.6万亩（双造），年总产量10万吨，产品行销珠三角及湖南、湖北、河南等地。

黑皮冬瓜王

以大项目为引擎，促进农业大发展

石灰铺镇把农业大项目的引进放到农业发展的重中之重的位置来抓，通过大项目的引擎带动作用，以大项目促进大发展，开创石灰铺镇科学发展的新局面。

德丰农牧　生态农业典范

山泉猪、德丰乳鸽、德丰鹅、盈德茗茶等一个个绿色品牌，从这里诞生，走向世界。

英德市德丰农牧发展有限公司（以下简称德丰公司）位于英德市石灰铺镇勤丰村，成立于2009年12月，注册资金3 000万元，是一家集鸽、猪、鹅、龟养殖和茶叶种植、加工销售于一体的综合性生态农业企业。

德丰公司计划总投资9亿元，首期

德丰鸽场

德丰鹅场

投资3.5亿元，以发展生猪、肉鸽、肉鹅、肉龟养殖和茶叶种植与加工为主；二期投资2.5亿元，以发展畜禽产品加工为主；三期投资3亿元，以发展终端销售与电子商务为主。公司占地7628亩，员工350人。该公司成立以来，已投入近3亿元，建成多个大型养殖场，其中包括母猪存栏量3000头、年产6万头"山泉猪"的标准化示范猪场，种鸽存栏量15万对、年产330万对"德丰乳鸽"的标准化示范鸽场，种鹅存栏量2万只、年产45万只"德丰鹅"的养鹅场，存栏量1.8万只各类珍贵龟类的养龟场，种植了1500多亩"英红九号"的茶叶园以及日加工达1万千克茶青的现代化流水线式的"盈德茗"茶叶加工厂，还有沼气发电厂、有机肥厂、饲料厂等配套设施。

德丰公司坚持走优质、高产、低耗、高效、生态、健康的养殖路子，以畜牧综合型和种养结合型为发展方向，用沼气发电和有机肥制造为纽带的"养殖—沼气、有机肥—种植"的循环型种养模式，基本解决了各养殖场和种植场对电力及肥料的需求，变废为宝，点石成金。通过这种以养殖带动种植、以种植服务养殖，循环利用的模式，实现了养殖废弃物的"零排放、零污染、零浪费"且为无害化和资源化，堪称现代生态农业的典范。

德丰公司自成立以来，分别获得了"国家生猪标准化示范场""广东省农业科技园区""扶持菜篮子产品生产项目""广东省重点生猪养殖场""清远市肉鸽标准化示范区""广东省重点农业龙头企业"等名誉和称号，并与华南农业大学、广东科贸职业学院建立了产学研基地，通过与科研机构、院校的全方位合作，解决企业发展的技术与人才的瓶颈问题，提高企业的综合竞争能力，取得良好的经济效益。

德丰公司坚持"以市场为导向，以科技为先导，以质量求生存，以环保谋发展，以龙头带产业"的经营理念。公司销售额几乎每年翻一番，发展稳定。放眼未来，公司在完善目前（一期）畜产品生产体系的基础上，仍需要大力发展（二期）畜产品加工和（三期）食品营销，形成一套完整的生产加工和终端营销体系，彻底摆脱农牧企业"看天吃饭"的宿命。

华农温氏　年上市60万头肉猪

一家企业，引领1 000户农户增收致富，在华农温氏带动下，当地养殖户年获利达8 000万元。

温氏英州分公司

广东华农温氏英州分公司是广东温氏畜牧股份有限公司下属分公司，于2007年成立，总部设在石灰铺镇，是一家经营规模为年上市60万头肉猪的企业，预计实现年销售总额8亿元。

华农温氏英州分公司已建成大湾、西牛、英州三个年产共32万头猪苗的猪场，配套英州、黄花、黄洞、西牛4个养猪服务部，发展合作养猪农户近1 000户，带动养殖户年获利达8 000万元。

华农温氏英州分公司重视环境保护，公司采用国际CDM环保设备与广东工业大学研制的污水处理、生产供水设备设施，基本实现"零排放"；公司推行养殖户小区式猪舍，配建沼气池，对猪场生产区、生活区进行绿化。

华农温氏英州分公司有效地带领当地农户增收致富，有力地推动了当地农业产业化进程，促进了当地农业经济的大发展。

创美农业　英西生态综合体

赏樱花、水库垂钓、饮桑果酒、品红茶、住山间别墅……这里是英德市石灰铺镇创美原生态茶博园，一个农业生态综合体。

英德创美农业发展有限公司（以下简称创美农业）位于英德市石灰铺镇友联村，于2013年6月创立，是一家集英红九号红茶种植、制作及花果种植加工、水库养鱼、茶叶科教、休闲度假为一体的农业生态综合体，创美农业规划发展规模达13 000亩。

创美农业现开发面积达7 500亩，其中育茶苗场60亩，种植英红九号茶园面积3 500多亩；樱花种植面积400亩；开发洞头水库等水面100多亩用来养鱼；种植桑果

创美聆红红茶

创美农业聆红茶园

近1 000亩，果园养鸡，桑果酿酒；建立一个茶叶科教基地；开发建设生态别墅群。

创美农业以"原生态茶园"作为公司的经营理念，坚持"茶区园林化、茶树良种化、茶园水利化、生产机械化、栽培科学化"的发展模式，将传统的农耕方式与现代科技相结合，为客户提供最优质的生态产品。创美原生态茶博园是落实《清远市加快茶叶产业发展实施方案》的龙头茶叶企业。

英农农牧　打造餐桌安全通道

青山绿水、生态基地，英农农牧，为消费者构建一条草香猪走上餐桌的安全通道。

广东英农农牧有限公司（以下简称英农农牧）于2011年投资成立，是一家以养殖"英农草香猪"为主导，集生态种养殖、安全检测、绿色食品连锁、生态旅游于一体，以打造绿色生态链为目标的"资源节约、环境良好"型高科技农业企业。

英农农牧本着"诚信、担当、分享"的价值观，采用产销一体化的管理模式，在广东英德建立了国内领先的现代化种养殖基地，占地面积1万余亩，是广东最大的综合性农业航母基地之一。基地建设在青山绿水的自然生态环境中，设计独特的猪舍，引进国际先进设备和技术，聘请以色列农产品及蔬菜种植专家进行技术合作。

英农农牧位于广东英德石灰铺镇的青山绿水间，农场充分利用地下水、清新空气等无污染的资源条件，打造"猪—沼气—草"生态养殖资源再生体系，为满足生猪生长的营养需要，以规模化种植的天然牧草为食，不添加任何激素、添加剂、瘦肉精等，英农草香猪肉安全健康，具有很高的品质和上佳的风味。公司同时也解决了种养殖与自然资源的无污染交换，实现了资源利用与环境保护的友好对接。

英农农牧本着"安全、生态"的经营理念，采用圈养方式培育、饲喂肉猪。一期建设有3 000多亩生猪生态养殖基地，惟东母猪场作为生猪的孵育基地，全封闭式流程管理模式与全自动化饲喂流程设计为生猪的繁殖与培育构建了安全可控的动态体系。细王屋猪舍采用二层结构设计，满足了猪生长所需的通风、干燥、易排污等环境要求，为生猪的安全、健康成长创造了舒适的条件。

秉承"发展企业发展人，为行业为人类带来进步"的宗旨，英农农牧积极引入 HACCP 标准（危害分析及关键控制点）认

英农生态养殖

证，从生产源头保证农产品质量，全程实行安全监测可追溯，以欧盟种养殖技术为核心，不断延伸产业链，打造"公司＋基地＋连锁店"的模式，使英农农牧农产品的每一个阶段都能得到专业团队悉心照顾，产业链全程实行安全监测可追溯，为消费者建立起农产品从大自然到餐桌的安全通路，让消费者购买到安全的食品，让每一位消费者"吃得放心，吃得健康"。目前公司的第一家品牌形象店铺已经率先在深圳南山开业，并规划在广州、顺德等珠三角地区开设品牌专门店。公司积极地引领消费者崇尚环保、生态的生活理念，从本质上提升生活品质，享受英农农牧生机庄园的快乐生活以及"生意盎然"的生机世界！

第二节
工业兴镇　石灰产业一枝独秀

石灰铺镇矿产资源极为丰富，主要有石灰石、硫、铁、锡、硅、金等20多种矿物质，其中以石灰石储量大、品质优、易开采。石灰铺镇水陆交通十分便利，省道347线贯穿墟镇，距广乐高速18公里，距京广铁路24公里，小北江绕镇而过。当地政府利用本地资源优势及优越的公路、水路交通条件，引进英德市宝江水泥材料有限公司等一批石灰产业企业。石灰产业的聚集与大发展，成为石灰铺工业发展的一大亮点。

宝江水泥　以质量赢市场

宝江水泥，装备一条日产2 500吨的新型干法旋窑水泥熟料先进生产线，优质产品从洋水码头启运，源源不断输往珠三角等地。

英德市宝江水泥材料有限公司（以下简称宝江水泥）于1994年4月成立，是一家从事水泥熟料生产与销售的知名企业，公司注册资本10亿元，公司地址位于

宝江水泥厂一角

英德市石灰铺镇上山峡。

宝江水泥占地面积达 35 万平方米，拥有优质石灰石储量超过 8 000 万吨，石灰石氧化钙含量达 51%。公司目前建有一条日产 2 500 吨的新型干法旋窑水泥熟料生产线，公司在洋水峡建有年吞吐量 150 万吨的船运码头及配套设施，可停泊 500 吨级货船，水泥熟料可通过船运直达广州、佛山、东莞等珠三角地区。

宝江水泥坚持技术创新，公司拥有 181 名员工、各类专业技术人员达 58 人。公司 2011 年成立技改小组，对生料粉磨系统的改造进行可行性研究、论证，投资 2 250 万元与合肥水泥设计院合作，设计、安装立磨研磨系统，既提高了产能，又降低了能耗，生产成本明显下降。推行节能降耗，公司利用水泥熟料生产线建设余热发电技改工程，发电总装机容量达 5 000 千瓦，实现年发电量 2 962 万度，解决熟料生产线用电量的 30%，大大降低了生产成本。

宝江水泥秉持"踏实、拼搏、责任"的企业精神，以"诚信、共赢、开创"为经营理念，以创新的管理模式、完善的技术、周到的服务、卓越的品质为企业生存的根本，坚持"以质量求发展"，严把产品质量关，公司连续 13 年获得广东省工商行政管理局授予的"重合同守信用企业"，英德市质量技术监督局授予的"产品质量信得过企业""质量管理先进单位"等称号，优质的产品赢得广大客户的信赖，畅销珠三角等地。

古石灰窑　石灰铺工业的见证

石灰铺因盛产石灰而得名，石灰业是石灰铺最早兴起的手工业，石灰铺区域有大大小小古石灰窑 285 座。古石灰窑是在山坡边挖一圆柱形的窑体，在山坡一侧挖一倒"U"形的窑门，窑体用耐火材料青砖或红砖砌成纺锤形，上下较小，中间略大，底部沿着窑体用砖头砌成 0.5 米高开口的圆形小窑门。一个自然村有

古石灰窑

一座或两座以上石灰窑。随着生产力的发展、技术的进步，传统的烧石灰工艺被淘汰，古石灰窑逐渐被废弃。

无烟石灰窑炉技术专利

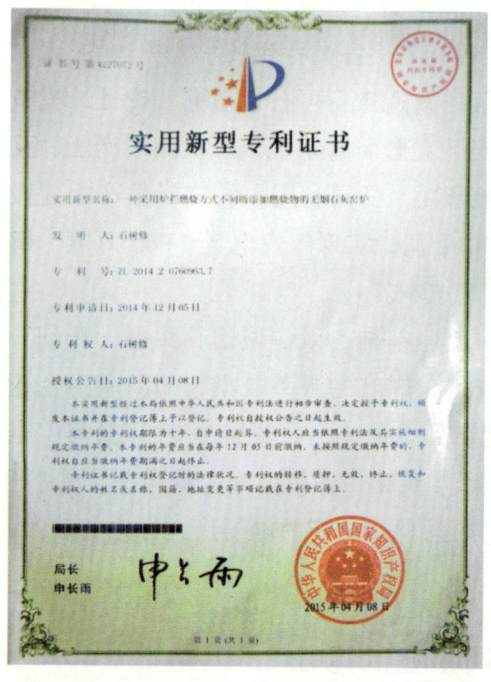

专利证书

　　石灰铺丰富的石灰石资源，支撑着当地石灰产业的持续发展，也为当地培育了一批石灰烧制的能工巧匠，石树修就是代表之一。40多年来，他潜心研究石灰窑炉烧制无烟化的工艺流程并取得突破，2014年，他以"一种采用炉拦燃烧方式不间断添加燃料物的无烟石灰窑炉"技术向国家知识产权局申报实用新型专利，获国家知识产权局核发的实用新型专利证书。此项技术为燃烧多种可燃物无烟烧制石灰窑炉技术，主要核心技术是不限燃料、达到零排放。这种新型钙灰窑炉是各种垃圾的克星。此技术适用于所有窑炉，目前多家公司正与石树修联系，希望进行产研合作，但他却希望这项技术能在家乡英德落地。

第三节
旅游旺镇　山水之乡美丽容颜

冈溪水，从遥远的船底顶缓缓流来，由北向南穿越石灰铺镇，与连江汇流。冈溪水滋养着沿河两岸的土地，哺育了一代又一代石灰铺民众，沉淀了石灰铺镇灿烂的历史文明，摩岩石刻、古井栈道、祠堂庙宇……石灰铺镇属丘陵地区，山林密布，景色宜人。石灰铺镇党委、镇政府利用当地山水资源优势，大力发展旅游业，三门十二峰漂流、石景河风景区等一批旅游景区及创美农业等一批休闲农庄，吸引着各地游客蜂拥而至。

十二峰漂流　感受惊险

625米的超长弯道，138米的三级连环落差，高达76公里时速的漂流，50°～70°的急转弯，激流飞舟，让你感受惊险、体验刺激。

十二峰漂流旅游风景区位于英德市石灰铺镇三门十二峰，距英德市区仅半个小时车程。景区面积达5 000亩，地势险峻，瀑布众多，层峰叠嶂，树木郁郁葱葱。十二峰漂流全长4.5公里，蜿蜒曲折、激流跌宕、穿山透石，历时90分钟，总落差达485米，单个落差大至38米。游客乘舟漂流，沿林荫水道穿行，两岸高山密林，青山、怪石、

十二峰漂流

珍稀植物桫椤

碧水、绿林融合在一起,时而激流澎湃,时而平缓如镜,时而惊触险滩暗礁,时而回旋嶙峋怪石,在激流中飞舟,感受惊险,体验刺激。

十二峰漂流最精彩处在"漂移最传说"河段,长达 625 米的超长弯道,高落差让速度瞬时到达 76 公里/小时,并伴随一个 70°的急转弯,在速度与离心力的双重作用下,带给游客水上漂移的无限快感。紧接下来又一个长达 520 米、高达 138 米的三级连环落差,伴以 50°弯位一路加速狂飙,两侧古树参天,让你体验环崖极速漂移的乐趣。

十二峰漂流峡谷两岸随处可见的桫椤,属蕨类植物,是白垩纪时期遗留下来的珍贵树种,距今 3 亿多年,是唯一现存的木本蕨类植物,有"活化石"之称,属国家一级珍稀保护植物。十二峰最高的两棵桫椤高达 7 米,堪称"桫椤之王"。

石景河风景区　体验神奇

泛舟地下河,神奇的水溶洞、如白色丝带飞天而下的瀑布,领你走进一个迷幻的世界。

石景河风景区位于石灰铺镇美村,距英德市区 19 公里,占地 3 平方公里,是典型的喀斯特地貌溶洞暗河性自然风景区,景区分为茶香园、竹趣园、石景河、水溶洞四大游览区。

石景河风景区的溶洞地下河,是广东省目前已探明最长的地下河之一,全长约 10 公里。水溶洞最为神奇,是亿万年沧海桑田形成的典型喀斯特地质博物馆,洞内景观千姿百态,岩洞瀑布如一条条白色丝带飞天而下,令人痴醉。

神奇的石景地下河

第四节
村级市场　撑起农贸大舞台

石灰铺是农业大镇，茶叶、蔬菜、甘蔗等农产品种植面积大，产量高，农产品市场化水平较高，早在明朝就出现了村级市场——背村老闹。如今石灰铺市场、美村市场、独山街农贸市场、竹田街农贸市场并称石灰铺四大集市，有力地撑起了石灰铺农产品贸易的大舞台，其中美村市场、独山街农贸市场、竹田街农贸市场为三大村级市场。

美村市场

美村市场是石灰铺镇四大集市之一，始建于明朝正德年间，是英德最大的村级农贸市场。美村市场有500多年历史，历经"背村老闹—背村街—美村市场"的演变，至今覆盖背村峒美村、勤丰、美光、光明、石灰、三门等村委以及毗邻的红卫、麻寨、长逶、龙华、龙建、仙桥、严村、小舍等地，辐射周边地区3万人口，是英德市唯一保留墟日的村级集贸市场。

美村市场建筑面积20 010平方米，设猪肉行、水产行、三鸟行、蔬菜行、成衣行、油米行、糖烟酒行、竹木器行、水果行、理发行、熟食行、化肥农药种子店、五金家电店等。市场逢农历一、五墟日，人头攒动，车水马龙，交易活跃。据有关部门不完全统计，市场墟日交易额达10万元以上，每年岁末固定年二十七墟日的日交易额达百万元以上。美村市场，已发展成为背

美村市场

村垌的社区经济中心。

随着城镇化步伐的加快，美村市场已建立英德红茶批发市场网上超市，目前已有27家英德茶业企业进驻，市场展示面积达2 000平方米。

独山街农贸市场

独山街农贸市场，始建于清顺治年间，面积28 990平方米，系石灰铺镇四大古墟之一，是独山及附近社区经济中心。独山墟店铺林立，商家主要经营猪肉、鱼等食品，副食品，五金家电，农药化肥等，逢农历四、八为墟日，附近村民赶墟买卖。

独山街

新中国成立前，独山墟一直是沙坪乡政府所在地，当时主要商号有盐记、广丰、松瑞、锦记、黄桥记、黄尔泰、怡生、明生堂、益寿堂、海味杂货、油米糖酒店、编织印染店、茶楼客栈等，经营猪、牛、鸡、鸭、鹅及猪肉、牛肉、豆腐、犁、耙、粪箕、竹篮、农家杂货、油米加工等。独山墟万寿宫背后占地500平方米的牛岗墟，地上有拴牛的大木钉。道光版《英德县志》载："独山墟，在县崇仁都沙坪图，市牛最多。"

竹田街农贸市场

竹田街农贸市场，位于丰山沿县道石大公路两侧，共五幢建筑，面积约33 350平方米，主要经营食品、化肥、农药种子、糖烟酒、农副产品收购、粮油、服装、建材等。市场覆盖竹田村委、大田村委及新联友联部分自然村近5 000人。

竹田街

第四章 ▶▶▶
教育强镇　托起未来领航灯

　　重教兴文是石灰铺镇的历史传承。自明朝建制以来，这里的官方、乡绅都重视兴学，老百姓也重视子女教育，古代私塾热便是见证。私塾的兴起，为当地培养了一批又一批的优秀人才。新中国成立后，石灰铺镇历届党委、镇政府把发展教育作为政府的一项重要使命，大力推进教育事业的发展。2011年，石灰铺镇启动教育创强工作，先后投入4 200多万元，使该地办学条件得到明显改善，学校教育教学水平得到进一步提升。2012年，石灰铺镇被评为广东省教育强镇。教育，为石灰铺人民托起一盏领航灯。

广东省教育强镇评审报告会

第一节
石灰铺教育发展年谱①

明朝至清朝末年，石灰铺官学和私塾并举，私塾多由乡绅募捐、族众公资助兴办，多在蒙馆、宗族祠堂、庙宇办学。影响较大的有美村铜锣庙学宫、南岗山白云寺金容书馆、竹田仙师宫、独山万寿宫等。据可考资料显示，至光绪三十年（1904年）光绪帝下旨废止科举，石灰铺之举人8人，庠生、监生、廪贡、例贡、武生、秀才412人；文武官员，不乏其人。如明万历举人刘泽大，曾任叙州知府、叙沪兵备道、四川提刑按察使，官至正四品；清直隶州同石载珠；清光绪副魁、英德三属总局生员、浛洸高等学堂监督王治钧。

清宣统年间，铜锣庙学宫更名为育成初等小学堂。

清末至民国初期，旧式学馆、学堂改为新式学校，监督改称校长。

20世纪30年代起，先后开办铜锣庙小学、竹田乡小学、独山小学、石板庙小学等4所完全小学。较大自然村乡民募捐或族众公资助陆续办起的私塾学校有光明庙背书房下、雷公寨白楼书房下、龙桥学校、简溪学校、三门闹学校、洋水学校、井塘学校、麦屋高尚水书房下、武绿庙学校、钱塘书房下、水径书房下、保安庙学校、赖子拖学校等。铜锣庙小学等4所完全小学为当时美村乡、竹田乡和沙坪乡输送了一批学生外出深造，其中不乏佼佼者。如美村赖占光、江永轩及三门梁香圃等先后受聘为浛洸高等小学校长；王文佑黄埔军校毕业，任省保四师政治部主任；水口石人士石明德，法国留学归国后，被聘为英德县立文澜中学（英德英西中学前身）首任校长。后来因私塾学校

20世纪20年代留学法国的石明德先生

---

① 资料来源：《英德县教育志》、民国版《英德县志》和石灰铺中学及中心小学档案室。

校舍简陋,加上当时经济落后,社会重男轻女,各私塾学校学生寥寥无几,此类私塾学校屡办屡停,屡停屡办,至新中国成立初期,只剩洋水学校等6间私塾学校。

1952年,国家将私立学校收归国有,当时五区(区政府驻美村)对学校布局进行调整与统一管理,学生人数剧增,教育得到了较大发展。

1952年冬—1957年春,各耕作区、各自然村兴办夜校识字班,掀起学讲普通话、扫除文盲的高潮,其中美村乡文化夜校、勤丰俱乐部成绩最显著,韶关专区召开现场会,推广其经验和做法。

1957年9月,创办农业中学,在石灰水头、惟东水径、竹田办有分教点,1958年9月撤销后学生分流到石美中学。

1958年9月,创办石美中学(石灰铺中学前身),校址位于石灰铺墟金鸡山北麓,当年招生2个教学班(含农业中学分流生),学生共76人。

1959年,美村区中心小学毕业生参加全县统一升中入学考试,成绩列全县百校第5名,受到英德县人民政府教育科表彰奖励。

1961年石美中学第一届初中毕业生,3人考入中师,1人考入英西中学,4人考入韶关农校,6人被县教育局录取为民办教师。

1964年9月,石灰铺茶叶中学创设,与石美中学两块牌子一套人马,当年招收茶中班学生43人,开垦茶叶实习基地5亩。

20世纪60年代初,石灰铺各学校开展"向雷锋同志学习"活动。

20世纪60年代初至"文革"前,涌现出第一代石灰铺籍大中专生:谢思龙(北京铁道学院)、谢思永(华南工学院)、罗定坤(韶关卫校)、石利泰(中山大学)、江中焕(华南师范学院)、谢献通(省河道学校)、周家礼(省交通学校)、石洋柱(仲凯农校)……

1966年,"文革"爆发,石灰铺教育受到严重冲击,中小学学校关门,师生停课闹革命,外出串联。

1967年10月,石灰铺中小学师生回校复课。复课后学生读的是《为人民服务》《愚公移山》《反对自由主义》等老三篇和毛主席语录,上课唱语录歌,跳忠字舞。

1968—1969年,石灰铺按上级要求,实行贫下中农管理学校,把小学下放到大队办,各大队小学开办附设初中班,石灰铺中学开办高中班,学制两年,做到"读初中不出大队,读高中不出公社"。

1975年,全公社中小学开展"教育学朝农、学大寨、学屯昌"活动,以劳动取代课堂教学。十年"文革",造成石灰铺教育教学质量严重滑坡。

1977年12月上旬，恢复高考，全公社有1652位考生参加全国高校统一招生考试，其中8名考生被高等、中专院校录取，他们是：李神层、郭永红、麦茂培、曾献进、罗开群、李彩娣、蓝永红、刘井生。

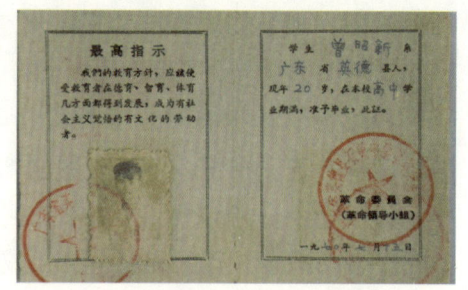

1970年的高中毕业证

1979年，石灰铺中学停办高中，恢复初中三年学制；石灰铺中心小学率先停办附设初中班。

1981年，石灰铺经韶关地区验收，达到脱盲标准，扫除了文盲。

1982年，"5·12"特大洪水，石灰铺中学石琦、何佩夫老师勇救被洪水围困群众，感人事迹传遍南粤大地，受到广东省人民政府表彰。

1983年，石灰铺普及小学义务教育。

1984年春，石灰铺中学附设茶叶班，招收学生40人。

1985年9月10日，庆祝全国第一个教师节，区公所表彰一批老教师。

1986年，石灰铺小学实行六年制办学模式，石灰铺中学更名为石灰铺职业中学。

1987年，石灰铺中小学校"改危"工作完成。

1989年秋，石灰铺职业中学析出石灰铺初级中学，石灰铺职业中学迁至桥西，石灰铺初级中学原址办学。

1990年9月，清远市政府表彰勇救落水学生的"优秀少先队员"高春秋。

1995年9月，石灰铺初级中学一分为二，分为石灰铺一中和石灰铺二中（一中校长：江大墙，二中校长：郭永红）。

1996年，石灰铺镇普及九年义务教育。

1997年，石灰铺职业中学停办。

据不完全统计，20世纪90年代到2003年，石灰铺镇被各类中专师范录取人数201人，升学率连续6年名列英德市各乡镇第一。

2001年9月，石灰铺希望小学并入石灰铺中心小学。当年，石灰铺全镇薄弱学校改造完成。

2003年，石灰铺镇撤销镇教育办公室。

2004年，石灰铺镇一中、镇中心小学被评为英德市一级学校。

2005年，石灰铺镇二中被评为英德市一级学校。

2008年8月，石灰铺一中与二中合并，合并后改名为石灰铺中学。

2012年，石灰铺镇通过省验收，获"广东省教育强镇"称号。

第二节
石灰铺教育概况

目前，石灰铺镇设有初级中学1所、完全小学1所、小学教学点11个、幼儿园5所、成人文化技术学校1所。全镇有专职教师297人，在校中学生960人、小学生1 700人，在园幼儿1 200人。

石灰铺中学

石灰铺中学位于石灰铺墟镇东部，占地面积86 710平方米，建筑面积13 465平方米。现有18个教学班，在校学生960人，教职工115人，其中专职教师108人，大专以上学历110人，学历达标率100%，高级职称教师1人，中级职称教师102人。

石灰铺中学创办于1958年秋，原名为石美中学，此后，曾几度易名。学校现拥有26个多媒体教学平台，教师办公电脑按1∶1配置；设有学生电脑室、物理实验室、化学实验室、生物实验室、美术室、音乐室、科技活动室、体育活动室、心理咨询室、卫生保健室、图书室、阅览室等功能课室；学校安装校园广播系统和视频监控系统，配置有标准的400米环形跑道运动场、器械场、篮球场、排球场、羽毛球场、乒乓球台等体育设备设施。

学校秉承"博学、精思、诚信、笃行"的校训，坚持教书育人、管理育人、

石灰铺中学

服务育人、环境育人,努力培养"四有"人才。学校先后被评为"英德市一级学校""英德市绿色学校""安全工作先进单位"。2013 年 9 月被英德市人民政府评为"英德市教育教学质量考评一等奖"。近几年,学校教师获省级荣誉称号的有 3 人,获清远市荣誉称号的有 6 人,获英德市荣誉称号的有 25 人。

石灰铺中学坚持"把课堂的主动权让给学生"的教改思想,不断深化教学改革,努力建设一支高素质的教育队伍,教育质量稳步提高。该校连续多年中考成绩名列全市乡镇初中前茅,2013 年中考成绩上省一级学校人数达 125 人,名列英德市乡镇中学第二名。该校 256 人次学生荣获英德市、清远市优秀班干部、团员(干)和三好学生等荣誉称号,在国家、清远市和英德市级等各类竞赛中获奖 98 人次。

石灰铺中心小学

石灰铺中心小学前身为清朝道光年间的铜锣庙私塾,清光绪三十四年(1908 年)更名为育成初等小学堂,民国时期改名为铜锣庙小学,新中国成立后改名为美村区(英德二区、五区)中心小学,1965 年 9 月迁入石灰铺墟镇桥头,先后改名为石灰铺桥头小学、石灰铺小学、石灰铺中心小学,2001 年迁建于现址。

石灰铺中心小学占地面积 6 万平方米,建筑面积 7 134 平方米。校本部现有教学班 30 个,有教职工 85 人,专职教师 81 人,中级职称教师 85 人,其中本科学历 21 人,大专学历 60 人,在校学生 1 367 人。

该校拥有标准化教室 32 间(均安装了多媒体教学平台),设有计算机室、语言实验室、多媒体室、电教主控室、实验室、仪器室、音乐室、舞蹈室、美术室、藏书室、教师阅览室、学生阅览室、体育器材室、卫生室、劳技室、少先队部室、广播室、教师会议室等功能室共 23 间。配置 200 米四跑道运动场、2 个水泥篮球场、6 张水泥乒乓球台及其他体育设施。校园内主校道为水泥校道,校园绿树成荫,绿化覆盖率达 62%。

石灰铺中心小学

该校推行"一切为了学生,让每一位学生成才"的办学理念,积极推进素质教育,形成良好教风和优良学风,教育教学成果斐然。该校连续6年获英德市教学质量一等奖和年度工作考核一等奖,被评为清远市义务教育规范化学校。该校教学研究课题"学校文化的构建研究"获英德市三等奖;有4名教师荣获省市"优秀教师"称号,68位教师荣获英德市"优秀教师""优秀教育工作者"和"模范教育工作者"称号;学生获120多项县级以上各种竞赛奖励。

现今的石灰铺中心小学履行原教育办公室的大部分职能,下辖11所教学点,1个中心幼儿园,代管4所有办学资质的民办幼儿园。

石灰铺镇中心幼儿园

石灰铺镇中心幼儿园于2013年3月建成并投入使用,是清远市一级幼儿园。园区占地面积约3 814平方米,环境优雅。

该幼儿园现设有大、中、小班共10个班,在园幼儿400人。教学设备齐全,配备有音乐舞蹈室、体育活动室、综合游戏室、图书阅览室、美术活动室、科学启蒙室、医疗保健室,及塑胶跑道、儿童沙池、亲水池等。

该幼儿园坚持"一切为了孩子,创造孩子快乐健康成长的摇篮"的办园宗旨,已建设一支作风硬、业务精、素质高、爱心浓的教师队伍。幼儿园以优良的教育教学水平,为广大家长及其幼儿提供优质的保教服务。

石灰铺中心幼儿园

第三节
教育创强　成就省教育强镇

自 2011 年提出创建省教育强镇工作目标后，石灰铺镇党委、镇政府从组织领导、方案制订、资金投入、组织实施等多方入手，真抓实干，大力推进教育强镇创建工作。2013 年元月，石灰铺镇经广东省人民政府教育督导室评审通过，获"广东省教育强镇"称号。

改善办学条件投入 4 200 多万元

为创建教育强镇，石灰铺镇从改善办学条件入手，加大校园基础设施建设及教学设备的购置，投入 4 200 多万元，从根本上提升了全镇学校的办学条件和办学水平。

抓好校园建设。一是投资约 700 万元建成石灰铺中学教师宿舍楼；二是投资约 300 万元改建石灰铺中学运动场，完成围墙、舞台、排水沟、台阶、跑道、篮球场建设；三是投资约 250 万元建成石灰铺中心小学实验综合大楼；四是投资约 210 万元建成石灰铺中心小学学生宿舍楼；五是投资约 600 万元建成石灰铺中心幼儿园教学大楼；六是投资约 30 万元扩建石灰铺中心小学运动场，建成排球场 1 个、羽毛球场 2 个、器械场 1 个、主席台 1 个，以及配套绿化和排水设施；七是投资约 5 万元完成石灰铺中心小学广场砖铺设。

改善校园环境。一是投入 160 万元完成中小学校舍旧墙粉刷约 7 万平方米；二是完成课室灯管安装、中学旧楼内墙及课室内墙粉刷、办公室装修；三是更换教师办公桌椅 135 套；四是投入 182 万元完成中小学校园平整约 5 万平方米；五是投入 61 万元完成中心小学文化长廊、班级及办公室标示牌等安装。

购置教育教学设备。一是投入 114 万元安装 57 个多媒体教学平台；二是投入 80 万元购置 190 台教师电脑；三是投入 110 万元购买各类图书 66 000 册；四是投

石灰铺中心小学利用多媒体教学

入 170 万元完成图书室、阅览室、电脑室等 24 个功能利用室建设；五是投入 60 万元购置中小学 9 581 件教学仪器和体育器材；六是投入 60 万元，购置 2 500 套学生课桌。

成绩斐然　教学质量明显提升

石灰铺镇教育创强工作，在抓好教育基础设施建设、完善教学设备的基础上，致力于教育教学质量的提升。近几年，全镇中小学校在镇、县（市）级教研课题获得立项的有 18 项，获得英德市青年教师教学基本功比赛二等奖以上的教师 8 人。中小学生参加各类竞赛中获省级以上奖励 5 人次，获地市级奖励 61 人次。2012 年中考，考上国家级示范性高中学生人数达 125 人，创历史新高；2011 年至 2013 年，全镇中小学连续 3 年获得市教育局年度考核一等奖，石灰铺中学被英德市人民政府评为"英德 2012—2013 学年教育教学质量考评一等奖"。

经过几年努力，石灰铺镇集全镇人民智慧，举全镇人民之力，2013 年 1 月通过省政府督导组检查验收，成为广东省教育强镇。

石灰铺中学多媒体教学

第四节
捐资助教　浓墨谱写群英榜

崇文重教是石灰铺人的优良传统。当地党委、政府把教育当作社会发展的基础性工程，一方面加大政府投入，不断改善当地中小学的办学条件，提高办学质量。另一方面，通过内引外联，吸引社会资本扶助教育发展。1997年以来，得到了社会各界人士的鼎力支持，尤其是当年经新华社香港分社工作的郭树贵先生的"穿针引线"，得到了不少善长仁翁的大力资助，先后捐（改）建学校11所，扶持贫困学生1 040人，新建校舍及附设工程、添置设备、完善设施等共计444.53万元。社会各界人士的善行为石灰铺教育事业的长远发展奠定了坚实基础。在石灰铺教育发展的军功簿里，留下了他们浓墨重彩的一页。

香港荃湾大田小学

续表

石灰铺镇捐资助教群英榜

（1997—2014 年）

捐资单位或个人	捐资项目	受捐单位	建设时间	建筑面积（m²）	捐资额（万元）
乡贤学子共338人	语音室	石灰铺一中	1997.3		16.02
香港半岛青年商会	教学大楼、校门围墙、篮球场、水、电、水泥路等	美村小学（香港半岛青商慈航美村小学）	1999.3	1 550	36
刘志强、翟美卿	教学大楼、围墙、厕所、篮球场等	石灰小学（罗馀学校）	1997.12	750	45
英德市老促会	教学楼	三门小学	2005	400	25
英中、市一中、英德市老促会、扶贫办	教师宿舍、围墙等	惟东小学	1998 2006	450	36
省公安厅老干处等	教学楼等	保安小学（金盾小学）	1997	850	35
英德市老促会	教学楼等	共联小学	2002	450	20
香港省善真堂	教学大楼、厕所、篮球场、校园美化等	新联小学	1998年冬	900	50
香港九龙西区扶轮社	教学楼等	竹田小学	1998.12	900	22
香港荃湾社团	教学大楼、校门围墙、篮球场、运动场等	大田小学（香港荃湾大田小学）	1999.4	900	40
顺德容桂街道"扶贫双到"工作组	电脑21台、水泥校道、水电门窗维修、墙体刮塑、楼顶加固等	美光小学	2013-2014	900	43.8
香港大角咀区民生关注会	教学大楼、课桌、风扇、影音器材等	中心小学（香港大角咀区民生关注会石灰铺镇希望小学）	1997年冬	800	34.1
清远同乡会、石灰铺镇热心教育人士等		2012年教育基金捐款			41.61
总合计		石灰铺各中小学		8850	444.53

资料来源：① 清远文史辑《赤子情深》第103—116页。② 石灰铺中学、中心小学档案室。

第五章
新农医保　惠益百姓保健康

新中国成立前，石灰铺乡村卫生条件极差，天花、霍乱等疾病盛行，麻疹、疟疾、伤寒、痢疾不断，新生儿破伤风及产褥热发病率高。石灰铺人民长期遭受疾病侵害，被病魔夺走了无数宝贵生命。清朝期间，虽有少数散居乡村的郎中，半农半医，为民治病，但水平有限。

民国时期，石灰铺境内没有诊所，更没有医院，个别私塾子弟自学中医医术后，自开或受聘于药店，坐堂应诊，如美村墟街江耿、竹田街张大模、独山街何丙等。乡村的一些医生在家设药柜，为民治病，由于人才缺乏，设备简陋，只能应付小伤小病。广大乡村长期缺医少药，乡民有病，小病自家医，大病求神拜佛，巫婆、神棍游走于乡间，糊弄乡民。新中国成立前石灰铺境内死亡率很高，人均寿命仅有34.7岁。①

近年来，石灰铺医疗卫生事业取得了长足的发展，城乡卫生面貌得到较大改善，全镇已普及农村自来水、卫生厕，成功创建了省卫生村1个、市卫生村5个、县卫生村18个。目前各村委或大的自然村都建有卫生室，医疗保健网络覆盖全镇乡村，建立了城乡居民健康档案，新农医保惠益百姓，群众做到无病早防，有病速治，百姓大病、小病、重病都能得到医疗保障，人民群众健康水平显著提高，2009年人均寿命达74岁。②

---

① 《英德县卫生志》第370页。
② 《清远市区域卫生规划2011—2015》。

第一节
石灰铺卫生院简介及发展年谱

石灰铺镇卫生院简介

石灰铺卫生院现有医护人员45人，其中医生19人，护士20人，预防4人。药剂师2人；其中中级职称2人，其余均为初级以上职称。

该院设有临床医疗科、妇产科、中医康复科、预防保健科、公共卫生科、辅助功能科室（包括检验室、DR室、B超室、脑彩超及心电图室）及中心药房等，开放病床40张。医改后添置麦迪逊彩色B超机、DR机、脑彩超、血细胞分析仪、离子机、心电监护仪、凝血分析仪、心电图机及全自动生化分析仪各一台及中医康复设备一批。该院还开展了骨科、阑尾、疝、痣等小手术技术项目。

石灰铺镇卫生院大楼

该院从提供一般医疗服务给患者，扩展到为辖区内居民提供公共卫生服务。全力扩大医保覆盖率，整合城镇居民医疗保障和新农合制度，建立统一的经办平台，实现城镇居民和农民医疗筹资标准、保障待遇、服务标准的统一。目前，该院100%实现了医疗费用即时结算报销；实施门诊定点统筹报销，给看病群众带来了便利。

石灰铺卫生院发展年谱

石灰铺卫生院位于石灰铺街道桥头亚记潭河畔。

1958年10月，石美乡卫生分院迁入石灰铺墟，时任院长为李快来女士。建院之初只有3间低矮简易泥砖瓦房，医疗条件十分简陋。

同年11月，国家实行全民公费医疗，石美乡卫生分院组织专业队，在石桥寨河岸开荒办药场，次年4月解散。

1959年4月，石美乡卫生分院改名为石灰铺公社卫生院，并设美村、竹田、独山等卫生所。

同年，江焕民、江大儒通过县卫生科和卫协会的考核。

同年夏秋冬季至1960年底，全社发生营养性水肿病，死亡3人。

1961年，林祖降、曾国荣、王彩珍等毕业于英德县中医学校。

1966年8月，广州中医学院六二六下乡巡回医疗队，帮扶石灰铺卫生院，做阑尾炎、尿结石等手术8例。

1967年，进入"文革"，石灰铺卫生院"实行医护一条龙"，医生兼当护士，护士兼当医生，医疗常规、职责制度混乱，医护质量下降，医疗事故时有发生。

是年春夏，由于红卫兵串联，全社发生流脑大流行，村民用桉树等中草药预防，无死亡病例。

1969年5月，扩建住院部，筑泥砖瓦结构平房12间，建筑面积192平方米。

同年，全公社大办合作医疗，13个大队实行合作医疗，设赤脚医生，1981年停办。

1970年8月，广州中医学院和中山医学院下乡医疗队林鹏飞、刁杏芳、黄仕尧、陆中信等落户石灰铺卫生院。

1970年夏秋，全社每个大队派赤脚医生参加在横石塘举办的培训班。

1976年，黄仕尧，荣获广东省"六二六"先进工作者。

1982年5月12日，石灰铺发生特大山洪，卫生院全部楼房被冲毁。

是年，上级拨款重建一幢二层门诊大楼和一幢住宿楼。

20世纪50年代美村卫生诊所旧址

1983年，石灰铺区有19人参加县赤脚医生考试，其中14人合格，冠名乡村医生，5人不合格称为卫生员。

1986年5月，中药剂员刘万雄，获韶关市授予从事中医中药40年以上荣誉称号。

1987年，石灰铺卫生院实行目标管理，年终经县考核，获二等奖。

保安卫生站

1989年12月，兴建住院楼，建筑面积320平方米，增加床位16张。

1993年，兴建职工宿舍楼两幢，建筑面积1 152平方米。

2003年春夏，非典（SARS）流行，全镇实行发热报告、勤洗手、酸熏等预防措施到位，无非典病例。

2006年，购置一台救护车（省财政资助），为石灰铺镇的医疗保健服务开通了绿色急救通道。

2007年12月，兴建门诊综合大楼，建筑面积1 946平方米，编制床位40张。

2008年，卫生院建立信息化管理系统，该院的信息系统、检验系统、体检系统全面运行，基本实现"数字化医院"。

是年，荣获全市镇（街道）卫生院（医院）综合目标管理考评三等奖。

2009年，卫生院荣获全市镇（街道）卫生院（医院）综合目标管理考评先进奖及镇综合考评先进单位奖。

2013年，全镇城乡居民医疗保险完成率100%，新合作医疗实现全覆盖。全镇适龄儿童卡介苗、脊灰、百白破、麻疹、乙肝疫苗报告接种率维持在较高水平。

2014年卫生院购置脑彩超、DR等现代化医疗设备，从根本上解决了群众就医难的问题。是年卫生院荣获石灰铺镇综合考评先进单位奖。

第二节
百名寿星 长寿之乡石灰铺

据不完全统计，石灰铺镇 2009 年人均预期寿命达 74 岁，2015 年人均预期寿命高达 76.5 岁[①]。截至 2014 年 8 月，全镇 90 岁以上寿星 100 人，占总人口的 2.4‰，百岁以上 8 人，已超过"长寿之乡"区域现存活百岁及以上老年人占总人口 7/10 万以上的评判标准。全镇四世同堂有 1 056 户，占全镇总户数 13.1%；五世同堂有 5 户。石灰铺历史上有记载的长寿之星是"巫氏，美村范明浩妻，举人范以礼母，九十九岁，康熙时人"[②]；五代同堂是"王锡川，石灰人，九十岁，五世同堂"[③]。

石灰铺中学生组织敬老活动

---

① 《清远市区域卫生规划 2011—2015》。
② 道光版《英德县志》，第 317 页。
③ 宣统版《英德县志》，第 552 页。

2014年石灰铺籍90岁以上寿星一览表

（截至2014年10月）

序号	姓名	性别	出生年月	周岁	具体住址或原籍
1	曾爱娣	女	1924-07-26	90	保安村沙氹坝
2	李祖阳	男	1924-07-15	90	保安村新楼
3	张英	女	1924-07-18	90	独山村籁塘
4	吴丁娣	女	1924-08-02	90	居委会街道
5	曾兰娣	女	1924-06-03	90	美光村红瓦屋
6	杨玉兰	女	1924-09-06	90	勤丰村老江屋
7	华新娣	女	1924-08-12	90	勤丰村乌坑
8	杨伍妹	女	1924-07-13	90	勤丰村上范
9	郭云	女	1924-10-21	90	三门村王屋
10	郭柱娣	女	1924-06-21	90	三门村王屋
11	杨亚妹	女	1924-10-24	90	石灰村上屋
12	吴亚妹	女	1924-07-04	90	石灰村下排
13	李亚招	女	1924-09-12	90	惟东村白围
14	刘亚浅	女	1924-09-09	90	惟东村上赖
15	刘大训	男	1924-05-16	90	惟东村水新
16	麦俊秀	男	1924-09-18	90	友联村新麦
17	付维源	男	1924-02-12	90	友联村付屋
18	郭秤娣	女	1924-03-23	90	竹田村井新
19	吴洋娣	女	1924-03-05	90	保安村管屋
20	李水	女	1923-01-24	91	独山村周塘
21	黄佛妹	女	1923-10-21	91	独山村独山街
22	林天尧	男	1923-10-02	91	光明村东岳垌
23	林现英	女	1923-10-07	91	光明村塘背
24	林现前	男	1923-11-01	91	光明村东岳垌
25	钟满凤	女	1923-10-10	91	光明村胡屋
26	丘细英	女	1923-02-03	91	蛇引林场
27	徐限	女	1923-08-03	91	居委会街道
28	韩存英	女	1923-08-17	91	美光村大塘面新屋
29	吴集先	男	1923-03-04	91	勤丰村社岭
30	卢北妹	女	1923-09-14	91	三门村塘窝

续表

序号	姓名	性别	出生年月	周岁	具体住址或原籍
31	吴美妹	女	1923-06-01	91	新联村下村
32	麦俊佐	男	1923-06-06	91	新联村车田坝
33	黄文栏	男	1923-02-08	91	友联村水背
34	麦爱娣	女	1923-10-14	91	友联村水尾
35	刘祥锦	男	1923-04-14	91	竹田村下山
36	刘亚娇	女	1923-06-23	91	竹田村新丘屋
37	曾金招	女	1923-02-06	91	竹田村井老
38	陈社妹	女	1923-02-28	91	大田村楼子组
39	石群娣	女	1922-02-21	92	大田村大塘
40	巫瑞娣	女	1922-12-08	92	子塘村打古墩
41	麦亚凤	女	1922-01-06	92	大田村楼仔
42	张带娣	女	1922-08-04	92	大田村地头坪
43	林元灶	男	1922-08-18	92	美村塱下
44	梁观妹	女	1922-12-11	92	美村白楼
45	陈亚水	女	1922-07-25	92	美村中厅
46	范神保	男	1922-03-08	92	勤丰村上范
47	王金娣	女	1922-10-12	92	勤丰村蒲塘
48	杨宗然	男	1922-09-28	92	勤丰村乌坑
49	王奉娣	女	1922-07-13	92	三门村坑边
50	沈亚英	女	1922-04-14	92	三门村梁屋
51	刘神妹	男	1922-05-10	92	新联村下村
52	张 娇	女	1921-11-02	93	子塘村楼下
53	王带娣	女	1921-01-08	93	保安村上蓝
54	钟社娣	女	1921-03-01	93	光明村下周屋
55	李亚英	女	1921-02-12	93	光明村南岗山
56	李亚娥	女	1921-11-02	93	光明村老屋
57	钟带娣	女	1921-07-11	93	光明村下周屋
58	吴爱娣	女	1921-09-14	93	居委会石桥
59	谢金永	女	1921-12-10	93	勤丰村蒲塘
60	蓝自昌	男	1921-07-22	93	石灰村上屋
61	王 想	女	1921-09-06	93	新联村木塱
62	刘福树	男	1921-10-07	93	新联村下村
63	杨 凤	女	1921-09-25	93	新联村下村
64	杨 妊	女	1921-06-05	93	竹田村鱼梁角
65	石丰路	男	1921-12-26	93	竹田村塘新
66	付 洋	女	1921-10-23	93	三门村赤沙塱

续表

序号	姓名	性别	出生年月	周岁	具体住址或原籍
67	巫 贵	女	1920-10-06	94	子塘村前塘
68	石松娣	女	1920-03-04	94	大田村地头坪
79	刘秋娣	女	1920-11-18	94	居委会供销社
70	吴良彩	男	1920-05-13	94	居委会白沙塱
71	文神妹	女	1920-07-15	94	居委会河角
72	吴神添	男	1920-07-24	94	美村塘窝
73	石新娣	女	1920-04-12	94	三门村王屋
74	刘招娣	女	1920-06-16	94	惟东村新屋
75	官国修	男	1920-08-16	94	新联村木塱
76	何 娣	女	1920-02-29	94	友联村潭口
77	陈 杵	女	1920-05-14	94	竹田村井新
78	丘亚娣	女	1920-08-19	94	竹田村塘下
79	陈月娣	女	1919-10-18	95	光明村陈屋
80	官转娣	女	1919-09-02	95	居委会河角
81	潘亚妹	女	1919-03-29	95	美村高岭下
82	范珍娣	女	1919-06-17	95	美光村上屋
83	沈有兰	女	1919-03-12	95	石灰村小园
84	曾招添	男	1918-09-05	96	竹田村田背
85	丘连娣	女	1918-05-10	96	大田村楼下组
86	蓝春棠	男	1918-10-29	96	保安村下蓝
87	刘亚洁	女	1916-08-05	98	保安村新楼
88	刘连娣	女	1917-04-26	97	美光村大塘面
89	冯亚招	女	1918-10-02	95	友联村洞头
90	石文修	男	1915-07-08	99	大田村田心
91	刘亚云	女	1915-12-07	99	子塘村坳仔
92	范亚凤	女	1915-01-06	99	勤丰村乌坑
93	江亚娇	女	1914-10-03	100	新联村山背
94	赖其胜	男	1914-06-09	100	惟东村下懒
95	黄 娣	女	1913-01-05	101	美村伙砖屋
96	李球娣	女	1913-10-15	101	光明村排子
97	郭有娣	女	1912-10-21	102	友联村林屋
98	李 土	男	1910-08-05	104	保安村枫前角
99	麦 英	女	1910-04-05	104	光明村马槽坑王屋
100	杨吟妹	女	1910-07-10	104	勤丰村甲子下

资料来源：镇民政办和各村（居）委提供，截至 2014 年 10 月。

第六章 ▶▶▶
史海拾贝　冈溪文脉彰华彩

　　一块碑，一段凝固的历史；一方石刻，一首浪漫的诗歌；一口古井，一幅生活的图景；一座寺庙，隐藏着先民崇拜的图腾；一条栈道，印记下历史的脚步……让我们循着一处处历史遗迹，去探索一段段鲜为人知的历史。

竹田上墟古码头

第一节
石刻　会讲故事的摩岩

　　石灰铺是英德客家人向英德西部及粤西北地区迁徙的重要通道，石灰铺河、竹田河东部是典型喀斯特地貌，形成一系列带状分布的石灰岩孤峰溶洞，如仙境般的石景河、梦境般的莲塘岩、典型庙宇文化的石板庙—铜锣庙山、深邃幽静的硝璃岩、唐宋名公留题的宝积岩等。文人墨客多会于此，或隐居，或静心修炼，刘泽大、杨名彪、张人和等留下许多摩岩石刻。宋代名士郑赓、明朝赖万耀等也有诗文留世，这是石灰铺珍贵的文化遗产。据史载，石灰铺历史上最早的宝积岩摩岩石刻可追溯到唐宋时期。

刘泽大题诗莲塘岩

　　莲塘岩位于石灰铺子塘村莲塘寨山麓，岩口呈喇叭状，上方岩石突兀，四周草木葱郁。莲塘岩洞口右侧有一方53厘米×68厘米、字体大小4厘米×4.5厘米不等的摩岩石刻，字形楷体，竖书阴刻，苍劲有力。刻文如下：

　　　　游斯景此森壁楼霞高峰，映日花坞含云莲池蓄翠；
　　　　蝉鸣鹤唳水响猿啼石室岩，龛拂巾宴坐树所□枕细。
　　　　门为龟抽词物外之冐予寻，赏眼奇望活沁开凡事只求日减；
　　　　此心直与事游斯之震旦净土！

尘世丹工
明天启五年二月

　　此方摩岩石刻创作于明朝天启五年（1625年）二月，"尘世丹工"即刘泽大之法号。刘泽大，字衮之，号玄襟，生于明隆庆四年（1570年），卒于崇祯十六年（1643年），浍属冈下（今石灰铺惟东村委白围村）人。

　　此方摩岩石刻生动描绘了莲塘寨周边方圆1公里的旗山、金鸡寨、马鞍山和麂子山的秀丽风光，反衬刘泽大晚年舍弃"红屋衙府"，选择隐居莲塘岩聚奎楼的忧郁心境。

2010年12月，莲塘岩摩岩石刻被列为县级文物保护单位。

石板庙"高接云霄"显神灵①

石板庙位于石灰铺镇勤丰村中心寨石板庙山东麓，是三层石灰石天然岩洞。人们认为是神灵造化之地，故建庙宇崇拜。庙宇虽废，但至今香火不断。古代文人刻墨留足，至今保存尚好的仍有三方石刻：天作高山、高接云霄、神灵显佑。1995年12月，石板庙摩岩石刻被列为县级文物保护单位。

现存最早的莲塘岩摩岩石刻《山主人御阳子题》

石板庙三方摩岩石刻都有不同的来历。"天作高山"为同治十一年（1872年）杨名彪携子嘉有、嘉影及孙瑞权、瑞春、瑞澜、瑞容出资赠刻，四字刻在石板庙下岩南侧的石壁上，字体宽198厘米、高60厘米，从右至左横书，楷体阴刻，每字约30厘米见方。

石板庙石刻

杨名彪，男，今勤丰村亚婆山人，清朝道光后期韶州名秀才。他自幼聪明过人，记忆超强，且勤奋好学，由本族众公资助入韶州府学，两次乡试不第，后被韶州府通判看中，留在身边做了15年师爷，同治初年告老还乡，定居祖籍亚婆山。一天，杨名彪到石板庙拜佛，站在石板庙下岩仰望庙里大块青石板，感觉天就像在石板庙的顶上，触手可及，感慨不已，生发题联。后来，他出3 000斤油粘谷请精工石匠凿刻3月有余，留下"天作高山"的不朽之作。

"高接云霄"刻在"天作高山"右侧的石壁上，宽190厘米，高71厘米，横书楷体阳刻，每字约30厘米见方，为"光绪甲申（1884年）年秋月吉旦立，沐恩弟子丘成荞、刘光汉、李永癸敬凿"。这是英德市到目前为止所发现的摩岩石刻

---

① 本节资料参考：英德市博物馆编，《英德市文物志》。

中唯一的一方阳刻。

自从杨名彪在石板庙留下"天作高山"的石刻后，引得前来烧香拜佛的人们特别关注与议论，他们为杨名彪的石刻之作而喝彩。事隔12年，横排村的秀才丘成荞、刘屋巷监生刘光汉、南山村庠生李永癸3才子合议，能否再提一句凿于石刻"天作高山"右侧石壁上与之相对应，含义又更为深刻？为此，三秀才常常聚在一起探讨此事。一天，三人同时到达石板庙饮酒、观摩、寻找创作灵感。酒过三杯，丘成荞仰望庙顶，突发灵感，大呼"高接云霄"咋样。其余两人同声称好，左右石刻既对仗工整又含义深刻。后来，3位秀才筹足1万斤油粘谷，从外地请来技艺高超的石匠，历时1年完成了让后人赞叹不已的阳面文字的石刻。

而"神灵显佑"则刻在石板庙上岩石壁上，宽62厘米，高41厘米，横书楷繁体，阴刻，每字约13厘米见方，作者及时间均无落款，无法考究。

这里有一个传说。"天作高山""高接云霄"的石刻在石板庙面世之后，轰动了整个背村垌及石灰乡"六总"乡民，许多文人才子前来"赏墨"，每天香客如云，把信佛子弟祭拜石板庙的行动推上了高潮。

传说尧山沙坪有个张姓果贤公，三代单传，果贤公70岁仍无生育子女。勤丰布心坪村一杨姓村姑嫁给尧山沙坪张姓男子。一天，杨姓村姑到果贤公家闲聊，得知果贤公无生育子女的情况，于是诚心告诉果贤公，石板庙非常灵验，只要诚心前往烧香叩拜，万事都能顺从心意，要男得男，要女得女。果贤公求子心切，准备祭品，择定八月十九好日子，携老夫人早早来到石板庙，拜天祭地，求神灵保佑早生贵子。无巧不成书，果贤公夫人在石板庙拜祭神灵之后竟然怀孕了，于第二年秋天生下一个大胖小子。果贤公欢天喜地，决定耗资在石壁上凿刻"神灵显佑"来报答神灵。凿刻好后，石匠问果贤公："为何不刻上你的名字和时间呢？"果贤公坦然回答说："做人要低调嘛。"简短的回答，可以看出古代文人的人品。而果贤公说的"做人要低调"则在当地流传至今。

福地亚婆岩

亚婆岩石刻位于石灰铺三门村委亚婆岩山南端山麓处，是天然的石灰岩溶洞。在岩洞口右侧的石壁上刻有"光绪丁未冬月，张人和游参"，竖书楷体阴刻，每字5.5厘米见方。

此石刻是张人和于光绪三十三年（1907年）冬天来亚婆岩游玩时所作。

光绪丁未年，张人和携家人畅游南山，率儿子焕生、焕明登上南山鸣弦峰，陶醉于风景秀丽的南山景色。张人和称南山是一方福地，于是在南山凿刻"南天第一福地"。同年冬月，张人和只身徒步到石灰铺背村，在乡民的引领下来到三门赤沙塱村拜访张姓祖叔，留宿赤沙塱与张姓长辈叙旧，方知张人和是东江龙川人。张人和曾考取解元，但进京会试不第，为官不达，仕道不畅而解甲归田。

第二天，张人和在赤沙塱村长辈张观柱的陪同下畅游亚婆岩，后出资留下此石刻。

亚婆岩石刻

宝积岩石刻消失之谜

宝积岩（古称浊水岩）摩岩石刻，位于美村浊水自然村前膝头股岭山麓。宝积岩分内岩、外岩，石刻有三方：外岩莲花盘下一方规格为45厘米×30厘米，□字和作者无考。内岩有二方，一方规格为60厘米×35厘米，另一方规格为40厘米×28厘米，均为□字和作者无考。内岩还有20世纪70年代英红三分场揭阳知青用白漆书写的打油诗。"文革"期间宝积寺全毁，只留宅基，从宝积古寺到宝积岩的"Z"形的青石板路也俱毁。

宝积岩摩岩石刻是石灰铺有史书可查最早的摩岩石刻，它存在于唐宋时期。

据康熙十二年（1673年）张斗主修《英德县志》所描述，"浊水岩，在背村……乡人恶游之拢，多损毁之，可惜"，说明宝积岩、宝积寺在350年前的清康熙年代就遭到人为破坏。所以到了今天，"浊水岩在背村图，岩深而静上垂碧络如宝盖，下有棋盘如莲花，街道砌以花石，残碑断碣，皆唐宋名公留题……"这如诗如画般的景观，早已遗失，留给后人的只有无尽的遐想。

宝积岩无题石刻

第二节
碉楼 客家民居的典范

碉楼因形状似碉堡而得名。碉楼置枪炮防匪防贼，故又名炮楼。石灰铺古碉楼（炮楼）共有108座，绝大多数始建于明清时期，也有少部分筑于民国时期。目前保存较完好的只有32座，其余破烂不堪，面目全非。石灰铺古碉楼（炮楼），在岁月长河中承受了无数风吹雨打、苦难磨砺，它是石灰铺客家人自强不息、顽强生存的见证，是石灰铺客家文化的独特体现。

石灰铺古碉楼（炮楼）为2～5层不等的民居建筑，高于民居，硬山顶式、悬山顶式，墙体厚实坚固，窗户有铁栅和窗扇，每层墙上设射击孔。

石灰铺客家人多为明清时期从外地迁徙而来，定居于这片偏僻的山区和贫瘠之地。因争地盘、田地、山头，与其他族姓经常发生矛盾纠葛及利益冲突，甚至械斗，加上清朝末期与民国时期世道不宁，常遭到山贼、土匪或军阀官兵等抢掠骚扰，为求生存发展，维护本村安全和利益，当地居民纷纷自建或集资兴建碉楼（炮楼）。

石灰铺古碉楼（炮楼）建筑材料有三种类型：第一类是用黏土夯筑而成的碉楼，用泥、沙、石灰"三合土"混合，加糖水和糯米饭渗入混合土中作为墙体，两边用木板夹起来，人工夯实，墙体坚固耐用。此类碉楼多为明朝中后期或清初时期建筑，如三门王屋书房下、惟东白围碉楼。第二类是用青砖砌成的碉楼，此类碉楼多为清朝中后期建筑，如大田水口石镬耳楼、子塘楼下的碉楼、美村馀庆楼等。第三类是泥砖坯砌成的碉楼，此类碉楼多数是建于或修复于民国时期，如松柏塱楼阁、美村楼下江屋的碉楼。

竹田高铺

竹田高铺位于竹田上墟，建于清朝光绪年间。竹田高铺高10.5米，共4层，

竹田高铺

是竹田街上墟和下墟24幢商铺中最高的商铺，故名"竹田高铺"。

竹田高铺是典型的骑楼设计，外形兼有欧式建筑风格，坐北朝南，天面盖瓦，人字峰、龙船脊及浮雕，硬山墙。一楼三合土墙，二至四楼为青砖砌结墙体；楼房木棚木梯；正门有前后两门，外门青砖砌门框，麻石门枕，有6条碗口粗的圆木门栅；内门青砖砌门框，两扇厚大木门。竹田高铺占地面积105平方米，建筑面积420平方米。

竹田高铺正门南面是竹田上墟街道及民宅，东邻民居，西邻竹田上墟大菜园。民国二十年（1931年）六月，农历辛未年，北江连江流域连降暴雨，山洪暴发，黄水滔滔，导致竹田河两岸农舍房屋被毁，财物殆尽，哀鸿遍野，惨不忍睹。在这特大洪水中，竹田上墟商铺、农舍、房屋被冲毁，唯独高铺幸免于难。洪水后，人们先后在竹田下墟兴建了16幢骑楼商铺。

竹田高铺既是商铺，还兼有防贼防匪之功能。竹田高铺楼顶设有瞭望台，与高岭头炮楼及社岭顶炮楼遥相呼应。非常时期有专人负责瞭望，传递信息，通报乡民做好防范。1943年寒冬腊月的清晨，黄花悍匪梁猛熊率队跨营角坳、涉紧水滩，妄想从吉水丰洞劫掠竹田乡。当梁匪渡过紧水滩后，被社岭顶炮楼瞭望的村民首先发现，向高岭头炮楼发出匪情信号，而高岭头炮楼又再向竹田高铺瞭望台发出匪情信号。竹田高铺瞭望台收（看）到匪情信号后，吹响牛角号，敲响铜锣，报告匪情。刹那间，竹田河两岸乡民"土匪来了""打土匪"等喊杀声震天动地，人们操起鸟枪、锄头、铁铲、镰刀、扁担等"武器"，等待梁匪的到来。梁猛熊群匪刚爬到社岭下的黄金坑，见此阵势，胆都被吓破，不敢进犯，灰溜溜退回黄花老巢。

白沙埌碉楼

白沙埌碉楼位于石灰铺社区白沙埌村。白沙埌碉楼共4座,现存的两座内部结构、内墙及天面基本保持完好,位于村前左右角。占地总面积100平方米,建筑面积275平方米,用青砖砌墙,楼高3层,每层的四面各有一个青石结构的瞭望窗和两个5厘米×30厘米的瞭望孔,也可作斜向枪孔。碉楼内部为青砖木结构,木棚木梯;碉楼正门为厚木门,麻石枕。白沙埌村后东西也有各一座碉楼(已毁),形成互相照应之态势。三隅乡一带匪首李富曾两次攻打白沙埌村,均无果。匪首李富曾懊悔地说:"白沙埌什么都有,就是拿不到。"这反映出白沙埌村四座碉楼防匪作用之大。

白沙埌碉楼

馀庆楼

馀庆楼位于美村老钟屋自然村,是清末民国时期一著名绅士的住宅,建于光绪癸卯年(1903年)冬月。馀庆楼坐南向北,高三层半,占地面积98平方米,建筑总面积339平方米,墙体青砖结构,木梁瓦面护耳封墙,花岗岩石方形门夹,石枕;门额镶嵌麻石匾阴刻"馀庆楼",上款"光绪癸卯年",下款"冬吉家荣 家州创立"。每层前后左右各有两个铁木结构瞭望窗及两个5厘米×20厘米的射击孔,窗内嵌铁枝。楼内分正堂和四厢房,为木楼板,木梯可登楼。

馀庆楼

水口石镬耳楼

水口石镬耳楼

　　水口石镬耳楼位于大田村委田心村,因为此楼外形像镬子的耳,又位于水口石田心村,故名"水口石镬耳楼"。水口石镬耳楼是水口石洋水古村落的象征。

　　水口石镬耳楼是由水口石田心村开基祖石什公的十一世嗣孙、富商石玉简公出资兴建的,建于清道光年间。镬耳楼坐东向西,大门朝西南,略呈长方形,占地面积480平方米,高3层,建筑面积1 278平方米。三进二井结构,分上、中、下3厅。一进大门即为上厅,两边建有厢房,供族中少年学童读书;中厅是议事厅,两边为厢房,供本族少年学童读书;下厅悬挂族中有功名的族人的画像,两边厢房供教书先生居住。

　　水口石镬耳楼建筑设计独特,高耸严整,屋檐中间的造型设计像官帽两耳,也像鳌鱼翘起的嘴巴,有"独占鳌头"的寓意。镬耳楼的山墙、屋檐、瓦脊饰有鲤鱼、鸟、花草等的灰雕,具很高的艺术研究价值。镬耳楼墙体青砖砌结,厚实坚固,留有枪眼,兼具防匪的功能。屋顶采用双层青瓦遮盖,起到很好的防盗和隔热作用。

曹至垒四点围金

　　曹至垒四点围金位于美光村委上屋村,建于清末,坐南朝北,两层青砖青瓦木结构,正门框架极有气势,用铁皮包条作门楣、门边,麻石条作门槛。其占地面积649.25平方米,建筑面积1 074.1平方米,共有20间房。墙基先用石块和灰浆砌筑起墙基致平地,再用河砂、石灰、黄泥、糯米、黄糖和少量植物纤维混合,经堆沤后椿墙夯筑至1.8米高，然后用青砖砌到屋顶，墙厚40厘米，坚实牢固。

曹至垄四点围金

该四点围金，砌四周楼墙，建四个碉楼，既设置有朝外的窗子，也设有枪眼，可俯视四周，防范严密，甚为安全，令盗匪止步。围墙内中央建造了同等高度的一栋两层青砖青瓦木结构的一厅两旁屋，这是主人接待宾客之处及住宅。围楼内的院子的街巷道全部用鹅卵石砌成。围楼内有各种各样的生活设施，有猪圈、牛圈、蓄水池、砻、碓等。

曹至垄四点围金凸显防御功能，有完善的防贼设施，使贼匪望而止步。

第三节
古井 沉淀的历史记忆

石灰铺客家人的上祖，绝大部分是从福建省迁徙到兴宁、翁源、粤东、赣南等地区，然后再迁徙到英德东乡、英德中部短暂停留，最后向英德西部迁徙。在迁徙过程中，石灰铺客家人克服种种恶劣的自然条件，翻越长迳龙沟曲后，进入石灰铺半平原丘陵半山区地带，在背村垌—简溪垌—三门垌—冈下垌等山间小盆地中，寻找开基立业之风水宝地，以垦殖开基，繁衍后代。由于开基村庄远离水源，人们要挖井而饮。据不完全统计，石灰铺有各种类型古井308口。石灰铺古井有三个特点：一是古井的年龄与村庄历史同龄，古井是村民的主要饮用水源。如三门王屋古井是王氏鼻祖廷俊公所凿，已有500多年历史。二是以"井"来命名村庄。如保安井水角、井唇、石灰井栏下、大田楼仔井下、竹田井塘等，村庄名都与"井"有关，都是因为有"井"而得村名。三是每一口古井都记载着祖辈的迁徙史，隐藏每个村庄甘之如饴的故事。如勤丰村范屋的"沙井"，因为上祖佛胜公选择建屋的风水地名"饱虎下山"，意即老虎饱食后下山饮"沙井"水，庇护着范屋龙脉。

总之，每一口古井，都承载着每一个村庄的悠久历史，可以说一口古井就是一个古村落或传统村庄的浓缩。历史在发展，时代在前进，如今，石灰铺许多村庄早已用上了自来水，古井已完成了它的历史使命，静静地在各个村庄中，诉说着历史的沧桑、岁月的痕迹……

楼仔古井

楼仔古井位于石灰铺大田村委楼仔村前。古井建于清朝道光年间，井深8米，井口直径为1.2米，井面离井下水面2.5米，井下水位2.8米。井口为圆形，高出地面47厘米，井唇用石灰石砌构，井圈有4条深浅不一的打水时被井绳摩擦后留下的索痕。

井台东面为菜园，西、北、南三面为民居。

楼仔古井，井水清澈透明，无异味，一年四季井泉喷涌，即使是大旱天也能保持充足的水源，并沿用至今。该井水是各生产队村民当时的主要水源，来往打水的人络绎不绝。

楼仔古井

坳仔古井

坳仔古井

坳仔古井位于石灰铺子塘村委坳仔村屋场中央。

坳仔村古井建于清朝中期，古井用一块石灰岩石凿成一个完整的圆形石环作井口套。井深6米，石环套高40厘米，外径100厘米，内径80厘米。石环套内壁有21条深浅不一的绳索摩擦痕、凹槽。石环套底部用10块30厘米厚的石灰板作底垫，石板中间内宽与石环套内径相同，古井内壁用青砖构建，非常坚固。井水常年清澈见底，井泉百年喷涌不息，旱不枯、涝不浊，被称之为"仙泉"。

据传，坳仔村风水地名为虎形，坳仔古井位于"虎"左眼之穴，村民常常称为"虎井眼"。某年，天大旱，当地村民四处打井均无水源，唯独"虎井眼"泉水喷涌。

井栏下古井

井栏下古井位于石灰村委井栏下村门口坪，井口直径约60厘米，井深6.5米，井口唇高出地面30厘米，用青石凿制而成，四周用石灰石砌结。从前全村人生活用水靠此井，水清澈，井水充盈，终年不枯。

据村中长老回忆，井栏下村上祖陈阳满原居闽西上杭，明洪武三年（1370年）奉命统兵到阳山县"抚瑶"，立大功，洪武二十一年（1388年）封"瑶长官"，升大明都督。陈阳满在阳山、英德大湾等地置田产、修豪宅、勤创业，入籍阳山。陈阳满重孙陈熏公乔装平民，从阳山东江大巷徒步远迁到井栏下背夫山麓，饥渴困顿中发现这口清亮的泉。他停下疲乏不堪的脚步，欣喜地深挖并用石块整齐地砌出"井"，周边用竹木围基，且结庐而居，世代繁衍至今。

井唇古井

井唇古井位于保安村委井唇村，是自然地下水喷井，四周人工砌石墙圈围，面积达200平方米。古井中有15座大小不一的嶙峋怪石，有的高出水面，有的隐藏水下，地下水从石隙涌出。附近居住33户罗姓村民，因村建在井唇古井的"唇"上，所以叫作井唇村。

井唇古井出水量大，一年四季水质保持清澈，不论干旱洪涝，出水量不变，是井唇村村民生产和生活用水的水源。根据井唇村长辈罗伯介绍，其在孩儿时就听爷爷说，自从祖上罗良广、罗良光、罗良门三兄弟于清末迁居到此开基立宅，井唇古井的水量就这么大，且从来不浑浊。

井唇古井

第四节
庙宇 隐藏的精神图腾

石灰铺的庙宇文化源远流长，是悠久历史文化的象征。据不完全统计，石灰铺辖区内寺、庙、坛、社等有90座（处），分布在各地村前村后、溪流汇合处、交通要道旁、背山面河（溪）坡、深山幽林之中。其中存留历史较长、规模较大的有山口庙、铜锣祖庙、合水庙、宝积寺、石板庙、简溪青龙庙、龙桥庙、亚婆岩祖龙庙、白云寺、城下庙、保安大庙、独山万寿宫、松柏塎亚细亚婆庙、武禄庙、郭屋庙等，最具有地方特色的庙宇有包有祯祠、石子坳李靖宫、仙师宫、南岗山白云古寺与三圣坛等。石灰铺有史可查的最早寺庙是宝积古寺、金华寺和金钱寺，均建于唐宋时期。

石灰铺客家人祖先在长期颠沛流离、艰难迁徙中，虔诚地见神就拜、见佛烧香，祈求神佛的庇佑。目前流行于一些乡村的打醮活动就是庙会中一种祭神、求福消灾的活动形式，其意义在于祈盼风调雨顺、五谷丰登、国泰民安、消灾免难，祈求上苍赐福与庇佑。

白云古寺—三圣坛

"白云古寺在县西蓝岗山三圣坛下"[1]的"教椅坪"，海拔约195米。白云寺既是寺庙，也是私塾学宫。传说白云古寺是明代包、吴、刘三同年兴建的。白云古寺东侧有一股潺潺的小溪流水，久旱不涸，水质甘凉。从南岗山山麓到白云古寺，筑有一条135米长的石级古道，置有坚实牢固的寨门。

清道光年间，白云古寺曾发生火灾，寺宫俱毁。清道光二十六年（1846年）重修，现仍存刻有捐助者的四块青石质材碑石：《重修宗佛祠碑记》《重修金容书馆碑记》《重修佛殿碑记》《重修傍屋碑记》。每块碑石长80厘米、宽50厘米、厚15厘米，录入人数约300人，捐款人中最多500文，最少1钱。十年"文革"，白云寺全毁。

---

[1] 道光版《英德县志》，第199页。

2000年，乡民捐资建有1栋殿堂和3间厢房，崇拜供奉的主要神像有三圣公、吴天四郎、周仓等。

从前翁源县名绅士包潘和范芹山两才子游南岗山白云古寺，留有以"白云古寺"四字吟诗题对："白云书生翠一堂，云山游雅景清凉；古今天地多仙景，寺院人间日进香。"

三圣坛位于南岗山海拔约403米处，南岗山主峰下既是祭拜三圣公坛所，又是古时求雨的坛所。从白云古寺延伸到三圣坛的石级古道长732米，蜿蜒曲折，或砌石为级，或浓荫相夹，险要处凿有石坎。三圣坛为面积16平方米的石坪，靠山坡有一棵大赤子树，树下置有三圣公神像，供人们奉祀。"蓝冈山，在县（英德县）西五十里，林竹翠绿，灵泉百道灌溉。甚广相传，昔有兄弟三人射猎于此，食桃仙去，号蓝岗三圣，乡人祈祷如仙"。[①] 民间流传三兄弟食桃成仙升天后，看到三圣坛景色优美，于是降落在三圣坛，设坛普救人间，消灾纳福，多有善举，受到人们的尊敬和崇祀。三位仙人设坛之地，就叫"三圣坛"。

农历七月初二是白云古寺开山门日，二月初二是三圣公诞辰日，每年的这两个节日，南岗山麓冈溪河畔的包姓、吴姓、王姓，冈下垌的刘氏、何氏，来到三圣坛祭拜。每年春节期间，南岗山附近乡民带上祭品来到三圣坛、白云寺虔诚祭拜，香火不断，此习俗延存至今。

竹田仙师宫

仙师宫

竹田仙师宫位于竹田村委鹤树下自然村前的竹田河畔，该寺庙始建于明朝永乐年间。

竹田仙师宫建筑为二进一天池，两边有旁屋，正门有石枕、石坎，门楣横匾是3米×0.3米阴刻麻石匾"仙师宫"；天面浮雕石龙、莲花、人字峰山墙、龙船脊、琉璃瓦；天池左边悬挂生铁钟一只，钟体刻有"乾隆六年蓝子享、杨仁动为绿首捐资铸造170余斤鸣钟1只"。竹田仙师宫厅堂摆放民国初期香客捐资铸造香炉

---

① 同治版《韶州府志》，第280页。

2只，正厅堂摆放黄兴一郎、曹主娘娘等八大仙神像供人们奉祀。

竹田仙师宫有一对门联，上联"仙师宗教行善积德终有报"，下联"仙仰自由风俗传统古流芳"。竹田仙师宫为纪念明朝名人黄兴一郎而建。相传，某年竹田乡发生特大疫病，乡民多方求医无果，黄兴一郎想出办法把乡民治愈，乡民怀其德，捐资兴建仙师宫，供乡民敬奉祭拜。

仙师宫鸣钟

铜锣祖庙

从前铜锣祖庙内置有一只铜锣，锣声特别悦耳，庙背后山的形状也像一只铜锣，故名"铜锣祖庙"。

铜锣祖庙位于美村村委铜锣山下，始建于唐朝癸亥年间，主要殿堂建筑面积80平方米，附属房屋共6厢房，建筑面积140平方米。铜锣祖庙传说是古代广东四大祖庙之一，供奉的主要神像有盘古大王、曹主娘娘、垌主公等，厢房另设供奉王母娘娘。

铜锣祖庙

相传唐乾符六年（879年）黄巢兵攻破西衡州治所浛洭后，进犯贞阳，遭麻寨寨将及乡兵阻击。寨将及乡兵与之交战，追赶至背村垌，铜锣庙僧人敲响铜锣，锣声洪亮，响彻垌中，威撼四方，乡民操戈与寨将乡兵一起，与贼激战。黄巢兵不敌，退至浛洭，从此，不敢进犯。

民间俗神

石灰铺民间俗神文化丰富多彩。俗神是人们为了满足祈福免灾、趋吉避凶的心理需要而衍生出来的神明。石灰铺民间俗神带有明显的族群文化特征，充满着淳朴、祥和、友善和福运，是人们心目中的生产和生活保护神。石灰铺民间俗神代表有包有祯、李靖、黄兴一郎、亚细亚婆等。现仅选包有祯、李靖予以介绍。①

包有祯是以子塘为中心古冈溪水中游一带包氏的俗神,影响包姓3 000多人。包有祯是包姓鼻祖林茂公之后裔六世祖,他赴茅山学法,返乡后修桥筑路,为民做了许多善事。包有祯在处理山林土地纠纷、兄弟妯娌之间矛盾等族中事务,不循私利,是非分明,为乡民所敬仰,尊称为"包有祯公大法师"。后人为纪念包有祯功德,在冈溪河畔为其立祠及塑像祭祀,每逢农历初一、十五、春节、婚嫁喜庆等日子,乡民便带上猪、鸡、酒、肉、瓜果等祭品,点香祭祀,鸣炮奉拜,至今习俗仍存。

传说包有祯、李靖、黄兴一郎结拜为三同年,同赴茅山学法,学成回家途中,包有祯在英州何公桥试验法术,跺第一脚,何公桥摇摇欲坠,跺第二脚,何公桥差点断了,便不敢再跺第三脚了。某年夏天一个夜晚,包有祯的儿子拿灯笼爬上园子桥河边大园子树上,嬉戏父亲。包有祯以为是鬼,利用高超法术跺三脚,大园子树连根带人掉入园子桥河中深潭,没想到掉下的不是鬼而是自己的儿子,其子溺水而死。至今园子桥河中深潭仍有一大截园子树的化石,水清或冬季浅水时仍清晰可见。

李靖俗神影响范围主要在保安、小水洞、河江渡等一带自然村落的李姓、曾姓、罗姓、张姓等2 500多人。

李靖出生于石牯塘小水洞麻水角,少年时去茅山学法有成后,辗转到保安水心坝居住,又到大湾猪牯庙修炼,后再移居保安风前角。李靖一生中,为乡民治病,修桥筑路,诚信仁孝,为民排忧解难,有求必应,消灾纳福,多有善举,赢得人们的尊敬。李靖仙逝后,乡民在其家门东侧石子坳设坛祭拜,名曰石子坳李靖宫。每年农历九月十四日李靖诞辰日,当地乡民齐聚李靖宫,以打醮方式祭拜。

据传,河江渡牛头石陂是李靖筑起的。河江渡从前叫陶江渡,陶江发源于尧山。河江有一渡口,叫河江渡,河江渡下有一大石称牛头石。从前河江渡没有桥,人们赶洽洸墟需涉水牛头石浅滩,因河江渡经常遭遇洪水,村民赶墟不便。李靖施展高超法术,恭请八大神仙,搬运河卵石十余日,终垒砌成牛头石陂,往返乡民大喜,称颂李靖之功德无量。

---

① 根据包应德、包应楼、包于环、吴良镜、吴良彩、罗检妹、罗定然等口述整理。

第五节
古桥　承载岁月的车轮

石灰铺客家人不远万里忍受灾荒战乱，跋山涉水，相址择地，结庐而聚，在美丽的古冈溪水两岸栖居。由于石灰铺山川地貌复杂，溪流纵横，严重阻碍人们出行、农事活动和生活的方便，勤劳智慧的石灰铺客家人修建了许多桥梁，解决了跨河、溪、涧等涉水之不便的问题。

具有非凡智慧的石灰铺客家人，在古冈溪水上有25座拦水陂（坝），引水灌溉，解决生产生活用水。还有许多乡贤捐资在悬崖峭壁上凿山开道，修砌闸子坳、佛子高、雷公寨坳—西垌坳等"古栈道"。

石灰铺造桥和修筑拦水陂的历史悠久，且分布较集中。这是石灰铺客家人发挥聪明才智、改造大自然的见证，是石灰铺历史文化记忆的载体。

梁陂桥

梁陂桥坐落在惟东村委白围村大坑中游，此桥建于明朝崇祯年间。梁陂桥全长19.5米，其中引桥5米，桥宽0.95米，用石灰砂浆砌构、青石板构造，属四孔

梁陂桥

石灰石板平桥。

据刘氏族谱记载，此桥为明万历举人刘泽大所建。刘泽大辞官告老还乡后，筑桥修坝回报乡亲，他还出资在梁陂桥下游10米处建造一座拦水坝，称为梁陂头。

梁陂桥和梁陂头。历经400年沧桑，至今风采依然。

沙湾石拱桥

沙湾石拱桥

沙湾石拱桥位于独山村委沙湾村民小组西面约300米处，是一座半圆形单孔石拱桥。此桥始建于明朝中期，呈东西走向，水流上游为北，下游为南。桥全长13.3米、桥面宽3.26米、横跨度8.9米、高2.3米，采用拱圈石灰石纵联砌置法，拱圈石饰边框，青石块垒筑桥墩。1977年桥面加铺水泥，设水泥柱，栏杆桥面扩宽至4.3米。2013年冬在下游12米建有公路桥，2005年在下游200米处建有一座锦潭六级电站。

古时，该桥是冈下垌、沙东、沙南等地通往独山墟、古浛洭县及英德县城的必经之道。

此桥已录入清远古桥梁名录。

楼下园子桥

楼下园子桥位于子塘村委楼下村前鹿颈河（溪）河口，此桥始建于明朝中期。

楼下园子桥全长10米、宽6米、高4.5米，为三拱青石构建的平板桥。每桥孔跨度4米，横跨鹿颈河。

传说，楼下包氏六世祖包有祯茅山学法归来，他决定在园子树林边搭建木质便桥，一来展示其法术，二来为两岸百姓出行方便。一天，他独自一人来到园子树林，用粗大的园子树架起一条木质便桥，往来乡民赞不绝口。

后来，当地村民在原木质便桥处用青麻石构建了这座古桥，称"园子桥"。

独山天桥

独山天桥又名独山渡槽，位于保安莲塘坪村至独山大坪村之间，东南—西北走向，采用梁式和桥墩式结构，渠槽呈半月形，混凝土砌筑。地面至槽底高 15.7 米，桥墩规格为 1.91 米 ×0.4 米 ×0.4 米。桥墩间距 10.6 米，渠长 1060 米、宽 2.5 米。独山天桥是锦潭水库干渠配套工程之一，由锦潭水库洽洸麻坜、石灰铺竹田及保安等的民兵连队建设，1976 年建成通水。

独山天桥横跨在县道走八线公路 (走马坪至石牯塘八宝山) 的上方，像悬挂在天空中的桥一样，故又名曰"独山天桥"。

独山天桥

埌下桥

埌下桥位于美村村委埌下村民小组西面约 150 米处。此桥始建于清代。桥呈东西走向，水流上游为南，下游为北。桥全长 9.6 米，桥面宽 1.4 米；桥面由 6 块长方形石灰石板分三段横铺砌成。中间两桥墩，桥墩用七层石灰石叠加砌筑，桥墩宽 0.8 米。新中国成立前，该桥是县城通往埌下村、山下村、雷公寨等地的必经之道。

此桥已录入清远古桥梁名录。

埌下桥

庙下桥

庙下桥位于美村村委老钟屋，建于明朝后期。此桥位于合水庙前，故名"庙下桥"。又因为此桥建于光明溪水与勤丰溪水的汇合处，所以当地人又称"合水桥"。

该桥呈东西走向，跨越合水溪，水流上游为南，下游为北，是一座三拱石梁桥。

庙下桥

桥长12.29米，河口宽6.3米，引桥6.7米；桥面用6块石灰石铺设，每块石灰石长2.08米、宽0.61米、厚0.21米。该桥桥墩用七层石灰石叠加砌筑，桥墩间距东跨为1.82米、中间为1.61米跨度、西跨为1.51米、中间桥墩宽为0.7米。

古时，此桥是雷公寨、浊水、新陂、下寓乡等地通往美村墟镇和县城的主要通道，自从县道美村至石景河景区公路开通，此路便行人稀少。庙下桥是石灰铺镇保存比较完好的古桥之一，已录入清远古桥梁名录。

社下桥

道光版《英德县志》载：社下桥，乾隆六十年监生赖作宾耆民李春儒等募修。社下桥位于今惟东村委下赖村，横跨水径大坑溪，因其位于社下庙前，故名。该桥南北走向，水流上游为北、下游为南，是一座单孔石梁桥。该桥长3.2米，桥面用2块石灰石铺设，每块石灰石长3.2米、宽0.45米、厚0.2米。古时，此桥是县城通往冈下、水径等村落的必经之桥。

闸子桥

闸子桥

闸子桥位于光明村委长迳奇山龙沟曲。此桥建于民国二十八年（1939年）秋冬，当时为混凝土简易桥梁，1939年12月，日军沿北江侵犯，英德沦陷，为了阻止日军西进浛洸及连县，闸子桥全毁。1951年以后曾三次扩建重修。闸子桥长21米、宽9.5米、高8米，单孔混凝结构，拱跨18米，桥栏杆雕刻"闸子桥"三个宋体字。该桥为东西走向，横跨长迳奇山北流之溪水，甚为壮观。

沙井陂

沙井陂位于美村村委背村街西南角的乌坑溪与蒲塘溪两溪水汇合处。沙井陂实际上是拦溪水低坝,能提高乌坑溪水与蒲塘溪水的水位,用以引水灌溉,蓄水解决背村街乡民生活用水,多余水从坝顶溢流排放。沙井陂设有一个冲沙闸,用于排泄陂上沉积的泥沙,经冲沙闸长年月久冲刷,在冲沙闸口陂下形成一个"井"字形状又沉积许多软沙的深潭,人们把这个深潭叫作沙井,深潭上的陂叫沙井陂。沙井陂自从明弘治年间建成以来,经历500年风风雨雨的侵袭,至今仍在发挥作用。今天的沙井陂是人们在原址进行重新整修加固,用钢筋水泥沙石砌结而成的。

沙井陂

上墟古码头

上墟古码头位于竹田村委竹田街上墟,建于东汉年间,是竹田河(古称冈溪水)下游重要码头。上墟古码头全长110米,有131级青石条块,落差(水面至河岸高)68米。上墟古码头商贸货物可通连江及北江。有学者认为,上墟古码头是西京古水道重要码头之一,河岸上断垣残壁的废墟,是古冈溪故县治所。

佛子高古栈道

佛子高古栈道位于三门村委赤沙塱与竹田村委丘屋山坳交界的佛子高,建于明朝初期。佛子高自古以来就是三门峒进出竹田墟、竹田河上墟码头、连江水口莲花石码头、浛洸墟和西牛墟的最便捷栈道,繁忙至极。佛子高在两棵千年古树秋枫榕下摆放着两尊"佛子",供来往商客祭拜,祈求一路平安。佛子高建有面积18平方米的凉亭,石墙砌结,天面为木桁条青瓦结构,亭内四周砌有石凳,中间有石台放东西。修建此亭主要供路过的行人歇息、乘凉、聊天之用,凉亭正门有三门王屋村著名乡绅王志修的题诗:"觉岸同登当进步,路亭憩歇勿徘徊。"

石灰铺文化学者考察佛子高古栈道

第六节
石磨砻碓　回望生活的图景

石磨、碓臼、水碓、砻、水车、风柜、簸箕、筛等传统的粮食加工工具，从古代一直沿用到20世纪60年代中期。自1965年起，石灰铺公社并入国家电网，这些原始落后的传统工具逐渐被碾米机、粉碎机、打浆机等自动化机械所替代，并渐渐淡出了人们的生活，也成了人们对过去生活记忆的一部分。

石磨

青石磨

石磨是将米、麦、豆等粮食加工成粉、浆的一种机械。石磨最初称硙，汉代叫磨，用人力或畜力拉动，晋代发明水磨。从前，石灰铺乡民多用人力拉磨，石磨材质以青石、麻石居多。

石磨常由两块圆形石做成，称为上扇和下扇。接粉或浆用的磨盘上摞着磨的下扇（不动盘）和上扇（转动盘），两扇磨的接触面上都錾有排列整齐的磨齿，用以磨碎粮食。上扇有一个磨眼（孔），用于加入谷物。两扇磨之间有磨脐子（铁或木轴），以防止上扇在转动时从下扇上掉下来。当谷物从上扇磨眼（孔）进入两扇磨中间，沿着磨齿向外运移，在滚动过两层面时被磨碎，形成粉末或浆。

碓臼、水碓

碓臼，用来舂糙米、杂粮、米粉，还兼有打糍粑功能。从前石灰铺每个自然村至少有一架以上碓臼。逢年过节，村民纷纷用盆或瓢端来米或炒熟的大麦来舂或打糍粑，碓臼也跟着忙碌起来。

水碓，古冈溪水纵贯石灰铺南北，在沿河筑有25个拦水陂头，并且装设水车，一是利用其汲水灌溉，二是利用水力开办糖寮，三是利用水力、杠杆和凸轮的原理带动水碓加工粮食。据不完全统计，石灰铺境内，截水筑陂置有142辆水碓。1957

碓臼

年石美乡粮所迁至石灰铺墟时，就是在亚记潭左岸（今卫生院河畔）置4架水碓加工粮食。

砻

砻

砻的结构和原理与石磨相似，木质，分上下两扇；两扇的摩擦面凿出细牙纹，既增加摩擦力又不使米粒磨碎；两扇之间的松紧度可以调节；下扇固定，上扇装上丁字形推拉杆。操作时，一般由两人拉动杆，其中一人腾出右手，不断地用勺子注入稻谷，在砻盘转动中，米粒和谷壳（即砻糠）纷纷在两扇缝隙中飞散开来，再经过风柜扇过，即成糙米和砻糠。

砻出来的米是糙米，不够白净，且混有少量的谷子，需将砻出的糙米用碓臼舂两遍，再用簸箕筛，把糙米与未脱壳的谷分开。石灰铺人常说"砻谷舂米"，即是对这两道工序的概括。

簸箕、筛子

簸箕，用竹篾编成的器具。簸箕在美食加工中用途很广，从前，村民用簸箕簸谷，俗称"搓米头"；用簸箕盛米粉、蒸烘米饼等。

用竹子和金属丝等做成的一种有孔的器具，可以把细东西漏下去，粗的留下，以达到分选的目的，称"筛子"。筛子还可用以筛米粉、小麦粉、木薯粉等。

簸箕、筛子

第七节
碑记诗文 刘泽大与王治均

石灰铺籍举人刘泽大与副魁王治均为明清时期英德知名人士，在英德留下了许多脍炙人口的碑记诗文，是石灰铺镇宝贵的文化遗产。

重修刘太公祖生祠记①

邑人刘泽大

尝考古循良遗迹，凡有德与民者，所在祠而记之。

志报也，最著者无如召伯之甘，棠莱公之秀，柏阅千百年如一日，我太公祖须弥刘公奉圣书特简秉宪重来，而英之祠公则在司里明也。公以名进士司理韶阳摄篆英邑，而英始有衮衣之遗诵。英多悍积蠹，望公神色不股栗，莫敢肆其于兴利除害，抚循鞠育若慈母鬻如也。寻常讯决不片言，曲直立剖。至于大冤大狱，一当犀炤肺石无冤，邑频年饥馑逋赋以万计。公悉革加耗夙弊，不烦鞭扑屡年积逋，悉轮又一赎锾，悉封之府库，分毫不入私橐。

九莲寇发江广，韶南之间被蹂躏，卒不敢犯浈阳一步，民以衽席公之惠，公之廉，公之神明得未曾有民，于是德公爱公无何以内，召人侍一台斑英之民，卧辙不得也。遂祠焉，而或者曰公属帝眷两命巡方所至，有声扉不尸而祝之，英以弹丸一祠，何足为公重轻，不知召伯相周陕，以西召主之莱公相，宋锁钥北门，何有于南国？何有于东方？而惟东南之民德二公独深，而二公之神留遗于东南者，独至也。英之于公亦若是，则已矣。

今公出镇修南干旌所，至士绅耆老以及市买望切云霓，若于迈之周王奉璋之髦，

---

① 参考康熙版《英德县志》，第112-113页。刘泽大，明万历举人，已录入清远市古名人录。刘公祠：崇祯二年，万安刘公士祯，时以司理署邑事。绅衿邓允燧等建，从志德给事中卢兆龙为记，向在步月台西，因水圮。崇祯十二年，知县吴永澄同众多乡绅等重修，乡绅刘泽大碑记。

士恐后也。而公一过遇英人，士辄色喜，若欲训诲而安全之。然则英人士之爱戴，而瞻依者又宁容一日已哉。

祠建于崇祯之二年末，几以巨浸就圮，适震临滋惧垫隰相，仍时绌未沙举赢，顷父母，吴候嘉意作新莅任，及其百废兴举。府俞众请上度鸠工，且曰百凡工费无以烦吾民，兴情共畅，趋事子来，不旬日，翚飞鸟革焕然改观。则公之有德于民者，之所至也，圣天子时，勤枚卜公受简特隆，不日，且应白麻公之庇英未艾，英之藉庇于公者亦且未艾，兹祠实与甘棠秀栢，永垂不朽云。

崇祯戊寅暮春之吉

刘泽大为《英德县旧志》作序①

（崇祯版）

英旧志修于万历巳亚，苏候为政时也。洎今崇祯辛巳已阅五十三年。无论世道寙隆、人物升沉、税亩田赋之增减，靡所稽考，即旧简漂于洪波残编，蠹于腹，浸浸乎，几无征矣。吴侯莅英时，这三块震动八排冯陵，韶城濒危于累卵，为之创南北楼，坐而致胜，若桃溪，若皇萃，龙山次弟，毕修。更谓民保于城，城保于德；高堞厚，障慎固封，守敌人望之，有气夺色沮者用，能烟消警息民，以宁谧通毗。英志而诠，削之旁楼层笑曲，加较仇坤，其所弗逮阐，其所弗及暂，诸凡建置学校，风俗名胜，田赋兵戎，人物祀典，关于政体之大者，结纲从理，标制示，准峻体，征驳引议，裁滥核而辨详，而不默可淘洗江山镕范轨制，振刷贤才金石典，训凿凿乎？足垂炯鉴已夫志，鉴徃蹢而绳来轨，有风之道也。使后之人，披省而兴起，按建封而思保厘眺名胜，而怀旷古览风俗，而思挽回民，苦于增饷，又扰于兵戈，何以调剂？消弭之。至于人物臧否，而法戒悬祀典昭垂而精诚，格文荫彪炳，而袭芳弘杂志搜罗，而撅拾备，讵非经署弹丸，以成岩，邑纂辑残篇，以成信史英之文运气运，将必驾雄藩，而轶大邦侯之，造英未有艾也。后之牧伯于以施政和民奂，俟求于志之外哉，是后也，吴侯以乌程名家手，为编集走弊于钱唐，闻人孙毂润色之，采辑条订，而其襄厥美者，则邑人刘泽大邓允燧也，授之锓梓。

---

① 参考乾隆版《英德县志》，第382-383页。

刘泽大诗文选①

次韵桃溪书院②

一

桃荫掩蔼映清溪,玉署香浮碧汉齐。
可是仙人留副墨,若为多士吐虹霓。

二

参差台阁瞰瑶池,瀛得长杨献赋时。
玉手芙蓉秋不改,风流牧伯憩昭兹。

次余靖重游碧落洞

一

丹谷崛崖到不难,谁知蓬岛隐人间。
中流一鉴澄如碧,水自潺潺神自闲。

二

到亦何难恨到难,岂容鸡犬落凡间。
穿云渡入虚空里,不见仙人也自闲。

---

① 参考康熙版《英德县志》,第163页。
② 桃溪书院于崇祯十二年(1639年)由知县吴永澄倡建,崇祯十三年(1640年)四月建成。

王治钧赋诗石板庙①

玩英石有感

英石深藏趣,相看爱点头;
暂得安位席,袖纳献龙楼。
英石英灵秀,相期意气通;
暂留君子宅,指日献皇宫。

游观音岩

潮回暗浪雪山倾,远隔渔舟钓月明;
桥对寺门松迳小,槛当泉眼石潭清。
迢迢绿梅江天晓,霭霭红霞海日晴;
遥望四边云接水,碧峰千点数鸥轻。

石板庙上岩

石路层高步爱端,板门重上到真难;
龙嘘气候知冬夏,岩隐山明殿宇宽。

感怀亚婆岩

回龙灵岩三门北,稽古娘娘破巢贼。
巾帼奇才誓命行,魑蜮闻风变颜色。
拟金伐鼓出乡关,旌旗逶迤麻寨间。
义证词严兵犹火,英州保障重南山。
相传一气扫妖氛,永保生民庙纪勋。
历朝加封由响应,御灾捍患曹主军。

王治钧《诗集》手抄本封面

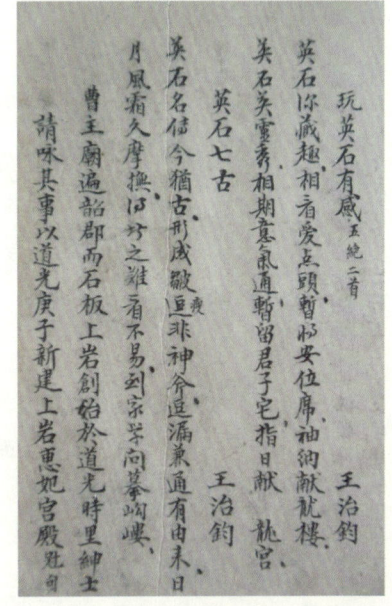

《王治钧诗词集》手抄本内文

---

① 选自《王治钧诗词集》。王治钧,清光绪浛属石灰乡三门总人氏,光绪十七年英德三局总局生员,光绪二十三年副魁,浛洸高等学堂监督,英德著名乡绅。王治钧广交朋友,与时任知县周华林,英德县教谕王天锡,文澜书院山长区为栋,韶州北江书院长潘履端,会英书院两任山长崔其瀍和叶士帧,县考榜首赖春煦,大镇岁贡郑际清以及巫若霞、巫绍贤、赖福卿、张景徽、胡景清等当时英德文化名人,均交往密切。王治钧有手抄本《王治钧诗词集》留世。

曹主娘娘神灵摄要记

咸丰甲寅年，洪匪上扰北；
丑聚横石塘，乘势为荡贼。
蜂拥突来乡，神灵默阻抑；
刚到岩前时，药桶自焚逼。
火燃群魄散，争走奔逃匿；
闾阎庆安堵，丁巳酬大德。

游宝积古寺

溯道光庚子，在雷公寨肆业围墙馆，年廿余，九月九日到寺游憩。光绪廿三年丁酉阳月，课功稍暇，友邀携孙直修再游，是年登八褒之余复游。因诗以记。

一

宝山天作有仙家，积雪云开映日华；
古壁留题心蕴结，寺僧曾否尚笼纱。

二

秉烛周行眼界赊，莲花石蕊殿堪嘉。
庄严宝像真生佛，普度生民亿万家。

三

八十年余又再游，携孙偕友一同俦；
僧来会面皆生面，溯问先屠各调头。

第八节
古遗址 历史浓缩的画卷

勤劳的石灰铺先民用自己的聪明才智在这片神奇的土地上创造了灿烂的古代文明,给我们留下了许多珍贵的物证。穿越时空的石灰铺古遗址,印记着历史沧桑,显示出昔日的繁华,是一部浓缩石灰铺文明历史的辉煌画卷。

红屋衙府遗址

红屋衙府位于惟东小学背后800米处的蚊子山,占地面积960平方米,有四幢建筑,前有池塘,门前一对硕大的石狮,气势非凡,建筑外墙装饰颜色是红色,故称为"红屋衙府"。

红屋衙府是在四川任官的明万历举人刘泽大告老还乡后兴建的,逢每月初一,英德知县便领着大小官员到红屋衙府拜访,一派车水马龙的热闹景象。凡经过梁陂头红屋衙府门前,文官下轿,武官下马。

红屋衙府毁于清嘉庆年间一场大火,随后刘泽大后裔在原址盖起简陋茅舍;民国初遭焚,只存宅基、池塘、石狮等。红屋衙府现仅存红屋塘及残墙瓦砾。

莲塘岩聚奎楼遗址

莲塘岩聚奎楼是举人刘泽大为安度晚年、防清廷迫害和政敌寻仇,于明天启元年(1621年)兴建。该楼位于子塘村委上围村,临莲塘而建,由莲塘岩、聚奎楼、屏翠署、花坞观赏台、石围墙、寨门、寨桥、莲塘、莲塘寨以及登寨栈道等组成,建筑呈长条形,总建筑面积约600平方米。刘泽大将毕生积蓄从红屋衙府用牛车拉进莲塘岩聚奎楼隐藏。

花坞观赏台是刘泽大休憩之所,他常在这里赏莲花、察天相、观星辰。

屏翠署位于莲塘岩口,是刘泽大接见知县、府台及会见亲朋的场所。

莲塘位于莲塘岩前，面积3亩，夏秋莲花盛开，蝉鸣不断。

登寨栈道是刘泽大登莲塘寨的栈道，栈道峭壁凿有石坎，今仍清晰可见。沿着此栈道可登上海拔392米的莲塘寨巅峰。

莲塘岩口两边凿有6对对称石坎，用6根杉木横铺成的屏翠署，像吊脚楼，底下通风。莲塘岩底一股潺潺流水穿岩而过，冬暖夏凉。

刘泽大孙辈复伦、乃翔于清雍正年间迁居大湾石莲乡，莲塘岩聚奎楼逐渐荒芜、垮塌，至今存宅基、寨门石枕、登寨栈道峭壁石坎、莲塘岩口石坎等。

乌石县遗址

乌石县遗址位于子塘村委乌石岗村。该遗址占地面积约40 020平方米，现存乌石岗墟、糖寮、池塘、祠堂前12副（24块）旗杆夹等，散落村中柱础、石枕、石碓、石磨、门槛墩等明代遗物。

据《闽上杭包氏族谱》载，乌石岗村包氏开基祖林茂公祖上为上杭人，后迁居江西零都大塘面，于明正统五年（1440年）再迁至古冈溪水畔八竹埌暂居，后移居南寨，最后定居乌石岗，育有福海、福盈、福亮三子。经过575年繁衍发展，乌石岗村包氏后裔散居于石灰铺子塘村委、石灰村委和惟东村委，人口3 500余人，是目前英德包姓人口最集中的聚居地。

开基祖林茂公当年选择乌石岗村为立宅开房之地，就是看中了乌石岗是古冈溪县旧址的好风水。乌石岗村规模宏大，族祠"九栋厅堂"，编民五百户，村中有市场，有猪肉及鸡、鹅、鸭上市，有墟日，繁华景象可与县城媲美，人们称为"乌石县"。"乌石县"是否就是古冈溪县，至今仍无据可查。

墟地堑遗址

墟地堑位于惟东村委水径新墟岭下，占地面积约2 000平方米，中间铺砌一条长75米、宽4米的石街，两边均为穿光寮。

清末民初，独山墟常遭匪贼打劫，附近乡民都不愿去独山墟，水径赖、李两姓及冈下何、刘两姓等乡民便在新墟岭下设墟地堑穿光寮，方便附近乡民农副产品交换和三鸟牲畜买卖，其墟日同独山墟日相同。为防土匪，乡民在新墟岭顶筑更楼，安排专人日夜瞭望放哨。后因当地治安状况好转，乡民重回独山街赴墟，而墟地堑渐荒,今天仅存石阶路和更楼宅基。

上下赖知青屋遗址

上下赖知青屋位于惟东村委水径上赖村和下赖村,建于1970年,其中上赖两幢18套,建筑面积372平方米;下赖一幢8套,建筑面积168平方米,均为泥砖木结构。

1969年12月,英德县城26位知青下乡落户上赖村和下赖村,这是当时全县生产队一级最大规模的知青点。1978年知青返城,该知青屋由当地村民管理,由于年久失修,房屋部分坍塌。

背村老闹遗址

背村老闹兴建于明正德年间,位于下蒲塘北侧,三面被下蒲塘—塚桥—塚桥潭—文武庙—牛肚潭—冷富陂—铺背塘—担水井等环绕。初期建有两栋面积约210平方米泥砖瓦结构的穿光寮,东西走向,这是背村最初的市场,称"老闹"。当时商人在穿光寮内摆卖盐、火柴、煤油、铁钉、竹木制品、油米、豆腐、山茶等日常生活用品,背村垌、西垌及周边乡民常赴老闹,或摆摊做生意,或购置日常生活用品。后来人们把逢农历每月一、五定为背村老闹墟日,年二十七为岁末固定墟日。清康熙、乾隆时期,背村老闹鼎盛时期有32间商铺(商号)及牛岗墟,成为背村垌和西垌农副产品集散中心。

由于背村老闹地处偏僻,自清道光年间起,常受到土匪抢劫。为避匪患,自清末起,人们把市场迁到人群较集中的背村垌中央的背村街。从此老闹淡出了历史,取而代之的是背村街。

三门闹遗址

三门闹位于三门村委,占地面积4 851平方米,街市口字形,南北为商铺或民居,中央一幢10米宽穿光寮为市场,且设有一个天池。从前三门闹建有私塾、中药诊所、三门乡政府机构以及商铺11间。每月逢农历四、十为墟日,猪肉行、豆腐行、花生油榨行、米行、

三门闹遗址

鸡鸭行及牛岗墟人头攒动，一派热闹繁华的景象。三门闹是当时三门垌的经济中心，随着竹田河运的发展，三门乡并入竹田乡后，乡民纷纷向竹田墟聚集，竹田墟逐渐取代了三门闹；到民国中后期，三门闹退出历史舞台，20世纪60年代，三门乡政府和三门小学先后搬迁到圆顿岭。往日繁华的三门闹，如今只剩下几间破房及残垣断壁。

金钱寺遗址

金钱寺遗址

金钱寺位于石灰村委油栏垌岩顶山东麓，占地面积约865平方米，上三栋下三栋，三进一天池，是石灰铺有史记载规模最大、最古老的寺庙之一。金钱寺又称金泉寺，因岩顶山腰有一金泉岩，客家语"泉"与"钱"谐音，因而得名金钱寺。

据当地85岁的曾昭煜老人介绍，金钱寺曾三次变更寺址，第一次寺址在白石眉，由油栏垌曾氏泰公捐资兴建，明朝万历年间发生山体滑坡被毁。尔后，寺址搬迁到油栏垌岩顶山东麓半山腰的金泉岩，岩内设神台，摆设八大仙供人们拜奉。由于金泉岩洞内面积有限，加上人们到金泉岩要爬一段较陡的用石板铺砌的石阶路，香客多而拥挤，于是，在清顺治年间寺址再次迁至金泉岩山下坪地今址，由油栏垌曾氏牵头，石灰埠的赖氏、蓝氏、包氏等乡民共同资助兴建。

从前金钱寺有寺祭田地20亩，附近曾氏、赖氏、蓝氏和包氏等众公捐奉，人多香客也多，盛极一时，至新中国成立前，庙祝达八人之多，还配有一伙夫。1950年至1956年，当地政府在金钱寺兴办小学、置石灰乡高级社。1957年至1959年，拆金钱寺桁条、瓦角、砖块，在石灰栋兴建石灰乡政府办公房。今天，金钱寺遗址仅存宅基。

金华寺遗址

金华寺位于勤丰村委老江屋奄山，于明朝弘治年间以老江屋（风水名为大象形）为绿首的背村江氏宗亲集资兴建。该寺占地面积约713平方米，上三栋下三栋，三进一天池。康熙版《英德县志》载："金华寺，在背村。"

金华寺建在奄山坳坪中央，风水名为细象形，掩映在翠竹青松之中，寺周边有长年不枯的白石井、石井、泥井等三口古井，汇成溪流注入奄山塘，灌溉老江屋、蕉园垦、榄树下等自然村 200 余亩水田。

金华寺香火旺盛，信徒云集，平时有 6 个和尚诵经。清道光年间，老江屋乡绅伍志修捐资重修。清末民初金华寺多次遭劫匪抢掠，剩下和尚留守几间空舍。新中国成立前夕，金华寺早晚诵经声不绝于耳。至今金华寺仅存残墙断瓦及宅基。

车田坝天车遗址

车田坝天车位于新联村委车田坝村新联河畔。车田坝村开基祖麦扶公自清嘉庆二年（1797 年）从对河岸老麦屋迁居到此开房发族，由于车田坝村车田段和刘屋段周边没有溪流，麦姓村民便在新联河筑一长达 85 米的截水坝拦水，在坝岸安装一直径 15 米的天车车水，解决农田灌溉和生活用水。如此大的天车，在离河岸 500 米的地方也能听到天车轮轴转动的摩擦声和车水声。石灰铺使用天车至今有 200 多年历史。

车田坝人还利用天车筑水碓、建土糖寮，进行粮食、制糖加工。后来古冈溪水（今竹田河）沿河发展到 25 座截水陂（坝）头，置有 25 架天车，为协调用水控制和陂头管理，民间成立"十五陂理事会"，会长由车田坝村威望高的人担任。2007 年，竹田河进行梯级开发建设水电站，蓄水淹没新联河段车田坝陂。从此，车田坝陂天车、水碓房、糖寮等成为水下遗址。

石灰铺茶叶加工厂遗址

石灰铺茶叶加工厂位于石灰铺街道桥西，始建于 1964 年，占地面积约 4 956 平方米，建筑面积约 2 368 平方米，有红茶加工机械设备 45 台（套），年加工能力 150 吨，居当时英德各公社茶厂之首。石灰铺茶叶加工厂有着辉煌历史，1980 年，该厂加工的红碎纳入省出口茶叶品种；1981 年，该厂加工的红碎茶参加全省质量评比荣获三等奖，获奖励解放牌汽车一辆。

20 世纪 90 年代中期起，因市场改制、外贸收购与补贴取消，加之设备陈旧，石灰铺茶叶加工厂连年亏损，2000 年停产。

第九节
红色乡村　革命故事永传唱

早在 20 世纪 40 年代初，石灰铺镇革命活动就非常活跃。1940 年 3 月，中共英德党组织在走马坪莲塘下村举办党员培训班，参训党员 7 人。1947 年春，中共英西特派员李冲化名冯先生，以郎中行医作掩护，活动于松柏塱独山一带，领导党员、青盟人员和当地农民进行反"三征"，秘密组织并建立了"农民自救会"。1948 年秋，在英（德）、阳（山）、乳（原）、曲（江）反蒋抗征队指导员周平的领导下，谢民武工队和蓝远武工队成立，在松柏塱、野鸡啼、独山、小水洞、走马坪、竹田、三门、美村、石灰铺等地开展武装斗争。同时，连江支队六团谢桂斌武工队活动于简溪峒和龙桥峒，周英海武工队活动于光明庙背马槽坑阿婆嶂一带，北江支队肖国全武工队活动于美村雷公寨一带。武工队所到之处，深受当地群众的欢迎，当地群众自觉向武工队捐钱捐物捐枪、安排食宿、搜集情报，积极投入革命的洪流中。

石灰铺镇有革命老区村庄 63 个。在解放战争、抗美援朝、清匪反霸的峥嵘岁月里，石灰铺人民用鲜血和生命的代价支持新中国的革命事业，涌现出吴茂生等一批革命烈士，一首首脍炙人口的红色革命故事在乡间传唱。

松柏塱武工队交通站旧址

松柏塱革命老区证书

撤离包围圈

1948年10月的一个夜晚，吴茂生领着肖国全武工队秘密潜到下园村楼角夜宿。次日早晨，武工队派员找到雷公寨村吴姓财主，动员其为革命捐粮捐枪，不料吴姓财主密报伪政府美村乡团，随后50多名团丁包围了下园村，整个村庄枪声不断。但是，敌人还是扑了个空，村内没有一个武工队的身影。原来，吴茂生与武工队长肖国全动员吴姓财主捐粮捐枪时，一边等待消息，一边撤退到没水岩山上。当敌人包围了整个下园村时，武工队已安全撤退到西洞游击区了。

夜宿村外窑①

1947年2月，中共英西特派员李冲为开展英西洽洸以北英（德）、阳（山）、乳（原）、曲（江）边区农村武装斗争工作，化名冯先生，以郎中行医做掩护，活动于广阔的英西北农村。1947年5月，李冲到松柏埌与"青盟"秘密联系，并多次深入松柏埌上下蓝、莲塘坪及独山等村庄，一边为当地群众治病，一边秘密组建地下交通站。李冲与松柏埌、独山、石牯塘片党组织负责人周平一同决定，设置松柏埌秘密交通站，由蓝春和负责，任务是秘密护送党组织负责人、传递秘密文件和情报。

1948年2月的一个傍晚，天上下着雨，李冲再次化装为郎中来到松柏埌交通站，当晚约10时许，松柏埌交通员领着李冲到村外瓦角塘炭窑夜宿。次日鸡叫四遍时分，李冲迎着毛毛春雨离开松柏埌，从另一秘密交通线踏上奔赴尧山石霞游击区之路。李冲前脚刚走，伪沙坪乡团20多个团丁扛着枪，其中还有一挺轻机枪，牵着猎狗，以打野猪为名，将松柏埌楼阁围得严严实实，并在村前村后、树林和角子塘边，这看看那瞧瞧，有两团丁还爬进李冲住过的炭窑搜查，未发现异常情况，伪乡团的人马才离开。

黄志达迷敌②

1949年5月下旬，英德、阳山、乳源和曲江四县国民党反动武装对英、阳、乳、曲边区实施四县大联剿。6月下旬，伪英德县长周文浩纠集伪省保安四师一部、英

---

① 根据蓝远、蓝春和等口述整理。
② 参考书目：《连江支队四团史》《连江支队六团史》《粤桂湘边纵队史》。

西联防大队梁猛熊部、伪观塘乡中队、伪古道乡中队等反动武装近千人，围剿坳头、水浸洞、平址洞、秧地磅、横山寨、大成屋、石霞等革命村庄。

连江支队四团奉命配合英、阳、乳、曲边区反蒋抗征队（连江支队六团前身），反制国民党的四县大联剿，以有效打击并牵制敌人。黄志达武工大队奉王式培团长之命，越过分水坳，在水边墟后背山歼敌百余，随后围攻西牛守敌据点，迫使围剿之敌回撤部分兵力增援西牛。

7月上旬一个风雨交加的夜晚，黄志达武工大队30多人在地下交通员引领下，从南江坝渡口横渡连江，一路冒雨到塘湾峒石下村休整并隐匿于竹田、三门、美村、石灰铺、走马坪、松柏塱、野鸡啼、独山、小水洞等地，骚扰敌人后方，密切注视进犯大成屋、石霞之敌的动向，一面待命，一面寻机歼敌。

一天，地下交通员曾神生送来情报，国民党独山自卫中队班长和一团丁要路过野鸡啼去白沙塱收粮税，黄志达武工大队随即潜伏到野鸡啼，临近中午，伪自卫中队班长和团丁路过野鸡啼时被武工大队俘获。黄志达命武工大队4人押解被俘班长和团丁，沿野鸡啼山岭小径行走4里路，沿途安排武工队员配长短枪、机枪，并不时安排手下在俘房面前向"大队长"黄志达报告。傍晚武工队释放被俘班长和团丁，被俘班长和团丁逃回独山向其主子报告黄志达武工大队拥有200人枪的情报。次日晚上，各地交通员和侦察员报告，竹田、美村和独山三个乡长和自卫中队长，慑于黄志达武工大队的实力，全都打消了增援尧山大成屋石霞围剿的念头。黄志达武工大队以迷敌之计，迫使竹田、美村和独山等乡伪自卫中队及尧山南部反动武装不敢贸然增援围剿，有力地支援了英、阳、乳、曲边区反蒋抗征队反四县大联剿，使英西革命村庄免遭更大损失，黄志达武工大队因此受到连江支队嘉奖。

续表

石灰铺革命老区村庄一览表

村 委	村庄数量（个）	村庄名称
友联	1	潭口
保安	5	松柏塱村（含上蓝一、上蓝二、上蓝三、下蓝及莲塘坪5个自然村）
美村	8	上伙、上新屋、白楼、塘窝、下园、浊水、马口、中厅
独山	7	独山一、独山二、独山三、独山四、独山五、坝角、大树园
惟东	24	上赖、下赖、李屋、塘下、茅塘、黄泥陂、大迳、小迳、白围、石陂、城下、水心围、下村、水新、川峰坳、坭杆下、田心、坎面、新屋、山下、谢屋、老屋、横洞、刘屋
石灰	18	钟屋、竹山下、鸭麻墩、上排、下排、沙树下、佛子陂、包屋、井下、水头、上屋、四伙、水尾、田螺墩、油栏垌、寺前、沙寨、车碓下
合计		63

资料来源：《中国共产党英德县地方史》上册，第300页。

烈士精神代代传

曾昭水烈士

曾昭水，1937年出生，友联深坑塘人。1956年春入伍，中国人民解放军48军3营7连战士。其所在3营驻扎潮州湘子桥港，部队一方面支援地方扩建湘子桥，一方面进行500米泳程强化训练，因其模范执行"三大纪律八项注意"，军

曾昭水烈士遗像　　曾昭水烈士证明书

事训练刻苦,成绩优秀,在扩建湘子桥中吃苦耐劳,荣获二等功。

1958年11月7日下午,曾昭水接到任务,赴湘子桥港进行500米泳强化训练溺水牺牲,时年21岁。48军军长和政委亲自参加在湘子桥头广场举行的曾昭水追悼会,军政委号召全营官兵向曾昭水学习,学习他顽强拼搏的精神、军事过硬的本领。

曾昭水遗体安葬在潮州笔架山东麓,碑文:"中国人民解放军曾昭水同志之墓"。

吴茂生烈士

1944年春,吴茂生于广州中学毕业后回英德文光乡鱼湾圩教书,其间,接受进步思想,1945年春到下隅乡十三保观湖小学任教,在时任校长肖国全(地下党负责人)教导下,吴茂生秘密加入中国共产党,并以教书作掩护秘密开展革命活动。1945年,吴茂生加入广东人民抗日游击队北江支队肖国全武工队,经常引领肖国全武工队、北江支队陈建中突击大队秘密到美村峒活动。1947年春,吴茂生负责沙口观坪通信联络站,收集情报,传送上级文件。

在吴茂生的宣传动员下,其家乡下园村民捐物捐款支持武工队,据不完全统计,1944年至1949年10月,武工队收到捐款3 600两白银、驳壳枪2支以及稻谷2万斤、耕牛3头、生猪5头。1949年端午节,吴茂生在县城何公桥不幸被捕,6月底在县城英勇就义,时年31岁。

包应通烈士

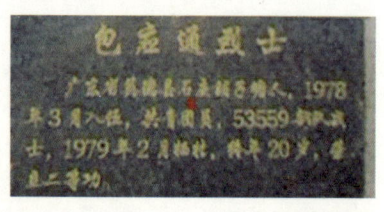

包应通烈士墓碑

包应通,子塘坳子村人,高中毕业后于1978年3月入伍,为中国人民解放军53559部队战士,共青团员。1979年2月参加中越边境自卫还击作战,在攻打339高地战斗中牺牲,时年20岁。荣获二等功。

李封卢烈士

李封卢,美光红瓦屋村人,1978年3月入伍,共青团员,53559部队战士,参加中越边境自卫还击作战时,编入某师直属工兵一连。1979年3月5日,参加对敌某军事设施实行爆破时壮烈牺牲,时年21岁。荣获二等功。

石灰铺镇新中国成立前参加革命人员名录

编号	姓名	性别	原籍	参加革命时间	新中国成立前的任职	新中国成立后任职	备注
1	周平（又名周汝芬）	男	独山街，原籍佛冈	1943年	洺师党支部成员、东山大队教导员、连支六团主力中队指导员、英乳阳曲边工委负责人	英西办事处主任、大湾党委书记、县常委兼宣传部长、县委副书记、县长（未到任）、地委农村工作部副部长、地委干部学校校长	已故
2	黄志达	男	独山街	1943年	连支四团第七武工大队长	大洞乡长、石灰铺企业干部	已故
3	谢明	男	惟东鹿颈	1944年	连支六团谢明武工队长、乳曲联防办事处主任	惟山乡长、五区副区长、县公路局工会主席	已故
4	蓝春	男	松柏塱下蓝	1945年	连支四团文澜中学支部成员	剿匪侦察员、县公安员、省公安厅侦查处副处长、皇岗劳教场政委、劳教局调研员	已故
5	蓝远	男	松柏塱下蓝	1947年	连支六团鲤鱼武工队副队长、蓝远武工队长	剿匪队长、武装部上尉、县兵役局长、民政局局长	已故
6	蓝春和	男	松柏塱下蓝	1947年	连支六团交通员	惟山乡文书、大湾区办公室主任、石灰铺粮所会计	已故
7	蓝应	男	松柏塱下蓝	1948年	连支六团东山大队员	附城粮所所长	已故
8	黄志辉	男	独山街	1945年	连支四团武工队小队长	九龙乡长、县财政局长、驻穗办主任、深圳南油公司总经理	
9	巫青	男	新联石下	1945年	连支四团第七武工大队队员	石灰铺供销社	已故
10	曾神生	男	友联潭口	1947年	连支六团交通员	友联潭口务农	已故
11	吴茂生	男	美村下园	1945年	北江一支队宣传员。		烈士

资料来源：《中国共产党英德县地方史（1924—1949）》《连江支队四团史》《连江支队六团史》《粤桂湘边纵队史》《战斗在北江：北江第一支队史》。

石灰铺籍革命烈士一览表

编号	姓名	性别	出生年份	原籍村名	参加革命时间	职务	牺牲时间、地点
1	吴茂生	男	1918	美村下园村	1945年	宣传员	1949年6月在英德县城被捕后就义
2	梁仲发	男	1926	三门梁屋村	1950年	副班长	1951年在朝鲜战场牺牲
3	何亚敬	男	1930	惟东新屋村	1950年	战士	1952年在朝鲜战场牺牲
4	王立傅	男	1928	三门王屋村	1951年	战士	1953年在朝鲜金城川反击战中牺牲
5	江三和	男	1927	三门塱下村	1949年	班长	1954年12月在曲江县战斗中牺牲
6	曾昭水	男	1937	转村深坑塘	1956年	战士	1958年在训练时溺水牺牲
7	包应通	男	1959	子塘坳仔村	1978年	战士	1979年在中越边境自卫还击作战中牺牲
8	李封卢	男	1959	美光红瓦屋	1978年	战士	1979年在中越边境自卫还击作战中牺牲

资料来源：2006年版《英德县志》，第965页、第971页。

包应德荣获的抗美援朝卫国保家纪念章

蓝远荣获的中国人民解放军粤桂湘边纵队纪念章

第十节
子塘惟东　承载知青永恒的记忆

　　1968年12月26日，在全国知青浩浩荡荡上山下乡历史洪流中，英德县第一批知识青年就安排到石灰铺美光大队插队落户，紧接着第二批、第三批……在接收上山下乡插队落户知青时，石灰铺公社子塘、惟东承担了最繁重的任务，先后接收了来自县城及其他乡镇知青218人，比全县其他公社接收的总数还多。[1]

　　子塘、惟东两个大队插队知青成为当年英德知青的一面旗帜。

　　子塘、惟东当年有43个生产队，每个生产队都完成插队知青落户接收任务，插队知青落户面在英德最广。

　　子塘、惟东每个生产队都建有知青屋，这是英德知青插队落户历史中的第一。

　　惟东上下赖生产队接收了26位知青插队落户，且建有3栋26间知青屋，这是英德接收知青最多、知青屋规模最大的生产队。

　　当年有4位插队女知青深深眷恋着惟东这片山水，与当地男青年结婚，把青春和爱情献给了惟东这块热土，创下了英德当年插队女知青嫁本地郎的先例。

　　子塘、惟东，承载着下乡知青永恒的记忆。这里，曾留下他们青春的脚印、激情的欢唱以及一个个悲欢故事、一段段尘封在知青内心深处的知青逸事。[2]

学　耕

　　知青下乡插队落户，一夜之间，就成了有文化的新型农民，知青的阶级成分是学生，是属于受教育对象。

　　知青刚下乡，就面临生活、工作上的困难。由于住房紧张，下乡初期知青被暂时安置在临时腾出的牛棚柴房，吃在三同户家。后来知青安置点相继盖起了知

---

[1] 参考《中国共产党英德县地方史（1949—1978）》（第二卷）。
[2] 知青逸事内容参考Sirenqiye提供的资料。

部分当年知青重访子塘惟东

青屋，住宿条件才慢慢得到改善。上造稻谷收获分配后，知青单独开灶，对于一群来自城镇、在家里衣来伸手饭来张口的年轻人来说，困难可想而知。但在知青的相互扶持、村民的热心帮助下，知青很快便适应了这里的农村生活。

农活对于下乡知青来说是一个陌生的领域，知青同社员一起出工务农，边学边干。1969年春耕，生产队安排几个知青到犁耙组学习，跟着老农学犁地。犁地有两个关键环节：一是把牛轭套稳在牛肩上，二是扶稳犁。老农在一旁指导，知青在一边操作，好不容易将牛轭套到牛肩上并绑好，一知青扶稳犁开始犁地，怎么赶牛就是不走，一旁的另一知青急了，到前面用绳牵着牛往前拉，牛就是不动，老农告诉知青，"这是一头刚穿鼻一年的牛仔，没有犁过地"。紧接着"啪"的一声，老农的鞭子落到牛背上，牛小跑着走了几米的距离便又停了下来，原来犁没扶稳，朝下深深插进地里，牛拉不动了，随即知青把犁从地里拉出，这时牛又快步前行，犁在地面上滑行了好一段距离。老农在一旁让知青把犁扶稳，经过近半天的摸索，知青才慢慢掌握了犁地的技巧。看着身后犁好的那块地，知青们脸上露出了笑容。

巧种三类禾

给三类禾追肥是一项技术活。当地社员根据禾的长势将禾分为三类，长势好的为一类禾，长势一般的为二类禾，长势不好的为三类禾。当时买化肥凭指标，三类禾还有专门化肥指标。当知青跟着老农去给禾施肥时，老农叫知青将化肥全部撒到二类禾田里，这让知青感到不解。看到知青一脸的迷惑，老农点出其中奥妙：三类禾土质差，化肥施下去等于白丢，而施给二类禾很快见效。二类禾面积大，种好了总产自然就提高了，三类禾面积小，影响不大。"那就不种三类禾！"几个知青异口同声地说。"那不行，三类禾化肥指标多，不但要种，还要尽可能多种，这样产量才有保障啊！"听着老农的务农经，知青禁不住感叹。

遇山猪

在惟东,一些生产队在远离村子的山地开垦一些山地,为此,队里组织5~6个知青,成立耕山组,由有经验的社员带领,在山中搭起茅房,一段时间全住在山里,遇到米和油盐需补给时,才派一个人回村里拿。

一天,几个知青与社员在山地休息,大家抽着自卷纸烟,天南海北闲聊,突然一头山猪朝知青的方向跑来,知青本能地抄起地上锄头、木棍自卫。这时,一社员告诫:"先别动,等后面的人追过来后,我们一起上。"果然,两个手拿猎枪的人出现了,随着社员的一声号令,大伙抄起家伙就围了上去。在围追堵截之下,受伤的山猪软瘫在地,两个猎手在溪水旁宰杀了山猪,按现场人数,每人分到一块约一斤半的山猪肉,剩下的由猎手带走。

淌水交公粮

子塘河将子塘大队分成两半,莲叶围村去大队、学校都要过河。秋冬季节枯水期,水浅处可以铺石通行,但到了每年春夏,浅水的地方也水深过腹及胸。每年8月公购粮入库时,粮所都会组织汽车增援,来到子塘学校,各生产队将粮食挑到学校课室的指定地点堆放,等待验收装车。

莲叶围村到学校隔着一条河,交公购粮的时候又正是丰水期。此时人少田多任务重,算上4个插队知青才50多人,妇女不敢下水,知青小杨等五六个年轻力壮的小伙子全程包揽了水中运输:一箩箩的稻谷扛在肩上淌着河水到对岸,再担到学校课室,装进麻袋,等待验收装车。每到这个时候,小杨等五六个知青连续五六天不洗澡,身上的衣服布满盐渍,晚上就睡在麻袋堆中间,直到公购粮装车运走,才拖着疲惫的身躯回到村里,烧一大盆热水冲洗满身污垢。

当年惟东知青屋

附：石灰铺镇文物保护单位一览表（包括不可移动文物和可移动文物）

编号	文物名称	年代	详细地址	类　别	保存现状
1	田心镬耳楼	清道光	大田田心村	古宅第民居、学宫	差，正消失
2	三门王屋西碉楼	清中期	三门王屋村106号	古宅第民居	好
3	白沙塱东碉楼	清中期	社区白沙塱村	古宅第民居	好
4	三门王屋东南碉楼	清中期	三门王屋村	古宅第民居	好
5	松柏塱楼阁	清末民初	保安下蓝村	革命遗址	一般
6	下园楼阁书房下	清末民初	美村下园村	革命遗址	差，正消失
7	雷公寨白楼	清中期	美村雷公寨白楼村	古宅第民居、蒙馆	差，正消失
8	友联楼下碉楼	清中期	友联楼下村	古宅第民居	差，正消失
9	子塘楼下碉楼	明末清初	子塘楼下村	古宅第民居	差，正消失
10	保安新楼更楼	清末民初	保安新楼村	古宅第民居	差
11	馀庆楼	清光绪	美村老钟屋村	古宅第民居	一般
12	庙背书房下	清中期	光明庙背村	古宅第民居、蒙馆	差，正消失
13	窝角书房下	清中期	三门王屋窝角	古宅第民居、蒙馆	差，正消失
14	高尚水书房下	清中期	友联老麦屋村	古宅第民居、蒙馆	差，正消失
15	友联林屋碉楼	明中期	友联林屋村	古宅第民居	差，正消失
16	高铺楼	清末民初	竹田上墟街	古店铺作坊	一般
17	聚奎楼遗址	明天启	子塘莲塘寨岩	古建筑	已消失
18	曹至坌四点围金	清末	美光上屋村	古宅第民居	一般
19	满伙碉楼	明末清初	大田满伙村	古宅第民居	一般
20	上埔塘中和伯公楼	清末	勤丰上埔塘村	古宅第民居	一般
21	佛子高觉路亭	明代	赤沙塱与丘屋山坳	古亭阁	差，正消失
22	亚婆岩摩岩石刻	清光绪	三门亚婆山麓	摩岩石刻	好
23	宝积岩摩岩石刻	唐宋	美村膝头胺岭	摩岩石刻	差，石刻毁
24	石板庙摩岩石刻	清同治	勤丰石板庙	摩岩石刻	县级文物

续表

编号	文物名称	年代	详细地址	类　别	保存现状
25	莲塘岩摩岩石刻	明天启	子塘莲塘岩	摩岩石刻	县级文物
26	水源坑社坛遗址	清初	三门水源坑村	古坛寺庙	一般，重修
27	简溪青龙寺	明末	石灰简溪垌	古坛寺庙、蒙馆	一般，重修
28	马背山求水顶	明末清初	光明马背山	古坛寺庙	一般，重修
29	铜锣祖庙	唐代	美村铜锣庙	古坛寺庙、学宫	一般，重修
30	白云寺	明代	南岗山麓教椅坪	古坛寺庙、学宫	一般，重建
31	三圣坛	明代	南岗山白云寺之上	古坛寺庙	一般，重建
32	李靖宫	明代	保安石子坳	古坛寺庙	一般，重建
33	金钱寺	唐宋	石灰油栏垌山麓	古坛寺庙	已消失
34	金华寺	唐宋	勤丰老江屋村奄山	古坛寺庙	已消失
35	洋水峡寺莲塘	明中期	大田洋水峡	古寺庙、风光景观	一般
36	仙师宫	唐代	竹田鹤树下村前	古坛寺庙、学宫	一般，重建
37	武禄庙	清初	友联林屋村	古坛寺庙、蒙馆	一般，重建
38	宝积寺	唐朝年间	美村膝头股岭	古坛寺庙	消失，重建
39	龙桥庙	明末	石灰龙桥	古坛寺庙、蒙馆	一般，重建
40	鹭水寺	清朝年间	美村塚桥潭	古坛寺庙	已消失
41	水迳墟地坙遗址	明末	惟东大径农中	古遗址	已消失
42	乌石岗墟寮遗址	明中期	子塘乌石岗村	古遗址	已消失
43	背村老闹遗址	明中期	美村塚桥潭	古遗址	已消失
44	三门闹遗址	清初	三门三门闹	古遗址	差，正消失
45	竹田上下墟遗址	明中期	竹田上下墟	古遗址	一般
46	洋水峡沙头遗址	明初	大田洋水峡	古军所遗址	已消失
47	茶叶加工厂遗址	20世纪60年代	石灰铺墟桥西	茶叶加工	差，正消失
48	冈下红屋场遗址	明万历	惟东白围村蚊子山	古遗址	已消失
49	知青屋遗址	20世纪70年代	惟东上赖下赖村	古遗址	差
50	活滩土糖寮遗址	明朝年间	竹田活滩陂	古遗址	已消失
51	乌石岗土糖寮遗址	明朝年间	子塘乌石岗村	古遗址	已消失
52	候选教谕旗杆夹	同治十年	三门王屋廷俊公祠	古旗杆夹	一般
53	副魁旗杆夹	清光绪	三门王屋朝宾公祠	古旗杆夹	一般
54	直隶州分州旗杆夹	清同治	三门王屋廷俊公祠	古旗杆夹	一般
55	直隶周同旗杆夹	清道光	大田田心村	古旗杆夹	好
56	《廷俊公祠支名人禄》	清末	三门王屋廷俊公祠	古匾额	好

续表

编号	文物名称	年代	详细地址	类别	保存现状
57	《中宪大夫》	明万历	惟东白围村	古匾额	差,"文革"期间遗失
58	《贡元》	清同治	三门王屋廷俊公祠	古匾额	好
59	《贡元》	清同治	勤丰上蒲塘宗祠	古匾额	差,虫蛀
60	《皇恩宠锡》	清嘉庆	三门塘窝村宗祠	古匾额	好
61	《司马协恭》	清同治	大田洋水老祠堂	古匾额	好
62	《文魁》	清康熙	勤丰上范村祠堂	古匾额	好
63	《圣序储英》	清光绪	惟东桅杆下祠堂	古匾额	好
64	《恩深洋水》	清咸丰	大田洋水社岑山麓	古石匾额	好
65	仙师宫鸣钟	清乾隆	竹田仙师宫	古鸣钟	差,已消失
66	《兴朝翰林》	明崇祯	美村楼下江屋村祠堂	古匾额	好
67	井唇古井	清末	保安井唇村	古井泉	好
68	井栏下古井	清代	石灰井栏下村	古井泉	一般
69	田心村古井	清代	大田田心村	古井泉	一般
70	楼仔古井	清代	大田楼仔村	古井泉	好
71	坳仔古井	清代	子塘坳东村	古井泉	好
72	学份塘	清康熙	勤丰上范村	古池塘	好
73	扬寨塘	清代	勤丰富州坪	古池塘	一般
74	塚背塘	清代	竹田园山下	古池塘	一般
75	背村沙井陂	清代	美村背村街	古水利设施	一般
76	车田坝天车	清代	新联车田坝村	古水利设施	水下、已消失
77	冈下梁陂头	明万历	惟东白围村大坑	古水利设施	较好
78	独山天桥	20世纪70年代	莲塘坪—大坪之间	现代水利设施	较好
79	庙下桥	明中期	美村合水庙前	古桥梁	较好
80	冈下梁陂桥	明万历	惟东白围村大坑	古桥梁	较好
81	石灰铺石桥	明中期	社区石桥村	古桥梁	水下、已消失
82	沙湾拱桥	清初	独山沙湾村拱角	古桥梁	一般
83	塱下桥	清代	美村塱下村前	古桥梁	好
84	闸子桥	元朝延祐	光明龙沟曲闸子坳	古桥梁	一般
85	园子桥	明代	子塘楼下村	古桥梁	一般
86	社下桥	乾隆六十年	惟东水迳下赖村	古桥梁	较好
87	新拱桥	光绪十九年	三门梁屋下垌	古桥梁	一般
88	坝子陂桥	道光年间	勤丰亚婆山村	古桥梁	差,已消失
89	三眼桥	清代	三门王屋上垌	古桥梁	一般
90	竹田上墟码头	清代	竹田上墟河畔	古码头	一般

续表

编号	文物名称	年代	详细地址	类　别	保存现状
91	闸子坳古栈道	元朝延祐	光明龙沟曲闸子坳	古代交通栈道	已消失
92	佛子高古栈道	明代	赤沙埌与丘屋交界	古代交通栈道	差
93	杀人迳古栈道	明代	惟东大迳坳	古代交通栈道	差，正消失
94	塘湾坳古栈道	明末清初	迳脚下与大角园山坳	古代交通栈道	差
95	尿径口古栈道	明中期	转村大林屋与东岭山坳	古代交通栈道	一般
96	雷公寨古栈道	明永乐	美村雷公寨坳	古栈道	差，正消失
97	搬手石古栈道	清初	蓝屋村与石角山坳	古代交通栈道	差
98	洋老石氏宗祠	明中期	大田洋水老屋村	古祠堂	县保护文物
99	井塘蓝氏宗祠	清初	竹田井塘村	古祠堂	一般
100	廷俊公祠	明中期	三门王屋村	古祠堂	一般
101	高岭下钟氏宗祠	清代	美村高岭下村	古祠堂	一般
102	江满爷墓	清顺治	美村没水岩河边	古名人墓	好，有碑文
103	包氏林富公墓	明洪武	野鸡啼—鸡公就谷箩	古普通墓	好
104	范氏千三郎墓	明正统	白洋水口—飞鹅戏水形	古普通墓	好，有碑文
105	包氏林茂公墓	明洪武	大田丰山—拿叉地	古普通墓	好
106	王氏祖婆钟氏墓	明永乐	大背岭—鸬鹚形	古普通墓	好
107	碧茂法湖墓	清初	竹田河拱角—鲤鱼上水	古普通墓	好，有碑文
108	刘元桂墓	明末	白水寨—天子引	古名人墓	好，有碑文
109	曾氏文广公墓	明中期	野鸡啼—雄鸡拔翅	古普通墓	好，有碑文
110	水口石念公墓	明洪武	活滩—白象卷湖	古普通墓	好，有碑文
111	枫树影友泉公墓	明中期	走马坪—寒虎咬尾	古普通墓	好，有碑文
112	塘窝丘氏宗善公墓	清顺治	蛇引山—猫尾形	古普通墓	好，有碑文
113	刘泽大墓	明末	石莲乡半山腰	古名人墓	好，有碑文
114	老江屋友淦公墓	明正统	三分场公路傍—龙子窝	古普通墓	好
115	旱田文富公墓	明初	旱田龟墩—龟形	古普通墓	有碑文
116	下乌田正旭墓	明初	石桥园	古普通墓	有碑文
117	冈下刘正稳公墓	明初	九曲岭	古普通墓	有碑文
118	何十郎公墓	明初	马檵塘田心坝	古普通墓	有碑文
119	松柏埌志广公墓	明初	下夫田园岭	古普通墓	有碑文
120	下周屋贵兴公墓	明中叶	阿婆嶂	古普通墓	
121	风洞岩		独山沙湾村背夫山	自然溶洞	
122	岩底		转村深坑塘鸡斩寨	自然溶洞	
123	莲塘寨		子塘上围村	古名山峰	
124	硝璃岩		三门龙润湖对面山	自然溶洞	
125	南岗山		社区、子塘、惟东等村委	古名山峰	

续表

编号	文物名称	年代	详细地址	类别	保存现状
126	十二峰		三门—大田村委	古名山峰	
127	笔架山		三门峒东	古名山峰	
128	白眉山—文笔顶		竹田山下—井塘村	古名山峰	
129	阿婆嶂		光明与马口、南山交界	古名山峰	
130	洋水峡千斤石		大田洋水峡	古代风光景观	一般
131	莲花石		大田竹田河口	古代风光景观	消失
132	林屋麻石白糍磐	清代	友联林屋村	加工传统工具	差，正消失
133	青石白糍磐	清代	独山街旧万寿宫前	加工传统工具	一般
134	水口石古村落	明中期	大田水口石村	古村落	清远古村落
135	三门王屋古村落	明中期	三门王屋村	古村落	较差
136	老钟屋古村落	元末明初	美村老钟屋村	古村落	差，正消失
137	金泉岩石刻	明中期	油栏峒岩顶山麓	摩岩石刻	好

资料来源：《英德市第三次全国文物普查成果》及《石灰铺镇第三次全国文物普查文物分布登记清单》。

金泉岩石刻

清乾隆和安商号称铊

第七章 ▶▶▶
城镇名片　冈溪特产扬四海

　　石灰铺镇是英德西部农业大镇，农产丰富，红茶、阿婆嶂茶、木塱苦丁茶、松柏塱莲、美村油粘米、白菜干、奇山泉蔬菜等，像一张张闪亮的名片。

松柏塱莲

第一节
红茶基地　品牌荟萃

石灰铺产茶历史悠久，如史载"笔架山，石壁产仙茶，采摘不易，年仅获数斤，味厚色清七日不变[①]。"自清朝顺治年间起，当地村民就兴盛茶叶种植，英城、浛洸等当地商埠的商号利用连江、北江水运之便，将石灰铺产的阿婆嶂茶、笔架山茶、木塱苦丁茶销售到广州"陶陶居""莲香楼"等著名茶馆以及广州西关一带。

石灰铺地形以半山地丘陵为主，属南亚热带季风气候，降水丰富，无霜期长，自然土壤肥力高，土壤酸度适宜，具有大规模发展种植茶叶得天独厚的自然条件。石灰铺是英德著名茶乡，是闻名中外的英德红茶主产区之一，红茶文化底蕴深厚，基础较好，优势明显。

1963年冬，石灰铺公社组织社员在东起光明坪塘、西至水背岭塘坜桥的省道347线两侧丘陵山坡地垦荒种茶，办起公社、大队、生产队三级联营的13个茶场（队），当年垦殖茶园面积500亩。

1964年初，石灰铺茶场和制茶厂建立。石灰铺第一代茶人在水背岭、上山峡、石灰栋、杨柳塘、黄寨塘、坪塘等荒山种茶。

1964年9月，石美中学开办附设茶叶中学，当年招收茶中班学生43人，开垦茶叶实习基地5亩，为石灰铺茶业发展培养中坚力量。

1968年12月，石灰铺设立茶叶办公室，毕业于中南茶校的李其雄任主任，兼任茶场场长。

1969年9月，石灰铺茶场面积达3 500亩，干茶年总产量为英德县最高。

石灰铺茶叶加工厂烘干车间旧址

---

① 宣统版《英德县志》第416页。

1972年9月—1973年冬，石灰铺在珠仔塘头垦荒植茶1 300亩。

1973年，石灰铺茶场开展炒茶能手暨名优绿茶评选活动。丘大房、谢献煌、李其洋等被评为炒茶能手，子塘茶、光明茶、石灰茶、独山茶等被评为名优绿茶。

1974年，县茶叶局技术员袁学培蹲点子塘茶队，种植云南大叶茶试验成功，次年在石灰铺和全县茶场大面积推广。

1975年，石灰铺茶场茶叶单产量、总产量获英德县社、队、场第一名。

1976年，石灰铺茶场选派张文传到广州农科院学习红茶制作技术。

1977—1979年，县茶叶局技术员袁学培蹲点子塘茶队和光明茶队，丰产试验茶亩产达124.5千克。

1977年，石灰铺茶场全面推广种植云南大叶茶品种，亩产量提高35%。

1979年，石灰铺制茶厂改产红茶，年产碎红茶115吨，列居全县红茶厂榜首。制茶厂拥有加工机械45台（套），年加工能力150吨，居英德各茶厂之首。

1980年，石灰铺茶叶加工厂选送五批红碎样品，经长沙商检局、湖南农学院、广东省茶叶公司、广东省商检局等专家教授联合评审，鉴定总分83分，属优质茶之列。

1980年8月，广东省茶叶专家陈栋在新联木峎村调研发现具有200多年历史的苦丁茶树20多棵、100多年历史的苦丁茶树60多棵，其中最大1棵树高近40米、树围达2.06米。

1981年，石灰铺茶场年产红碎茶2 080担，产值61万元，是当时全省乡镇一级茶园面积最大、产量最高、质量最好的茶场。是年，石灰铺红碎茶参加全省质量评比，荣获三等奖，奖励解放牌汽车1辆。

1982夏，广东电视台著名主持人汤聪到石灰铺茶场现场采风，制作了反映茶乡习俗的节目《擂茶粥》。

1983年，石灰铺茶场组织移植阿婆嶂天然茶树到惟东路口茶园试种，品质优于水仙和云南大叶茶等品种。

1984年春，石灰铺中学招收附设茶叶班40人，培养一批茶叶专业技术人才。

1993年，石灰铺茶园面积达5 135亩，年总产干茶359.5吨，茶叶人均消费量1.08千克，成为名副其实的英德著名茶乡。

1993年12月，《广东农民报》报道，木峎是英德最大苦丁茶生产基地。

20世纪90年代中期起，由于市场经济改制，外贸收购与补贴取消，石灰铺茶场连年亏损，截至 2005 年，全镇茶园面积锐减到 500 亩。

据不完全统计，目前仍从事茶叶行业的第一代茶人有李德章、胡可修、谢献煌、李苍万、张文传等 25 人。

2013 年首届英德红茶文化节展览会，侯凯东保存的石灰铺制茶厂 1990 年 12 月出厂的"大叶青"红茶，吸引了许多参观者眼球，得到专业客户和行家的好评。

2011—2014 年，石灰铺镇党委、政府制订了茶叶产业发展规划，调动农户种茶的积极性，并引进德丰龙润、创美农业等大型茶叶企业进驻石灰铺，投资种茶业，目前全镇种植英红九号红茶超过 8 000 亩，注册公司 15 家。茶乡石灰铺将迎来茶业发展的第二个春天。

石灰铺人种茶、制茶历史久远，饮茶之风遍及乡村。客来敬茶，以茶馈友，以茶交友，境内茶店林立，茶叶芬芳。①

清远一乡一品　高洋茶叶公司

2007 年冬，吴集洋率家人攀上海拔 198 米的美村菜仔窝，种植高山有机茶英红九号、英州一号 160 亩。菜仔窝雨量充沛，云雾弥漫，土壤深厚疏松，腐殖质含量较多，自然肥力较高。这里地形地貌呈盆地阶梯状，为发展高山有机茶提供了得天独厚的自然条件。

高洋英红九号菜仔窝基地

吴集洋所创办的英德市高洋茶叶有限公司，坚持原生态理念，弃用化肥农药，

---

① 资料参考：袁学培主编《英德茶韵》，广东人民出版社，2013 年；《英德县志》，2006 年。

选用牛羊粪等有机肥种植茶树。该公司所产的英红九号红茶、英州一号绿茶获得全国生态质量认证机构颁发"有机转换产品认证证书",同时该公司还荣获英德市委、市政府颁赠的"种茶大户"匾牌。高洋茶叶所产高山有机茶具有春醇、夏色、秋香、冬爽四大特点,受到了市场的热烈追捧。

盈德茗红茶　誉满珠三角

盈德茗茶业有限公司是英德最具现代规模的茶叶生产企业之一,具有国内最先进的全自动数控红茶生产线,该生产线设计年产1 500担,全程电脑控制自动化生产。该公司所产"盈德茗"牌英红九号,色泽油润、香气浓郁、滋味甜润,深受广州、佛山等珠三角地区消费者喜爱。"盈德茗"牌英红九号,是英德著名的产品,也是英德红茶的产业标杆。

盈德茗茶坚持坚守"品致尚·心悦赏"的品牌理念。"品致尚"即坚持出品质最好的产品,"心悦赏"即提供给消费者美好的享受,提升消费者的生活品质。目前该公司拥有金毫、金毛毫、英红九号、英德红茶、英德绿茶等多款产品,并以国礼级身份被选为2014年"第六届中国对外投资合作洽谈会专用礼茶",送达多个外国驻华大使馆。

丹茗红茶　半世纪沉淀的品质

英德市丹茗茶叶公司,位于石灰铺光明坪塘,是在具有50年历史的光明茶队的基础上建立的。公司现有茶园130亩,主要品种有英红九号、英红十二号(鸿雁)、台茶(金萱)等,建有加工能力500担的制茶厂,厂区面积1 500平方米,具有先进的杀青机、揉捻机、大小烘干机、复干机、解块机等加工设备。

丹茗公司所生产的丹茗英红九号,具外形美观、汤色金红、醇香等品质,深受客户欢迎。

创美红茶　一叶一世界

创美红茶由广东创美集团打造,公司建有万亩优质茶园,经营英德红茶的生产、销售和红茶文化推广。

创美红茶已开发"微众生"和"聆红"两个品牌系列11款产品,涵盖金毫、

创美红茶参加2015年广东海博会

金毛毫、一芽一叶、一芽二叶和红碎、花茶六个类别。"微众生"追求"一叶一世界、一茗一人生",是创美红茶产品中最高端品牌;"聆红"是创美红茶系列中高端品牌,追求"聆听红茶"的茶文化体验最高境界。原料取特级一芽一叶,色泽乌褐,汤色红亮、甘润滑口。创美红茶于2015年首次参加广东(东莞)海博会,其聆红牌系列红茶,深受印度、马尔代夫、阿联酋、新西兰、泰国、柬埔寨、坦桑尼亚、马来西亚、印尼、巴基斯坦、斯里兰卡、孟加拉、越南、埃及、肯尼亚、土耳其、老挝、沙特阿拉伯、缅甸等近30个国家的客商及专家的一致好评。

第二节
传统特产　地道石灰铺

阿婆嶂茶

阿婆嶂位于崇山峻岭深处,山清水秀,土壤肥沃,气候怡人,无任何污染。阿婆嶂茶生长在阿婆嶂四周山坡、山谷,密度15~50棵/亩不等。得天独厚的自然条件,孕育了阿婆嶂茶的品质,阿婆嶂茶富含氨基酸、维生素、矿物质,气味清香,甘甜馥郁,饮后消暑解毒、生津止渴、清心怡神。

据记载,早在清朝道光年间,英城、洽洸等地商号,利用连江、北江水运之便,将阿婆嶂茶销售至广州陶陶居、莲香楼、多如楼等茶馆及西关一带。

阿婆嶂茶树

木墉苦丁茶

木墉苦丁茶树

木墉苦丁茶树生长于海拔168米的石灰铺镇木墉村周边,树干通直,枝叶苍翠,四季常青,萌芽力强,产量较高。木墉苦丁茶制作方法独特,经过杀青、搓揉等工序后,再放入百草窝里烘干。木墉苦丁茶是良好的药饮两用茶,具提神醒脑、清热降火、生津止渴、解毒消炎、去腻醒酒、利尿强心、止泻镇痛、去瘀利喉、降压减肥等独特功效,保健功能甚佳。

木墉村现有20多棵具有200多年树龄的老苦

丁茶树，最大的一株树龄在 300 年以上，树径 106 厘米，树高 15 米。据木塱村 94 岁高龄的官国修老人回忆，他家有五代人靠苦丁茶支撑家庭收入，其本人一直以经营苦丁茶为生，清末民国时期销往广州西关一带，每 50 千克苦丁茶换取白银 60 两。

松柏塱莲

松柏塱莲藕

松柏塱莲产于石灰铺镇松柏塱村。从前，当地千亩莲塘四周都是松柏树，松柏树年复一年的落叶堆沤出大量的有机质，是松柏塱莲生长的天然养分。松柏塱莲收获季节最佳为冬至后，产品清香可口、粉嫩滑甜。

明朝正统年间的一年春天，松柏塱蓝氏鼻祖志广公叫内人姚氏把剩余莲藕插到池塘，在适宜的土壤、水分和气候的条件下，莲藕当年长势茂盛。是年冬至，志广公到池塘挖莲藕煲猪脚，晚上全家人围坐品尝，大饱口福。次年，志广公便吩咐内人和儿子们把池塘都种上莲藕，从此，松柏塱莲藕成为深受当地民众青睐的美食。

美村油粘米

美村峒四面环山，中央是相对宽阔的山间小盆地，土地肥沃，溪流纵横，水资源丰富，属亚热带季风气候，年均气温 21 ℃，年降水量 2 200 毫米。优良的生产环境大大提高了美村油粘米的品质。美村油粘米煮成的饭香浓，油光鲜亮，掉到纸上会留下少许油迹，故称油粘，因其产地在美村，故得名"美村油粘米"。

美村油粘米是英德县传统的名优产品。据英德县农业志载述，民国十年（1921 年），美村乡所出油粘米获本县第一次农林产品展会一等奖。另记载，民国十一年（1922 年）在广东省第二次农产品展览会上，美村油粘米获优等奖。清光绪年间，县衙曾派人在美村墟设县衙粮库，收购美村油粘米，专供县衙膳食。新中国成立初期，美村油粘米种植范围扩展到石灰铺全美村峒、三门峒、简溪峒、新联塘湾峒、子塘惟东峒及横石塘西峒一带，面积万余亩。当地农民向国家缴交公购粮时，粮所规定缴交美村油粘米稻谷，以100斤折合150斤普通谷子计算，鼓励当地农民大量种植美村油粘米。在计划经济年代里，美村油粘米是内部供应品，粮所和市面上不公开出售，要凭书记批条才能买到，故美村油粘米被称为"书记米"或"批条米"。

到20世纪60年代中后期，由于美村油粘属单造稻种，难栽培，产量低，易感病虫等的原因，种植面积逐年减少。

白菜干

石灰铺镇子塘、惟东、独山、三门等村委管辖的30多个自然村都有加工制作白菜干的传统。当地村民利用冬季闲置田地种植白菜，一个冬季可种植3～4茬，每亩白菜产量达4 000～6 000斤，并将白菜加工制作成白菜干。

当地村民晾晒白菜干

白菜干能养心调血，除烦止渴，素以"甜、软、甘"为广大食客喜好，常与猪骨猪肺煲汤。

奇山泉蔬菜

引奇山泉水浇灌种植的蔬菜

在奇山长迳西部山麓，有一条向北流淌的溪水，流向光明村的山野田地，这就是当地有名的奇山泉水。奇山泉水清澈凉爽，甘甜可口，含有丰富的对人体有益的矿物质和微量元素。

当地村民利用离英德城近的地理优势，纷纷引用奇山泉水浇灌种植蔬菜。当地出产的蔬菜鲜嫩、爽脆、甘甜，含有大量的叶绿素和维生素，零污染，无公害，深受英德市民喜爱。在英德城北市场和百花市场各有专售光明村奇山泉蔬菜的摊档，生意兴隆。

第三节
名品荟萃　风味美食聚芳英

石灰铺传统美食文化具有浓厚的客家文化观念和古民遗风，当地村民俭朴好客，饮食节俭，不事奢华，待客大方，菜肴实惠量足，盛器多用盆、钵、大碗等。石灰铺美食注重营养保健，讲究烹调技艺，加工以煮、煲、炖为主，刀工粗肉大块，烹饪原汁原味，清淡可口。

走进电视屏幕的擂茶粥

擂茶

擂茶粥是石灰铺传统美食，具清热解暑、生津止渴、提神醒脑的功效。1982年夏，广东电视台主播汤聪到石灰铺茶叶加工厂采访，现场录制了擂茶粥的制作过程，节目随后在广东电视台播出，轰动南粤大地。

擂茶粥制作过程：将茶叶放入陶盆内，用擂茶棍将茶叶擂烂后，再加入适量的水和花生油，擂成茶浆。擂茶粥的制作过程中，"擂"是核心。大米煮七八成熟时用木勺把三分之二的米渣捞起，粥水要稀。白粥煮好后，将其倒入盛有擂茶浆的陶盆，再添入先前捞起的米渣，加盐搅拌均匀，一顿风味独特的擂茶粥即大功告成。近年来，擂茶粥走进当地酒楼餐馆，吸引各地宾客前往品尝。

美味糍粑　精彩纷呈

糍粑是石灰铺的传统美食，逢年过节，当地百姓家家户户都有做糍粑的习俗。当地糍粑种类多，有艾糍、白糍、卜卜糍、豆腐糍、蕉叶糍、油糍、黄糍、卷筒糍等。

艾糍 清明前后，当地村民采摘艾叶回来，用艾叶、糯米粉、花生、芝麻、赤砂糖、碱水（灰水）制作艾糍。做法如下：首先将艾叶用清水洗干净后放入水中煮烂，再用冷水漂洗；接下来将糯米粉与适量灰水加入煮烂的艾叶中，加温水反复揉搓成艾糍团；再把事先准备好的馅料（花生、芝麻、糖）包入糍团；最后将包好的艾糍放入沸水中煮15～20分钟，至艾糍浮起水面。

铜托艾糍 其做法是：首先往煮烂的艾叶上加入糯米粉、少量粘米粉与适量灰水混合，再加赤砂糖水反复揉，直至混搓成糖艾糍团；接下来往托盘上刷少许花生油，把糖艾糍团平放在铜托上，轻轻压平，放入蒸锅里，隔水猛火蒸15～20分钟；最后，食用时将艾糍切成约3厘米×5厘米小方块状。

白糍 白糍类似于中原的年糕，中原人南迁时传入闽赣，再辗转传到石灰铺，是最具客家乡村特色的美食之一。其制作原料是糯米、花生、芝麻、糖，做法如下：先将糯米浸透，用饭甑蒸熟后放进白糍盘，用5斤重的木槌醮油水反复拍打成白糍团，以糍团无米粒、稀烂、白净、粘韧为标准。

卜卜糍 又称胀气糍。其制作原料为大米和黄豆。具体做法如下：首先将大米、黄豆与水按一定比例浸泡2小时后，用石磨磨成的糍浆，调入适量细盐，然后用汤匙舀糍浆到圆铁勺内，沉入已沸腾的油锅中油炸，炸至糍浆离开圆勺浮出油面、色泽金黄即熟。卜卜糍香脆、爽滑、可口。逢年过节，石灰铺农村几乎家家户户都炸卜卜糍。

卜卜糍

豆腐糍 其制作原料是油炸豆腐、糯米粉。制作方法较为简单：第一步把糯米粉与水按一定比例混合搅拌，揉搓成糯米糍团；第二步把油炸豆腐切成两半；第三步以揉好的糯米糍团作馅，"酿"入豆腐里，捏实、抚平，摆放在刷了油的铜托里；最后放到锅里隔水蒸15～20分钟。豆腐糍的传统吃法是将豆腐糍蘸葱姜汁或蘸酱油吃。

蕉叶糍 蕉叶糍带有蕉叶的清香。其制作简单：首先将糯米与粘米按一定比例浸泡后，用石磨磨成糍浆，加入适量灰水和细盐；接下来把糍浆置于铁锅中煮到半熟，糊浆软硬适中；再用涂上生油的蕉叶包裹糍浆，放入锅中煮熟。

蕉叶糍

油糍 其制作方法如下：第一步，将糯米用石碓捣碎，用漏斗筛成糯米粉；第二步，将红糖加水熬成浓糖浆；第三步，将糯米粉与浓糖浆混合搅拌，搓成糍团；第四步，将糍团揉成乒乓球大小的油糍生坯，放入四成熟的花生油锅内，小火炸至浮出油面时改用中火，炸至金黄色时捞起，沥去油。

黄糍

黄糍 地道的客家美食，色泽金黄，口感爽滑，味道极佳。其制作的基本材料：糯米粉、碱水、瘦肉、冬菇、笋干、木耳、炸豆腐、葱等，也可据个人口味调配。其做法如下：首先用糯米粉按比例加入灰水，混搓成黄糍团；双手捏成小圆形状的黄糍，小心地灌入馅料，裹上黄糍口。最后将黄糍放入开水中，煮至黄糍浮面，捞起蘸少许生油即可。

卷筒糍 又称肠粉，通常用来当早餐。其具体做法如下：第一步，用石磨把米浆磨好；第二步，用一部分米浆制作成熟米浆，加入生米浆搅拌均匀；第三步，在铜托刷一层花生油，舀一勺子生熟米浆倒入铜托，并不断转动铜托，使生熟米浆平铺在铜托盘底，让米浆平均分布，将铜托放入沸水锅中，盖上锅盖，蒸2～3分钟，卷筒糍在铜托盘里鼓出气泡即可出锅。

卷筒糍吃法：一是蘸葱姜或蘸酱油吃；二是将卷筒糍切成粉条，与肉片、青菜混炒。

香酥烘米饼　春节佳品

烘米饼具有香、酥、甜特点，是当地的春节佳品。其基本原料是糯米、芝麻、花生、赤砂糖，其做法如下：第一步，将糯米炒至金黄色后，用石磨碾成粉状；第二步，将芝麻、花生炒熟，用石碓舂碎捣烂成粉状；第三步，把赤砂糖或白糖煮成糖胶，与碾成粉状的糯米和舂碎成粉状的芝麻花生混合；第四步，将烘米饼混合料放进烘米饼模型（俗称饼印），压实，抚平；第五步，将印制好的米饼置于锅中隔水蒸熟或直接在锅中慢火烘熟。

香甜地瓜干　休闲小食

地瓜干，俗称红薯干，口感香甜，柔软而有韧性，是一种当地休闲传统小吃。

其做法如下：第一步，将红薯置于阴凉处保存一段时间；第二步，将红薯洗净，上锅蒸熟；第三步，将蒸熟的红薯去皮，切成条状，放到太阳下晾晒，最好晒到金黄色为止。晒干后即可食用，平时可存放于室内阴凉的瓦罐或陶缸内。

金色糖环 石灰铺年果

糖环是石灰铺人春节不可缺少的糖果，有着悠久的历史。《辞源》对糖环描述：搓面成细条，组之成束，扭作环形，以油炸之。

糖环以糯米粉为主原料，只搓成长条，捏作环形，大环套小环，糖环外表金黄色，亦有黄金满屋的寓意。其做法如下：第一步，将糯米用石碓捣碎，用漏斗筛成糯米粉；第二步，将赤砂糖和水同煮成浓糖浆；第三步，将糯米粉加热至烫手；第四步，将加热糯米粉与糖浆按5∶1比例搅拌，搓成糯米粉团；第五步，扣糖环，将揉搓后的糯米团拉成糖环；第六步，将成形的糖环晾干后下锅油炸至金黄色捞起。

洋水河鲜

洋水位于竹田河与连江汇合处，河鲜种类繁多，以拗颈、苟春、上河鳕及河虾最为出名，"吃河鲜，到洋水；最美味，在河口"的说法在当地广为流传。

拗颈，学名巢白鱼。香煎至金黄色，口感香嫩；清蒸，则味道特别鲜嫩。

洋水河鲜

清蒸苟春，辅料为油、盐、姜、葱。

煎上河鳕，去鳞、内脏，入盐姜，两面慢火油煎至金黄色熟即可。

白灼河虾，开水余烫，剥壳后蘸生抽或油盐葱姜等佐料，肉质鲜美。

三门石磨水豆腐

三门石磨水豆腐，清鲜柔嫩，细腻醇厚。

三门石磨水豆腐原料：当地产黄豆、溪泉水、卤水或熟石膏粉。其做法如下：第一步，将黄豆用山泉水浸泡3个小时后用石磨盘将之磨成豆浆；第二步，榨出豆汁，去渣，把榨出的豆汁加热后加卤水或熟石膏粉；第三步，把豆浆倒入豆腐木格里，让其自然凝结，再用木板和大石板压上约1个小时，将多余的水分挤掉即可。

背村垌牛肉酿豆腐

牛肉酿豆腐做法如下：首先，将牛肉切片，加冬菇、木耳、芝麻、葱段、姜块、米酒、酱油、精盐、胡椒、白糖、味精、陈皮等配料混合拌匀后剁烂，即成牛肉馅料；接下来把牛肉馅料酿入豆腐泡内；最后把酿好的豆腐泡放入陶瓷煲内，加牛骨汤至豆腐泡平面，撒少许精盐、姜片，大火焖沸腾后改小火焖约20分钟即可。

明珠一品鸡

明珠一品鸡

明珠一品鸡是石灰铺镇明珠酒楼一道美味菜肴，其皮脆香口，肉质松嫩。其主料是3斤左右清远鸡1只，做法如下：首先，用胡椒、五香粉、沙姜粉等腌制1小时。其次，用开水焯至五成熟。再次，上脆皮水、晾干。最后，油炸焯至熟，斩件上桌即可。

德雄白切鸡

德雄白切鸡味香、软脆、爽滑，是石灰铺德雄酒楼招牌菜之一。其原料为本地鸡一只，以葱、姜、蒜、米酒为配料。具体做法如下：第一步，将鸡宰杀、洗净；第二步，往锅里加水，放2～3片姜块，水开后，将鸡放入锅内，加米酒一勺，水必须淹过整只鸡；第三步，待水再次沸腾后，将火关小焖约10分钟后关火，继续密闭锅盖焗10～15分钟；第四步，剁姜末、葱末、蒜末，加适量盐，用滚油淋上，即得蘸料；第五步，把鸡从热焗锅移到冷水锅，冷却约15分钟；第六步，将鸡斩件装盘，辅以蘸料进食。

刘职酒家山坑螺蒸鸡

山坑螺蒸鸡是石灰铺刘职酒家一道佳肴，其螺香肉嫩，制作原料：没生过蛋的母鸡1只、乌尾螺1市斤、姜片适量。烹调方法如下：将鸡杀后洗净斩件，加适量姜、葱、盐、花生油与乌尾螺拌匀，放置托盘铺开，隔水猛火蒸12～15分钟即可。

第八章 ▶▶▶
乡风民俗　民间瑰宝传千秋

客家人在石灰铺地区长期的生产和生活中所产生的乡风民俗、民间传说，犹如民间瑰宝，闪烁着灵性的光彩。

春节祭祖

第一节
乡间民俗　石灰铺风情

传统节日

　　石灰铺传统节日有春节、元宵节、开社节、惊蛰、春分、清明、拜社节、端午、七夕节、中元节、中秋节、重阳节、十月朝、冬至等。

　　春节　俗称过年，从农历十二月二十三日起进入年界，至正月十五日元宵节晚止，历时 22～23 天。年二十三称"小年夜"，修建炉灶，外出务工人员从这天开始陆续回家过年；年二十四开始打扫卫生，俗称"扫屋"；年二十七捏黄糍；年二十八至二十九炸油糍、糖环、角仔、烘米饼；年三十日挂灯笼、贴春联年画、宰鸡杀鸭、做年饭，一家人围坐饭桌吃团圆饭；晚上，人人洗澡换新衣，大人给小孩压岁钱，通宵玩乐，灯火不熄。

　　年初一凌晨零时，家家户户燃放烟花爆竹迎新年。这天，忌说不吉利的话，人们见面相互拜年，全村男女老少聚集祖祠，备鸡、肉、水果等祭品，祭拜祖先。年初二，早上宰鸡，出嫁女儿携家人回娘家，拜访亲朋好友。年初三，穷鬼日，不出门，不探访，清早起床搞卫生，清除爆竹纸屑、垃圾，称为"送穷鬼"。年初四至正月十四，探亲访友。

　　元宵　正月十五为元宵节。外出务工的人都回家过节，家家户户宰鸡杀鸭、炸油糍糖环、酿豆腐，吃一顿丰盛的团圆饭，燃放鞭炮。元宵节晚上古有观灯的习俗，今有看舞狮、赏烟花的新风尚。

　　开社节　每年农历二月初二，当地村民加菜做糍，庆祝一番。旧时，以打醮方式，杀鸡宰猪献祭酒，祭祀社神，祈求六畜兴旺、五谷丰登。

　　惊蛰　当地村民有打花生橙、做糍粑的习俗。

　　春分　当地村民有捏黄糍的习俗。开始扫墓祭祖，首先祭扫开基祖和远祖坟墓，然后分房祭扫各房祖先坟墓，最后各家祭扫家庭私墓。

清明 是重要的祭祀节日。当地村民清明节前后上坟扫墓祭祖,以寄托对先人的怀念。清明这一天,有吃艾糍习俗。

端午节 当地民间俗称五月节,村民在自家门前挂葛藤、艾叶,以驱邪避祸;采摘狗贴耳,晒干熬凉茶;家家户户包粽子;当地在北江举办龙舟赛。

拜社节 又称"六月六",家家户户宰鸡杀鸭,将新收割的稻米做成灰水糍、蕉叶糍、卷筒糍等,以最简朴形式到社公树社坛祭祀土地伯公和祖先,庆祝五谷丰登季节的到来。

七夕节 当地民间称七月七。今多为少女少男参与,欢庆娱乐,通宵达旦。村民有清晨取"七月七水"的习俗。

中元节 也称鬼节,为农历七月十五(部分村落为十四),村民在这一天祭祀祖先,以普度亡魂。在中元节,当地村民有杀鸭煲汤解暑的习俗,又称"鸭子节"。

中秋节 当地民间称八月十五。每年农历八月十五日,家家户户置办酒菜、宰鸡鸭、煎糍打饼,亲戚朋友以月饼互赠。晚上一家人围桌而坐,泡上清茶,吃月饼,赏月。从前有放孔明灯的习俗。

重阳节 民间俗称九月节、重九节、登高节。当地民间有登高、放风筝的习俗,此风俗至今依旧盛行。是日,镇政府组织慰问孤寡老人,学校组织中小学生到敬老院打扫卫生。

十月朝 农历十月初一,俗称十月朝。家家户户将新收获的糯谷舂成米、碓成粉,做成糯米糍、豆腐糍、芋头糍以及最具乡村特色的白糍。

冬至 当地民间有"冬至大过年"之说。冬至当天,当地有修筑先人墓地、祭拜先人习俗。家家户户做豆腐糍、芋头酿扣肉、鱼肉酿豆腐、黄糍、卷筒糍等美食,也会腊猪肉、制腊肠等,庆贺一年农事已毕。

婚嫁习俗

石灰铺传统婚嫁习俗有提亲说媒、相亲、写庚帖、送礼金、置嫁妆、迎亲、拜堂、婚宴、闹房、转门、送满月、聊新年等。

说媒 男女青年16岁以后,由父母托媒或媒人牵线,介绍婚事。

相亲 经媒人说合,男女双方有意,就约定时间相亲,也称"看妹子"。

庚帖 结婚双方同意后,请算命先生排生辰八字。

礼金 也称身价银。男方家给女方送去礼金和酒、猪肉、鸡鹅、糖果饼干等礼物，礼金、礼物数字带双，以示吉利。

置妆 婚事确定后，女家提前置办嫁妆。

迎亲 男家雇请花轿，女家邀几十亲人送嫁。新娘淋浴更衣，吃过早饭，话别亲人，盖上红绸，哭喊出嫁；亲人背上花轿，八音齐奏，爆竹喧天。花轿到男家，新郎上前迎出新娘，由男家妇女撑伞接入祠堂。

拜堂 一拜天地，二拜祖先，三拜高堂，夫妻对拜。拜堂毕，伴娘将新娘牵进新房短暂憩息，尔后新郎、新娘在鞭炮声中向大厅撒喜糖。

婚宴 宾客开席，新郎、新娘要按桌次向客人敬酒，婚宴是婚礼的高潮。

闹房 闹新房古已有之，是以捉弄新娘为主。闹房在大厅或新房进行，一直闹到午夜方停。

转门 婚后第三天，女方家派新娘的姐妹等，来请新郎新娘去做客，吃罢午宴，当天回来。

满月 结婚后一个月，新娘的娘家要来送满月，同时送来小鸡、蔬菜、种子、谷种、豆子等，寓意五谷丰登，财丁兴旺。

新客 婚后第一个春节的正月初四，新婚夫妇回娘家聊新年，做新客，探访娘家人及亲戚，娘家人也称接新客。

喜庆习俗

姜宴 小孩出生第三天，外婆送来黄酒、鸡公道喜，叫"做三朝"。出生第十二天，亲戚、邻居送来鸡蛋道喜，叫"做十二朝"。小孩出生快满一个月，主家发帖邀请亲戚、朋友、同事、同学、邻居等参加满月酒宴，称"满月酒"或"姜宴"。届时亲朋好友赴满月宴，送去红包祝贺。小孩由父母抱着与宾客见面，道喜一番，宴后分发红鸡蛋图吉利。

进伙 也称新屋转伙。从前，民间建屋，讲究迷信风水，请地理风水先生看龙脉，选宅基址，择日动土，八卦定方位，放"跳手"包"跳糍"敬神。新居建成要"进伙"，发帖宴请亲戚朋友，置办酒席，隆重庆贺。

寿宴 人到60岁，当地多数人都有做生日寿宴的习俗。寿宴日门庭张灯结彩、贴寿星图、挂寿联。从白天到深夜，主宾沉浸在一片祝福声中。

乡间民俗

齐托盘　是各村落的传统民俗，年初一中午时分，族人奉上鸡、肉、水果、红包、油烛香炮等祭品，聚集祠堂举行隆重的祭祖仪式——齐托盘。瑞狮领头拜祖，众人点香，添油灯，虔诚祭祖祈福，燃放爆竹的声音响彻山村乡间，将齐托盘祭祖仪式推向高潮。

拜门狮和舞狮　年初二早上，狮队给各家各户拜门，带给族人新年祝福。各家主人燃放鞭炮迎接狮头，狮头拜门，领狮人"说狮"，然后将写有"狮报平安"等字的吉帖贴到主人家的门楣，象征五福临门、瑞狮进屋、带来祥和、阖家安康等，主人家奉送红包致谢。此外，狮队还进行娱乐表演闹新春，在喧闹的锣鼓声中，南拳、长棍表演，"大小面"的扮演者"大莎婆"和"猴子"登场，用精彩、滑稽的表演逗族人笑，博得族人掌声。

醮族地　俗称醮大众坟。春分日前后，族人带上丰盛的祭品到开基祖墓地醮大众坟，男女老幼齐动手除杂草培土，村长或主事人宣读新添男丁和女村姑的名字，赞扬捐赠油烛香炮者；置放祭品于坟前，点燃香烛，后辈鞠躬三拜，燃放鞭炮，就地聚餐，举杯畅谈，缅怀祖上恩德。

民间醮大众坟（拜祀族地）

第二节
社公树　护佑村民的神灵

在客家习俗中，社公是指土地神，又称土地伯公、土地爷爷等。而社公常附于一棵古树上，当地客家人便将这棵古树称作社公树，也称伯公树。客家人认为社公树是神树，有灵性，是圣物。据不完全统计，石灰铺辖区内共有社公树86棵，社公树种类有古榕、古樟、古松、古杉、枫树、古荷、赤黎、龙眼、假萍婆、南酸枣、卜树、秋枫榔、杨桃、海红豆、麻楝树等15种。石灰铺区域流行拜祀社公树的习俗，即在社公树下建有社公坛，置有神龛，逢年过节或初一、十五，家家户户去敬奉、上香、敬茶，以求五谷丰登、六畜兴旺、驱除疫病、合家安康。社公树是研究客家习俗与文化的一个重要内容。

庙背社公树

庙背社公树位于庙背村前三岔路口，有200年以上树龄，树围200厘米以上，覆盖面积有130平方米，树下设社公庙，摆放土地公、玉皇大帝等神位供人们敬奉。2010年，该社公树枯木逢春，从其枯树头又生长出新枝条，树径约10厘米。

红瓦屋社公树

红瓦屋社公树

该社公树位于红瓦屋李氏祖祠前100米左右的田垌中央，是一棵开三枝丫的龙眼树，树龄已经有150年以上，覆盖面积约68平方米，树枝像一把撑开的大伞，为乡民遮风挡雨。当地村民在社公树下安放神龛，逢年过节或初一、十五便到树下焚香献贡。

梁氏社公树

该社公树位于三门闹北边50米地头处，是一棵高大浓密的荆树。当地村民在树下安放土地神，土地神旁边刻有小碑石，逢年过节或初一、十五，梁氏村民去社公树烧香祭拜。据梁氏长辈说，从前，三门闹有三个毛头小子不听众人劝阻，携带斧头、锯子前去砍伐，结果，一个在去的路上踢破脚趾头，一个在砍树时被斧子伤了手，血流不止；一个肚子绞痛，疼得喊爹喊娘，梁氏村民认为是伯公显灵，不敢越雷池半步。当然，这是迷信，不可信也。但从侧面说明了梁氏村民对社公树的崇拜，以及追求恬静安宁、山清水秀的居住环境的意愿。

梁氏社公树

社下公

社下公位于竹田村委井塘寨与叶屋寨之间的山坳，山坳下有一棵树径148厘米的千年古秋枫榔。当地人们在树下摆八大仙、大刀关公、曹主娘娘等雕像，称为社下公。逢年过节、婚嫁喜庆或农历初一、十五，善男信女会带上鸡、猪肉、水果等祭祀品，到社下公祭拜，祈求保佑人口平安、五谷丰登、添丁发财，至今习俗仍存。

根据井塘蓝屋村88岁的蓝文泉老人介绍，社下公的古秋枫榔是一棵神树，井塘蓝屋村自开基祖碧茂于清初迁徙到此开房发族以来，发展至今达700余人口，村民一直受到社下公的庇佑，没有发生过大的瘟疫疾病、兵匪侵扰及天灾人祸。2004年，村民先后搬迁到井塘寨东面的井塘水库岸边的细岭兴建新村，井塘蓝屋村旧屋先后空置下来，社下公古秋枫榔也完成了它的"呵护任务"，于2007年自然枯死。如今社下公使命转移到一棵郁郁葱葱的亚莲婆树（假萍婆）身上。

社下公

第三节
民间传说　真情故事永相传

石灰铺人民在长期的劳动生产和生活过程中，积累了许多喜闻乐见、生动有趣、寓意深刻的民间故事与传说。如钟齐伯骂牛吓走劫匪、宝积岩遗失的宝箱等等，在石灰铺境内以及英德城乡广为流传。

寺庙沉塘　伙夫幸逃生

寺莲塘位于洋水峡连江边库湾，水域面积约30亩。从前，寺莲塘旁有一座寺庙，因地层断裂下沉，寺庙随之沉没塘中，池塘种有莲藕，故名曰"寺莲塘"。据说，当时寺庙及周边地层断裂下陷时，庙中和尚正熟睡，只有一伙夫发现狗在厨房偷吃祀肉，便追至寺庙外，侥幸逃生。2008年冬，当地村民将寺莲塘水抽干捕鱼，发现塘底有三棵硕大的秋枫榔、榕树和数截寺庙残墙。

守护东岳垌　阿公阿婆永相望

东岳垌村位于长径旗山北坡山涧垌中，村四周环山，形成狭长的垌形地势，故名东岳垌。村东西两边矗立两块石头，西边的石头高高耸立在耕地边，形如阿公，

阿公石

阿婆石

由此得名阿公石；东边的石头像阿婆，因而得名阿婆石。两石相距600米，遥相呼应。

据传，先有阿公石，然后才有阿婆石。300多年来，阿公石日夜守护东岳垌村那片耕地及村中百姓，村中百姓过着衣食无忧的日子。在一个电闪雷鸣、风雨大作的夜晚之后，第二天早上村民发现村头东边耸立一块石头，形如老阿婆。当地村民认为，是阿公石日夜守护东岳垌村感动了上苍，上天给阿公许配了一个老婆。从此，阿公石和阿婆石深情相望。

东岳垌村百姓为感恩阿公石和阿婆石，设坛祭拜，每逢初一、十五，逢年过节、婚嫁喜事，都要烧香祭拜阿公石、阿婆石，祈求风调雨顺、人口平安、六畜兴旺。

江齐伯骂牛吓走劫匪

清末，背村垌和三寓乡一带闹匪患。一个夏天雨后傍晚，有"三隅四狗"之称的三寓匪首张细苟一伙13人，乘朦胧天色，潜伏到背村老闹旁的下埔塘周边浓密的荆棘丛中，伺机作案。此时，看牛的江齐伯（楼下江屋人）正赶着牛群进老闹尾牛栏，有3条牛犊不听江齐伯吆喝，绕着下埔塘周边荆棘跑，江齐伯一边追一边骂："看你还走不走，躲到荆棘也躲不稳。"江齐伯的骂牛声被藏在荆棘丛中的匪徒听见，误认为背村老闹人发现了他们，可能已做好了抗匪准备，匪徒心慌了，准备撤退。事也凑巧，当匪徒回撤到沙井陂社公树时，被雷公寨吴齐明等人发现，大呼"有贼抢劫啦"，一时间，合水庙炮楼、铜锣庙、高岭下顶炮楼、宝积岩等地的铜锣声和钟声齐鸣，响彻乡间，吓得匪徒仓皇逃回匪巢，背村老闹躲过了一劫。江齐伯骂牛吓走匪徒的故事从此在背村垌传开，一直流传到今天。

和尚的贪念　金雀子的离弃

从前，一和尚主持打理宝积古寺，寺庙大殿北侧石壁有一小孔，一金雀子藏身其中。金雀子每天会吐出一壳米和一只蛋，仅够和尚一人食用。但凡宝积古寺有客人，金雀子会根据客人的人数吐出相应份数的米和蛋。时间长了，和尚便起了贪念想把金雀子据为己有。一天早上，和尚准备好凿和铁锤，等金雀子吐出了一壳米和一只蛋后，就动手凿大了石孔，这时金雀子从孔中飞出，飞向天空。此后，小石窝再也没有金雀子居住，每天也不会生出米和蛋来，和尚后悔莫及。

这个传说说明了"人莫贪心，否则只能是竹篮打水一场空"的人生哲理。

山猪啃禾　秀才诉至县衙

清嘉庆年间，庙背一带高山环绕，山猪为患，村民们种植的稻谷等作物有时一夜之间被山猪啃光。村民对山猪恨之入骨却又无可奈何，于是，找到在书房下教书的秀才周越仁商量对策。村民们你一言我一语，所提办法都不符合实情，没有说服力，关键时刻秀才周越仁提出打官司，村民听闻后大吃一惊，不禁问道："山猪啃禾苗都可以打官司？能打得赢吗？"秀才周越仁拍着胸膛说："此官司必赢。"于是，乡民备好五担油粘米谷做费用，请周越仁代写状纸。

话说，县衙自收到秀才周越仁诉状便觉得奇怪，决定择日开庭审理。自诉状递上县衙后，在焦急中等待的庙背村民们终于等到了县衙开堂的日子。开堂那天，庙背村民跨闸子桥、过龙沟曲、爬旗山、下长径、蹬草鞋坳、出麻寨马口，聚集县衙，为秀才周越仁助威。

"堂下何人？"县官问道。"美村庙背周姓人氏。"秀才周越仁答道。"堂下有何冤情？"县官问道。"山猪啃禾……"秀才周越仁答道。此话一出，引得哄堂大笑。秀才周越仁正色道："诸位别笑，请听我细说，庙背一带，一年两造稻谷被山猪啃光，颗粒无收，乡民度日艰辛，何来谷米缴纳田地税？所以，呈请县官判决，一曰免除田地税，或曰猎杀山猪。"秀才周越仁分析得头头是道，连卒丁听后也连连点头称是。经县官权衡利弊，最后判决，由县衙组织捕猎队猎杀山猪。经过捕猎队狩猎3月余，猎杀山猪31头。自此以后，马背山、庙背一带山猪绝迹，众村民皆大欢喜，秀才周越仁打赢山猪啃禾苗官司的故事传遍了美村垌和英德城乡，一直流传至今。

宝积岩遗失的宝箱

清朝末年，英德县城常遭土匪侵扰，城里居民为躲避土匪，逃到乡下山岩、山寨寄居。

一年冬天，英德县城遭土匪围攻，何公桥北侧张、刘、李姓三商贾将钱财装入宝箱，并携带日用之物举家西逃，经麻寨、长径、翻过龙沟曲、跨过闸子桥，来到背村垌的浊水宝积岩避难。张、刘、李姓三商贾到宝积岩后，点上油灯，安

宝积古寺

顿好一家老小。张姓一家住在后岩狗牯洞前坪，前坪靠南石壁边缘有一条宽1米的通往没水岩暗河的夹缝，深不见底，抛下石头要很长时间才能听到回音。当晚张夫人铺好床，用三只大木箱和宝箱拦住石壁夹缝边缘，以防小孩睡时掉入夹缝。午夜时分，张家小儿哭啼，蹬了一脚宝箱，宝箱滑入夹缝，张夫人捶胸顿足，哭喊了三天三夜。

20世纪80年代末，当地人钟某等5人沿着石壁下夹缝，寻找当年张家丢失的宝箱。35米深的夹缝底，一条暗河穿山而过，暗河口狭窄无法通行，寻宝无果。

宝积岩

南岗山　扶远不扶近

从前，三兄弟狩猎到南岗山，吃仙桃成仙后，在教椅坪兴建了白云寺。但是，自从建了白云寺后，冈溪河畔的冈下村没有出过一个秀才，而远处的洽洸出了张玉鼎，背村出了范举人，尧山出了巫榜眼。村民百思不得其解，于是冈下村人将堪称中国风水第一村的江西三僚村的风水大师请来把脉。原来，白云寺坐落于南岗山半山腰的教椅坪，教椅坪形似一把太师椅，左边大炮山（地名）形似一座钟，右边打石山（地名）形似一只鼓，而冈溪河畔的冈下村祖祠未对正"太师椅"龙脉穴位，而尧山、洽洸盆地许多村庄祠堂都正对南岗山太师椅龙脉穴位，吸取了南岗山的才气，太师椅扶持了远处的尧山人和洽洸人。于是，当地村民就有"南岗山，扶远唔（客家语，意为'不'）扶近"之说。

被盗佛子　神灵化身

从前，佛子高古栈道山坳中，长有一棵古老的秋枫榔树，信徒在秋枫榔古树下摆放一樽"佛子"，供人们拜奉，祈求平安。自从三门总乡绅王志修捐资兴建佛子高"觉路亭"后，每逢洽洸、西牛和竹田墟日，都有义工从山下坑底担水到"觉路亭"烧茶水摆放，供来往客人饮水解渴，人来人往，热闹非凡。

秋枫榔古树下佛子全身黑色，且留有顺口溜："远在天边，近在眼前；菩萨面前，三斤黄金；得到黄金，家破人亡。"几百年来，无数过往村民驻足佛子前寻找这三斤黄金，均无果。后来，有一位收烂铜烂铁的货郎，寻思顺口溜含义，自言自语："'菩萨面前，三斤黄金……'莫非这樽佛子就是三斤黄金做成的？"货郎顿觉醒悟，于是将全身黑色的佛子拎起洗干净，而后过称，刚好三斤重。原来佛子是三斤黄金铸成的，货郎大喜，从此大富大贵。

三年后货郎遭贼人劫杀，妻离子散，家破人亡。于是三门垌的村民认为，佛子高的"佛子"不是黄金铸成的，而是神灵的化身。

刘道爷与他的红屋衙府

刘泽大，人称刘道爷，在四川为官告老还乡后，选择梁陂头蚊子山这块风水宝地定居（今惟东小学背后约800米处）。刘道爷建有一幢面积960平方米、外墙红色、气势非凡的楼房，被当地乡民称为"红屋衙府"。明万历年后期，逢每月初一，英德知县便领着大小官员到红屋衙府拜访刘道爷，红屋衙府门前，文官下轿，武官下马，一派车水马龙的热闹景象。然而，红屋衙府及刘道爷晚年命运凄凉。

据传，当时有一伍姓县官到红屋衙府拜见刘道爷时，刘道爷摆出一副官架，怠慢与折腾众官员，伍姓县官愤愤不平，滋生报复心理，遂辞官返乡，改行观星辰、察风水，并拜著名的江西三僚村风水大师为师傅，刻苦钻研风水学，三年间跟着师傅踏遍赣粤秀丽山川，磨炼出好眼力，学到一身地理风水本领，准备报复刘道爷。

一天，伍姓风水先生头戴竹笠，身穿八卦衣，手捧罗盘，到冈下垌红屋衙府周边察看良久，口中念念有词："风水好，好风水！"刘道爷闻后大喜，并躬身请这位风水先生入室畅谈。于是，伍姓风水先生口若悬河地向刘道爷赞誉红屋衙府是整个岭南地区仅有的一卦好风水。刘道爷闻言大喜，心里飘飘然。此时，风水先生却话锋一转说道："可是，美中有两处不足呀！""此话怎讲？"刘道爷连忙请教。这时，此风水先生假意分析说："如果把红屋衙府的门槛再升高两寸，皇帝都会亲临贵府，且能接纳尧山的财气和福分，大人您也会更高寿。红屋衙府后蚊子山上九个土墩子，有障龙脉，把这九个土墩子搬平会显出真龙。"刘道爷不知有诈，即按风水先生的吩咐请来木匠、石匠，把红屋衙府门槛升高两寸，请乡民搬平红屋衙府后的九个土墩子。次年，往日县官、巡检司等大小官员车水马龙叩拜红屋衙府的场面不见了，刘道爷的身体也每况愈下。从此，红屋衙府门前冷冷清清，以往俸禄不菲、衣着光鲜、动辄车马、八面风光的刘道爷，变得度日艰辛，靠亲戚朋友接济，晚年甚至隐居莲塘岩。

智救亚苗姑婆

从前，紧水滩下吉水丰洞村陈姓与水口石洋水村石姓相邻，陈、石两姓姻联普遍。水口石亚苗姑嫁给丰洞吉水村陈廷，育有两子。黄花匪首梁猛熊经常骚扰吉水丰洞村，民国二十五年（1936年）夏季的一天，吉水丰洞村再次遭到黄花土匪抢劫，亚苗姑婆被捆绑起来关押在厢房，其儿子急赴水口石求救。时任水口石乡团总的石秉权即召集乡丁，并亲自挑选10名功夫过硬的团丁，以访吉水丰洞陈姓宗祠开光为名，敲锣打鼓，舞着狮头，从村头跨入祠堂，看守亚苗姑婆的匪徒也出来看热闹。此时,舞狮头队伍中的乡团丁抽出快掣驳壳点射,4名匪徒顿时丧命,其余匪徒见势不妙逃跑了,亚苗姑婆得以解救。石秉权乡团击毙匪徒、解救亚苗姑婆的故事在黄花、西牛、高道一带广为流传,极大地震慑了匪徒,从此吉水丰洞村及竹田乡再也没有受到匪徒扰乱,石、陈两姓关系更为密切。

范以礼中举

范以礼聪颖超人,过目不忘,学习勤奋,深得先生厚爱。康熙年间范以礼赴省城参加乡试。因家贫,范以礼母亲为儿子赴考的盘缠发愁,只好向亲戚朋友借,多遭拒绝。就在范以礼母子走投无路情况下,范以礼忽然想起楼下江满爷。

江满爷是当地大户人家,且乐善好施,外传其拥有"十箩九缸黄金"财宝。江满爷平日对这位天资聪颖且刻苦勤奋的同乡十分欣赏,常夸范以礼读书刻苦,并预言范以礼必定中举。说来也巧,就在范以礼出发前的一天晚上,江满爷夫人做了一个梦,梦中范以礼向江满爷借银赴考,中举回乡后拜认江满爷为契父,背村垌男女老幼都羡慕不已。一天傍晚,范以礼来到楼下江满爷家,向江满爷借钱赴省城考试,江满爷当即高兴地拿出七百文钱给范以礼做考试的盘缠。范以礼揣着借来的钱满心欢喜回到家里,是夜,母子俩人商定,如果中举,一定要报答江满爷。

第二天清晨,范以礼吃过饭,借着朦胧月色,携着书童上路赶考。就在他刚走到鸭麻陂时,一只鸡嫲跳上桅杆叫个不停,范以礼心头一惊,认为鸡嫲啼不是好兆头,又返家向母亲禀明,认为鸡嫲啼不吉利,不想去参加这次科考。范母略加思索,说:"傻子,鸡嫲啼是好兆头呀!鸡嫲啼,鸡公知,举人一定范以礼!"听了母亲吉言,范以礼满怀信心地和书童继续上路赴考。

范以礼赴省城参加乡试,凭着多年勤奋苦读及扎实的功底,在考场对答如流。阅卷官对他的文章大加欣赏,给予"文章高雅,诗意超逸,词采清丽"的高度评价,范以礼中举了,被评为第五十六名。范母"鸡嫲啼,鸡公知,举人一定范以礼"的励子吉言,在当地流传至今。

第九章 ▶▶▶
寻根问祖　血脉传承溯本源

　　石灰铺是英德客家人西迁必经之地，客家人占全镇总人口的99%。全镇230个自然村落，先祖原籍多为闽赣两省，经粤东、粤北、英东、英中等地区一路游耕、辗转迁来，在古冈溪水两岸扎根发芽，开枝散叶。

英德包氏发祥地乌石岗

第一节
人口及姓氏分布

据 2013 年不完全统计,石灰铺镇总人口 4.2 万,其中绝大部分是客家人,共有 58 种姓氏。据统计,石灰铺各姓氏中人口最多的李姓 3 586 人,最少的仅 3 人。2013 年底,人口 1 000 以上的 18 姓依次是李、吴、刘、曾、包、石、王、蓝、江、赖、丘、郭、林、黄、杨、钟、何、胡。人口 1 000 以下 100 以上的姓氏有 22 姓,依次是陈、沈、周、罗、范、谢、张、巫、麦、梁、付、管、徐、欧、韩、全、高、黎、廖、莫、卜、邓。人口不足 100 的姓氏有 18 个:朱、官、吕、叶、涂、万、成、潘、盘、许、文、姚、宋、冯、邹、谭、陆、伍等,其中陆、伍两姓是近年政策性移民。①

2013 年石灰铺镇人口姓氏分布一览如下表所示:

序号	姓氏	分布自然村数	总人口数	具体分布自然村、街道社区(人口数)
1	李	27	3 666	塘背(118)、山口(225)、上屋(203)、下屋(143)、牛牯岭(183)、山下(169)、黄土坑(82)、石角(98)、沙寨、水尾(36)、水心坝、田厂、石下、新楼、枫前角(571)、新村、大树圆、沙湾(360)、葡桐岭(450)、打鼓墩(110)、茅塘、李屋、塘边、大径、小径(482)、街道社区(176)、红瓦屋(260)
2	吴	24	3 576	枫树影(234)、田寮下(141)、塘窝(90)、下园(149)、中厅(167)、马口(148)、上伙(285)、上新屋(138)、白楼(196)、社岭(113)、中陂(342)、甲子下(88)、佛子陂(104)、水尾(38)、坑边(138)、马安山(108)、五陂(29)、高桥下(132)、黄圳陂(82)、中心坪(72)、白沙埒(352)、白围(125)、关岭下(150)、街道社区(155)

---

① 本节数据来源于当地户籍管理部门、镇统计站、各村(居)委报表等三个部门统计综合。

续表

序号	姓氏	分布自然村数	总人口数	具体分布自然村、街道社区（人口数）
3	刘	21	3 092	新联刘屋（126），新联下村（452），迳脚下（66），上山（123），下山（135），大塘（300），青山下（300），岭下（168），下夫田（64），塘窝（114），狮石下（95），惟东刘屋（75），白围（110），水心围（141），水新（110），桅杆下（101），惟东下村（146），移民（48），河角（103），大坪（160），街道社区（155）
4	曾	18	2 993	乌坭湾（55），田廖下（36），油栏垌（441），山背（84），铜鼓陂（48），老曾屋（198），田背（132），乌楼（36），楼下（243），潭口（292），操屋园（120），田寮下（180），新屋埒（125），水尾丹竹山（82），深坑塘（531），井唇枫前角（160），街道社区（230）
5	包	18	2 453	包屋（232），蛤蟆窝（117），车碓下（153），垫仔（85），鱼良角（50），独山街（63），乌石岗（61），楼下（260），坳子（447），前塘（209），下围（91），湾角（51），上围（107），莲叶围（110），新屋（114），川峰坳（88），街道社区（215）
6	石	9	2 422	竹园心（155），竹园街（230），塘老（167），塘下（124），塘新（123），围顶（230），洋老（510），田心（270），楼仔（550），街道社区（63）
7	王	14	2 044	马槽坑王屋（163），王土岗（70），水头（125），王屋（863），细王屋（240），石桥（300），街道社区（258），山下（25）
8	蓝	10	1 748	上屋（207），水尾（243），井老（131），井新（195），松柏埒（上、下蓝莲塘坪894），街道社区（78）
9	江	11	1 594	大楼（152），新屋（231），楼下、伙砖屋、江屋（597），榄树下（28），老江屋（162），蕉园堑（168），蒲塘（138），埒下（15），街道社区（103）
10	赖	9	1 575	上赖（265），下赖（125），独山拱角（56），梅子坝（178），田廖墩（350），莲塘（93），光明赖屋（70），旱田赖屋（230），街道社区（208）
11	丘	10	1 421	寺前（125），塘窝（310），坑尾头（250），松树窝（235），门山下（45），石颈下（16），畔子埒（229），独山（25），石陂（95），街道社区（91）
12	郭	6	1 357	光明郭屋（8），满伙（330），大垮（328），塘口（180），地头坪（430），街道社区（81）

续表

序号	姓氏	分布自然村数	总人口数	具体分布自然村、街道社区（人口数）
13	林	9	1 339	光明林屋（238），东岳垌（208），塱下（257），上蒲塘（25），黄坭牌林屋（52），水尾田寮墩林屋（53），大林屋（370），细林屋（75），街道社区（61）
14	黄	9	1 274	小园（162），竹山下（121），鹤树下（18），水背（632），洞头（148），城下（92），街道社区（101）
15	杨	8	1 245	乌坑（396），亚婆山（106），布心坪（186），沙寨（11），坭桥杨屋（245），鹤树下（34），田厂（200），街道社区（67）
16	钟	7	1 085	栏杆山（102），老钟屋（203），楼子（253），高岭下（212），新陂（121），钟屋（89），街道社区（105）
17	何	10	1 070	何屋（71），沙寨（143），周塘（173），老屋（84），坎面（132），田心（92），新屋（92），山下（37），横洞（45），街道社区（201）
18	胡	9	1 047	胡屋（300），上排（169），下排（220），鸭麻墩（119），沙树下（128），园岭下（31），簕塘（12），塘面（15），街道社区（53）
19	陈	10	991	横岗（214），浊水（95），天星塘（125），井栏下（134），陈屋（101），南寨（43），石陂（56），社角移民（112），火山背（86），街道社区（25）
20	沈	4	819	王土岗（56），坍塘（165），龙润湖（530），街道社区（68）
21	周	9	789	庙背周屋（新屋、书房下、楼子、老屋、马背山、下周屋）（641），新村（72），岩下（43），街道社区（33）
22	罗	6	750	罗屋（110），圆岭下（128），井水角（168），井唇（230），街道社区（90），围寨（24）
23	范	4	707	范屋（194），上范（246），下范（234），街道社区（33）
24	谢	5	625	排子（152），沙丕坝（206），谢屋（78），养鱼塘（160），社区（29）
25	张	5	474	赤沙塱（130），坭桥张屋（109），独山街、坝角（165），簕塘（27），街道社区（43）

第二节
主要姓氏源流[①]

石灰铺镇属客家地区，姓氏较多，下面从各姓氏族支的开基祖、堂号、迁居石灰铺的原因、年代、繁衍、播迁、影响等各方面进行阐述。

石灰铺主要姓氏源流简介

石灰铺李姓

族支众多，后裔繁衍迅速，分布甚广，是石灰铺镇第一大姓。主要有水径李姓、红瓦屋李姓、曹至垄李姓、山口李姓等支派，以及黄土坑李姓、打鼓墩葡桐岭李姓、新村大树圆李姓、沙湾沙寨李姓、水尾李姓等支派。有些支派因资料残缺，难以追溯源流，不作详述。①水径李姓，宣德三年（1428年）火德公后裔仲三公、仲六公为避战祸，携母带妻迁翁源长安乡南铺村；正统十年（1445年），仲三公之子崇茂、仲六公之子崇智公领着诸子移居洭洸城外暂居；成化六年（1470年），迁沙坪乡水径村，竭力开耕，营心创业，历545年，后裔散居茅塘、李屋、塘边、大径、小径、新楼、水心坝、下坡、风前角等村，族裔外迁开房发族的有石牯塘桐梓树下、大树下、水头，洭洸新田，横石塘岩前角、建山背屋等。②红瓦屋李姓，开基祖英邑公。明朝后期，上祖李洁夫从江西泰和县信十都五十二村周坡乡迁徙英德城郊麻寨乡雉鸡塘；李洁夫之孙英邑公，清初移居红瓦屋开创基业，开枝散叶300余年。③曹至垄李姓，开基祖文监公、文清公、文财公，从石牯塘下窝迁入曹至垄开房发族，文通公迁美村山下，文财公迁居光明尖山下，文监公和文清公留守本土。族裔衍居曹至垄上屋下屋、尖山下、美村山下、石灰石角等村，至今发展到926人口。④山口李姓，鼻祖携五子于明万历年间，从江西上饶铅山县石塘镇李家总祠迁徙到美光山口立祠开枝散叶，长子法庭公、四子法旺公留守本土，次子、幼子移居

[①] 本节资料来源：《清远姓氏》，广东人民出版社，2013年；石灰铺民间姓氏族谱。

背村范氏宗祠

美村牛牯岭,三子迁大湾南蛇岗,历400余年。

石灰铺范姓

入籍石灰铺范姓族支开基祖是佛胜公,范远岗后裔,高平堂号。佛胜公育有三子:千一郎、千二郎、千三郎。明永乐年间(1403—1424年),佛胜公护着老父寿通和母亲陈氏,携子从闽西上杭县溪南里迁到连平县贵东屯塘田村,尔后再迁英德高基排谋生;父寿通去世后又再移居横石塘琵琶山。佛胜公被背村一位马姓雇请放鸭,马姓雇主把一座旧房屋廉价卖给佛胜公安家,于是佛胜公携老带幼定居背村范屋。据英德佛冈《范氏佛胜宗支谱》载,明正统元年(1436年)千一郎守旧土,千二郎远迁广西平南县思旺镇,千三郎移居石灰铺纂村(今新联)范屋。千三郎入籍石灰铺有两种说法,因年代久远,难以查考。翻阅纂村(今新联)保存的清嘉庆年间族谱《高平堂》,千三郎原居潮州海阳恋州第十一图,后迁河源石龙乡邓村坳。明正统十二年(1447年)携妣曾氏及宗斌、宗琳等二子,徒迁石灰铺纂村范屋开基置业;妣蓝氏率宗观、宗旺二子迁居象属大坡都白石乡(今英东、佛冈烟岭一带)开房发族。千三郎明成化癸巳年(1473年)身故。石灰铺范氏繁衍昌盛,发展至今以佛胜公为始祖的英德和佛冈范氏拥有2万人口。佛胜公后裔分迁沙口镇上莲塘、下莲塘,青塘镇汉塘、牛墟塘,英城镇廊步、洞尾,连江口镇严村,鱼湾镇坎下、长埔,东华镇黄陂神仙村,横石水镇寨子坪,石牯塘镇,横石塘镇,白沙镇太平,佛冈县烟岭、迳头、石角、汤塘等。清康熙举人范以礼出自该族支。

石灰铺吴姓

落籍石灰铺镇的吴姓有三族支,同宗同源,以"至德堂"为堂号。该三族支的父名桂禄,吴宥第八代孙,元末从上杭迁入翁源木枕陂,尔后携"六子闯英州"，千一郎徙迁石灰铺白沙塱肇基创业，千二郎择石灰铺枫树影开房发族，千三郎初觅石牯塘香炉迳青峰岩，最后于石灰铺黄圳陂开村置业。石灰铺吴姓迄今为止已有600余年开村历史，族众逾2万余人，成为石灰铺乃至英德吴氏族群的盛族。族属散布于石灰铺枫树影、田寮下、马口厅、中心厅、上伙中厅、上新屋、白楼、塘窝、下园、中陂、甲子下、社岭、佛子陂、白沙塱、白围、高桥下、坑边、马鞍山、关岭下、水尾四伙、黄圳陂、中心坪、川峰坳等村，外迁衍居有横石塘黄竹洞、仙桥基晒排、西牛石子迳、连江口严村坑尾、九龙金鸡楼仔、金鸡岭村、旱田排、蟠桃岭村、黎溪松岗石阁、曲江罗坑、阳山黄垄等。该族支有进士吴士韶、3名贡生、13名监生。

吴氏族谱

油栏垌老曾屋曾姓

始祖文广公，三省堂号。文广公于明成化年间从兴宁龙归洞迁徙英德石灰铺油栏垌—老曾屋开基发脉。文广公育有二子八孙，枝茂叶盛，遍布英德、清新、阳山、乳源等四县各地，后裔散居英德的有石灰铺、西牛、九龙、大洞、水边、石牯塘、浛洸、连江口、清新石潭、浸潭、新洲，阳山江英，乳源大布等地，衍居118个自然村，逾2万人口。其中，聚居3 000人以上的有浛洸、西牛、江英等3镇，2 000多人口的有九龙、石灰铺、沙河等乡镇。仅衍居石灰铺镇域内就有油栏垌、老曾屋、铜鼓陂、山背、田背、乌楼、楼下、潭口、操屋园、田寮下、新屋垮、丹竹山、深坑塘、井唇、枫前角、乌圳湾等16条村落2 600多人口，为英德乃至清远市族众最多、分布最广的曾氏族群，该族支有进士曾学公、5名岁贡、15名秀才。

曾氏开基祖文广公像

老江屋江姓

开基祖友念公，堂号淮阳堂。上祖江源公于明洪武庚午年（1390年），从福建宁化远迁英德横石塘鬼子洞，不久又西迁石牯塘石小桥头村开基立业。江源公育有3子：友滨、友淦和友明。约明永乐乙酉年（1405年），次子友淦公迁居勤丰老江屋另立新支，育有五子：德富、德贵、德荣、德华、德昌，发展成5个房支，至今有600余年居住历史。族裔主要聚居于石灰铺老江屋、美村墟、榄树下、蕉园堑、上埔塘、楼下江屋、伙砖屋、大塘面楼下、新屋、三门埌下等村。外迁衍居有连江下步、苦竹坪、大湾布心坪、横石塘西湖塘、洺洸下白石、鱼嘴江屋及曲江大坑口等。老江屋江氏才俊辈出，如明末翰林江满爷、烈士江三和。该族支裔孙中和公，尊称中伯老爷，上埔塘人，清朝后期贡生，一生乐善好施，修桥筑路、济贫扶危，资助修砌龙沟曲闸子坳至草鞋坳、横石塘西洞坳等两条青石板古栈道，受到乡民称颂。

旱田赖姓

上祖官生公，英年早逝，祖籍闽西上杭，与大镇雅堂赖姓同宗同源。因战乱和家族纠纷，妣钟氏携文清、文政、文富三子，于明洪武年间，从上杭迁英邑沙田乡旱田村开创基业，繁衍至今，开枝散叶600余年。由于生活困苦，文清外迁罗定，文政移居连江口镇落户，文富育有五子：仲贤、仲贵、仲端、仲信、仲升，长子仲贤移居波罗大平另立新支，余子均留守本土。此族支人丁兴旺，除散居石灰铺旱田赖屋、勤丰莲塘、马背山林屋、田寮墩等地外，还扩展到石牯塘、波罗、横石塘、望埠、西牛、连江口、九龙、清远龙塘等，演绎成遍布英西的大家族网络。

石灰铺刘姓

落籍石灰铺镇刘氏源头众多，支脉纷繁，逾3 000人口。刘姓主要有冈下—下乌田族支、上山族支、新联下村—迳脚下—刘屋—下河角族支、上河角—大塘—下山族支及其他族支。①冈下—下乌田刘姓，开基祖正稳公、正旭公，广传公七子巨波后裔，彭城堂号。太祖文四郎，祖父均保，父辈文达、文兴，原籍江西赣州府瑞金县塘背村人氏。洪武五年（1372年），奉旨行户部半印，迁兴宁县第四都骆洞村，明正统元年（1436年），文达随正旭公携堂幼弟正稳公，一路游耕至英邑县汾村东窝暂居，尔后移高桥下刘屋坪始居，正旭公育有四子，长子宗仁迁青山下，次子宗茂迁鹿颈，三子宗俊留守本土下乌田，幼子宗富仍居刘屋坪。②景泰二年（1451年）正稳公在陈十郎引领下，再移居冈下（今惟东一带）另立新支，置田庄，育有宗逊、宗谦、宗玉、宗信、宗泰等五子，生息繁衍至今，历经570余年发展，成为石灰铺镇刘姓族群中最具影响力的一族支。其他刘姓族

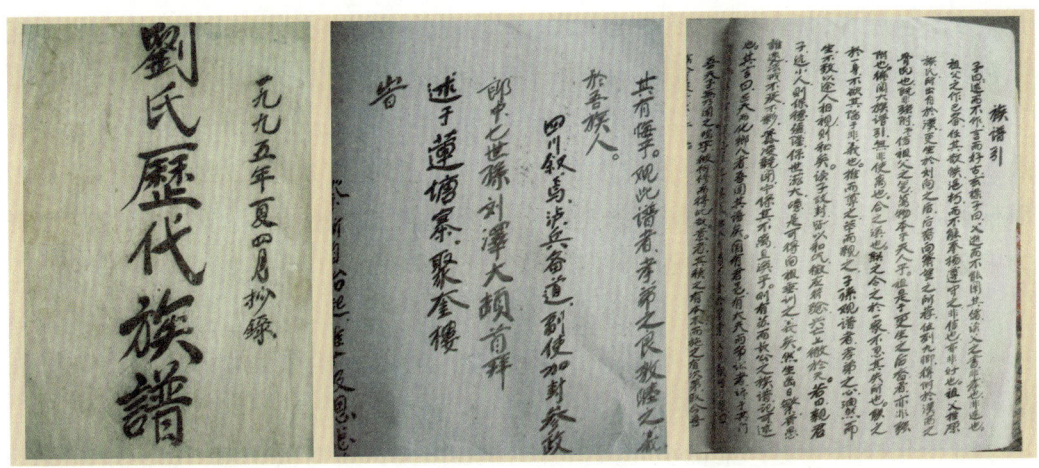

冈下刘氏族谱　　　　　　　　　　　　　刘泽大作《冈下刘氏历代族谱引》

支，因资料缺失，暂不赘述。

水口石洋水石姓

开基祖石念公，武威堂号，明洪武末从福建珠玑巷辗转迁徙至冈溪水（今竹田河）下游活滩村暂居，而后移居水口石洋水分房发族。裔孙聚居石灰铺镇竹田和大田的洋老、围顶、田心、楼仔、竹园心、塘背石老屋、下屋、新屋及竹田上下墟等自然村，人口2 200多人。西牛、浛洸、大湾，清新高田、浸潭，连南三江，恩平那吉，开平等地均有其后裔移居。石灰铺石姓人才辈出，石载珠清道光十七年（1837年）拔选直隶周同，官从五品；石文宝，咸丰八年（1858年），韶州府千总，军功六品；石秀达公，字高耀，清同治至光绪年间著名儒商，富甲一方，州府备案"双万户"，捐资用鹅卵石铺设15公里长的紧水滩至活滩的"茶马古道"。

水口石氏宗祠

石灰铺包姓

开基祖是林茂公、林富公，堂号上党堂，纯白公裔孙。林茂公、林富公于明正统五年（1440年）从闽西长汀入粤发展，辗转迁徙子塘乌石岗、南寨垦种创业，开枝散叶570余载，镇内主要衍居点有乌石岗、前塘、坳东、坳西、包屋、楼下、莲叶围、车碓下、哈嘛窝、堑子、上湾、下湾、上围、下围、新屋、川风坳、横石塘水头包屋等村落，人口有2 453人。其后裔外迁的小支脉有大镇九围包屋、连江初溪包屋、白沙石园、九龙新田、浛洸新田、石牯塘水头洞、清新禾云包屋、沙河滨江池水倒庄桶等。石灰铺包姓有三个亮点：亮点一，石灰铺包姓占全市包姓人口的59%，石灰铺是英德包氏发祥地；亮点二，乌石岗祖祠前竖立科考功名旗杆夹有24副之多，是全镇之最；亮点三，包有祯大法师是以子塘乌石岗、南寨为中心的包氏俗神，具有明显的族群文化特征。

石灰铺丘姓

①塘窝村宗善公族支，始祖宗善公，文庄堂号，其曾祖颙程公与西牛桥头颙棱公同胞兄弟。清顺治年间，宗善公从闽西上杭远迁三门塘窝村置居创业，有350余年迁居历史，繁衍至今人口达1 300多人，后裔散居塘窝村、坑尾头、松树窝、门山下、石颈下等村，外迁连江口镇增江围，水边镇青水暗村、中潭角岭头等村。②寺前丘姓、石坡丘姓、碰子塱丘姓和独山街丘姓，均属西牛桥头颙棱公系族支。寺前丘姓，开基祖孟犹公，颙棱公四子惟旺公房支派，孟犹公原居九龙白石，年轻时被拉壮丁，途中逃掉至寺前村做工，尔后成家立业，繁衍至今。③石坡丘姓，是颙棱公之子惟祯公子荣房，迁惟东石碑繁衍至今。④碰子塱丘姓，十五世丘瑞、丘琼和十八世正君、正永分别从惟东石坡移居碰子塱丘屋、老丘屋、新丘屋，繁衍至今250多人口。⑤独山街丘姓，从大洞庙坑徙迁独山墟经商谋生，至今繁衍50人口。石灰铺丘姓宗善公后裔丘泽富修桥筑路，乐于助人，多有善举，清嘉庆二十四年（1819年）时任英德知县马骦赐寿职官以旌表。寺前丘姓孟犹公后裔丘金生，主编《中华丘氏大族谱英德丘氏分谱》，此族谱最大亮点：一是女性入谱；二是设立英德丘氏兴教育贤章程，至今140多名师生受奖励。

石灰铺谢姓

石灰铺镇谢氏有排子角、沙氹坝、鹿颈、养鱼塘等四支派，均为景贤公后裔。谢氏入英始祖景贤公于明正统五年（1440年）从闽西上杭禾坪里迁横石塘琵琶山开创基业。①排子角谢姓，开基祖国企公，从横石塘琵琶山围子下迁排子角开居立业，繁衍至今208人口。②沙氹坝谢姓，开基祖锡玉公，于清康熙年间从黎溪镇恒昌陂头劈迁沙氹坝开基立业，至今繁衍206人口。③鹿颈谢姓，鼻祖于清末从横石塘琵琶山移居鹿颈谢屋，发展至今160多人口。④养鱼塘谢姓，谢龙、谢胜、谢牛等清末携家眷从黎溪镇恒昌楼子迁养鱼塘定居，发展至今173人口。石灰铺谢氏人才辈出，谢民，鹿颈谢屋人，曾任反蒋抗征队主力中队指导员、连支六团武工队队长、英阳乳曲边根据地大布办事处主任。谢思永、谢思龙为石灰铺镇新中国成立后第一代大学生。

石灰铺蓝姓

大坌田、井塘蓝姓族支和松柏埌蓝姓族支，同根同源，均为汝南堂号。①大坌田、井塘蓝姓，开基祖祖茂公，原居闽西上杭胜运里，明洪武年间辗转几千里，先在翁源蓝李街落足，尔后迁渔湾开创基业。祖茂公后裔始居大坌田中心屋，衍居点有大坌田水尾、四伙、上屋、水边流寨、鸟城田心、南冲秀水。②祖茂公裔孙碧茂公衍播井塘另立新支，聚居点有井新、井老、老榕坑等村庄。③松柏埌蓝姓，开基祖志广公，明正统年间从闽西上杭胜运里迁兴宁，再辗转迁松柏埌落籍，有570余年徙居史。聚居点有上蓝一队、二队、三队，下蓝一队、二队，莲塘坪等，逾千人口。浛洸、大湾、横石塘、阳山七拱、乳源大布等都有其族属散布。据蓝氏族谱记载，石灰铺蓝姓在清代出了1名进士和26名监生。

井塘蓝氏宗祠

石灰铺胡姓

石灰铺镇胡姓有六支族脉，其堂号均为安定堂，都是千二郎（德瑗）后裔。①马槽坑胡姓，开基祖用和（胡海、玉和）公，从大站镇联丰碑记石迁英城镇下街、牛背脊，而后再移居光明马槽坑。②上排鸭麻墩胡姓，开基祖胡济公，从大站镇联丰碑记石迁上排定居。③下排胡姓，开基祖胡高公，从大站菜洲下寮村迁下排立籍。④杉树下胡姓，从大站菜洲下寮村胡亮公房迁杉树下落籍。以上四族支均为千二郎幼子潮清公支系。⑤圆岭下胡姓，开基祖居立公，从横石塘镇西洞移居圆岭下。⑥簕塘胡姓，开基祖必彪太公，从新丰县沙田磜下胡屋迁居簕塘。

三门王姓

三门王氏族谱

三门王姓始祖由祖婆钟氏携子，于明永乐二十一年（1423年）从寻乌县水源乡迁入英州三门乡推车岭，后定居窝角村，经600余年繁衍生息，发展至今2000多人口。该族支在石灰铺镇聚居点有王屋一队、二队、三队、四队、五队、六队、新铺队，石灰水头，坳下等村落。该族支自古崇尚教育，文风昌盛，人才辈出。

下周屋周姓

开基祖贵兴公，汝南堂号。祖上于明朝年间从江西泰和县城西文溪迁英德，周中和后裔，居英德里名新城，始创安居。福公时任县差役领班，平日为非作歹，遭朝廷革职处死，族人四散。福公之子贵兴公携两子宁公、通公，逃往背村图下周屋，立宇开祠。宁公留守本土，通公入居庙背开创基业，繁衍至今500余年，发展到逾千人口。

塘湾巫姓

始祖巫纶，堂号平阳郡，仕敬公后裔。南宋绍兴间，上祖大一郎公偕七子从闽西黄连洞（宁化）迁韶州曲江杨梅，第六子仕敬公后裔迁英德遥步桥，裔孙巫纶明朝年间在冈溪水中游河谷觅居，择居于今石灰铺塘湾村。巫纶育有永琼、永容、永环、永琛等四子，永琼留守本土塘湾，永容移居新联石下，永环迁居美村浊水，永琛移居新联倒洞。塘湾巫姓后裔散布于塘湾、石下、鱼梁阁、浛洸镇下围角，水边镇车子岭、学子潭、黄泥坑等村。

马糍塘何姓

开基祖何十郎公，与望埠古村何氏同祖同宗，约明正统元年（1436年），迁英邑县冈下马糍塘开基置业，育有一子四孙：子何十一郎、长孙彦瑛、次孙彦彬、三孙彦聪、幼孙彦禅。历衍570余年，后裔聚居今惟东老屋、坎面、横洞、田心、新屋圩、山下、周塘等村庄，发展至今 1031 人口。族人盛传开基祖何十郎公与冈下刘姓泽及公为异姓同年，明朝正统年间两人携手从兴宁徙迁到此开基立业，两人情同手足，死后同葬一处，故两冢墓相距仅 5 米。

大田郭姓

开基祖先养公，汾阳堂号。先养公育有两子五孙，两子是郭景公、郭昊公；五孙是发智公、发英公、发顺公、发泰公、发全公，演绎成五大房支，家族昌盛，人丁兴旺，发展至今有 1 376 人口，后裔衍居满伙、大圩、塘口、地头坪、严村铁坑等村落。该族支人才辈出，明清时期出了两名进士郭茂均、郭辉煊，八品官郭洪献、郭祥光、郭正芳，训导郭子翰及科考士弟 13 人。先养公第九代孙郭辉煊官任林州州同，官从六品，在当地颇有盛名，致仕后，热爱乡梓公益事业，出资建私塾，铺砌长岭头石阶路等，族人悬挂其画像以旌表。该族支祠堂内悬挂两块进士匾额，祠堂门口竖有四块旗杆夹，村头耸立三层椿墙碉楼等古迹，昭示着这支家族的辉煌历史。

林州州同郭辉煊旗杆夹

大圩进士匾

龙润湖沈姓

开基祖智聪公。南宋初，上祖沈启承随宋室南迁，任汀州知府，其子沈廷铺中进士，授谏议大夫，居闽建阳县左田里。明中叶，沈廷铺后裔沈源泰由闽入粤始居南雄珠玑巷，后迁英城下街定居，育有智聪、智达、智慧、智通等四子，各自独立门户，自建新支。智聪迁居石灰铺龙润湖开枝散叶，至今衍生 600 多人，分居上楼、下楼、老屋、坳塘、王土岗等村落。

井栏下陈姓

开基祖友聪公。元末，上祖陈阳满少年随父陈龙颜由闽入粤，几经辗转徙居。洪武三年（1370年）陈阳满从戎，奉命统兵到阳山征抚"瑶乱"，立有大功，被敕封"瑶长官"，后擢升大明都督，入籍阳山。陈阳满的后裔友聪公迁井栏下定居，衍居点有井栏下、浊水等村落。后裔外迁英城白沙、九龙范正寨大砖门楼、泗围、石下、吉子岭等村庄。

保安管姓

始祖管文赞公，为生计于明朝后期偕同长兄管文昌从江西于都辗转南迁，入迁今保安管屋，裔孙300多人。长兄管文昌入籍曲江龙归。英德市管姓有741人，保安管姓占全市管姓人口的40%。

圳桥张姓

开基祖有达公。祖上少尹四郎原居福建武平县西斜岑栗子园，明万历二十年（1592年），携四子远迁浛洸科兆村，其孙廷珫移居文阁，廷珫第四子有达迁居圳桥另立新支。旧传有达公与圳桥杨姓放鸭，与杨公子结为同年，并娶山背村姑为妻，夫妻听取杨公子建议，在祠堂右空旷地开宅，至今已发展到150余人。

木塱官姓

清初，为了避战乱，鼻祖官爵公携眷属，从始兴清化（今始兴隘子镇）辗转乘舟顺北江南流，溯连江而上，经竹田河至上墟古码头，爬佛子高古栈道，始居赤沙塱埂口，为梁姓人家看牛为生。后攀莲麻坳和社下山径，于木塱繁衍生息，发展至今30户，总人口192人，占清远市官姓人口的7%。

韩屋韩姓

开基祖纪宗公。明中叶，上祖韩白涯公从福建迁高基排始居，后移居麻寨定居。韩白涯公后裔纪宗公择美光韩屋，分支建造祖祠宅基，繁衍至今有56户、300多人口，占全英德市韩姓人口的26%。

全屋全姓

开基祖子泰公，馀庆堂号，从福建远迁英城宝石洞始居，后移横石塘仙桥黄牛迳，尔后子泰公携五子再迁勤丰黄圳排暂居，最后携眷移居全屋开村建宅，至今已发展到350人口，占清远市全姓人口的56.6%。

石灰铺罗姓

石灰铺罗姓有两支派：井水角罗姓和圆岭下罗姓，均是罗径达后裔。上祖罗径达从福建连城县迁粤东蕉岭县铁坑村，后裔于明中叶再迁黎溪镇恒昌村。清末罗良帝公等从黎溪镇恒昌村伯公陂再迁入井水角，后裔居井水角、井唇、枫前角等，繁衍400多人。圆岭下罗姓，于抗日战争初期为避日寇侵扰，罗国全等携族人从黎溪镇恒昌牛寮迁徙到圆岭下立祠发族至今，发展到130人。

石灰铺林姓

石灰铺林姓有四大支派。①东岳垌马背山林姓，法传公第七子永聪公后裔，开基祖林周公，从横石塘仙桥西洞墩头移至东岳洞落籍。林周公长孙天栋留守本土发展，次孙天梁公移居马背山林屋分房发族。东岳垌马背山林姓至今繁衍130户600余人口。②埌下林姓，开基祖林辉公，法传公后裔，至今发展到40多户约300多人。③黄圯牌林姓，法传公幼子永广公播迁勤丰黄圯牌开基置业，发脉延族已繁衍300多人。④友联武禄林，开基祖祖愈公，法传公次子永积公后裔。曾祖林万四郎迁三山两坳出水岩（今五陂小学附近），林万四郎长孙祖愈公（林仟一郎）移居今武禄林，聚居有大林屋、细林屋、石牯塘照镜塘等村落，发展至今90多户500多人口。

塘下廖姓

开基祖金胜公、金星公，花公世系敏公房第十代孙，威武堂号。祖父思荣公育有两子：仲公、海公；仲公留守本土，育有金胜、金星两子，且以此分两房繁衍生息至今48户186人。谱载，思荣公明朝中期从福建迁来，途中染疾而亡，临终前嘱咐仲公、海公曰："尔勿以吾面抱无涯之戚也，尔势必到英邑择仁里而居。"仲、海两兄弟抱父骸到英德浛㴐沙东，葬于沙北养公山下。仲公居惟东塘下，海公迁今竹田山下继承姑母基业。

石灰铺黄姓

石灰铺黄姓有城下、水背、洞头等支脉。①城下黄姓，开基祖贵公，于15世纪中叶从闽西上杭远迁英邑县冈下城下。贵公育有四子：长子泰茂、次子泰深居上屋，季子泰康居下屋，幼子泰寿居中心屋，发展至今，繁衍千余人。贵公后裔外迁的有竹山下、小园，横石塘观湖新村、连江口下台、石牯塘下黄村、单竹沥等村庄。②水背黄姓，开基祖锦公，其上祖炳辰公从闽西连城褚岭远迁浛㴐黄屋园，育有安公、宁公二子。宁公留守本土育有廷贡、廷举二子，廷举育有锦公、铉公、监公三子，监公留守本土，锦公、铉公移居鱼咀高围后，锦公又再迁居水背分房发族，繁衍至今800余人。③洞头黄姓，安公于明中后期，从浛㴐火烧陂黄屋园移居转村洞头，分房发族至今163人。

第三节
族谱与家训辑录

族　谱

目前，石灰铺镇域内以姓氏单独编撰的族谱有《曾氏文广公族谱》《吴氏族谱》《江氏族谱》《英德西乡水口石氏族谱》《新联范氏支系族谱》《范氏佛胜宗支家谱》《冈下刘氏历代族谱》《纂村高平堂族谱》《红瓦屋英邑公族谱》《三门梁氏族谱》《三门王氏族谱》《民国十五年石氏族谱》《周氏族谱》《水径李氏族谱》等14部。以县域内所属姓氏编写的族谱有《赖氏族谱》《石角村张氏族谱》《胡千二郎（德瑗）公族谱》《中华丘氏大宗谱广东英德分谱》《巫氏族谱》《林氏念六郎公族谱》《鱼湾象岗司蓝氏族谱》等7部。其中新中国成立前的老族谱有《冈下刘氏历代族谱》《纂村高平堂族谱》《三门王氏族谱》《民国十五年石氏族谱》《周氏族谱》《水径李氏族谱》等6部。

石灰铺镇域内现有的族谱基本格式主要有宝塔式、欧阳修式、苏洵式、牒记式、混合式、综记式（广东兴宁卓欣所创）等。石灰铺民间各姓氏族谱往往都载有本

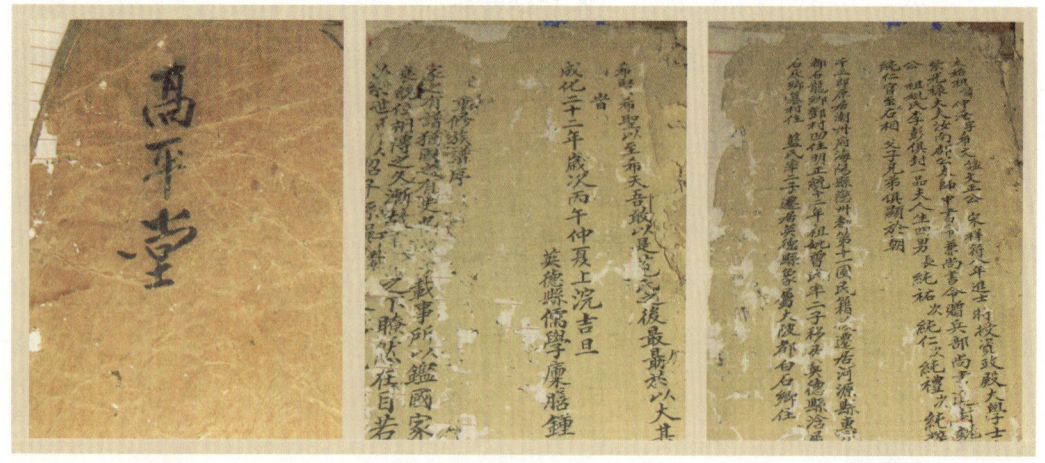

《纂村高平堂族谱》

宗族的家训，内容大体相同，先后次序、行文则各有小异。

家训辑录

家训，就是通过宗族劝善惩恶。一是劝导本姓族人，二是禁戒族众。

江氏家训①

古人治家之道，惟以身教为先。为家长者当以至诚待下，一言不可妄发，一行不可妄为，使子孙有所准则。

父母者，子之天地也，若欺瞒父母，即欺瞒天地，亵渎父母，即亵渎天地。可不深省者而切戒之乎。

子孙须恂恂孝友，实有故家望族气象。见尊长，坐必以起，行必以序，应对必以名，毋称你我，诸妇亦然。

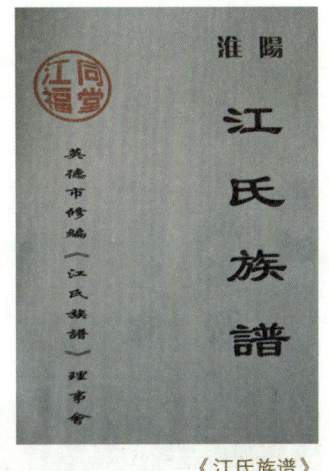

《江氏族谱》

兄弟相呼，各以其实冠兄弟之上，如曰某字兄某字弟之类，伯叔命侄亦然，侄之称伯叔者则以行与儿，如曰几伯父几叔父之类，诸娣似相呼并同。

族有婚男嫁女，必须预告尊长，会集一堂谋其可否。如一人倡之，而众人和之，则从而行之。一人曰可，众人曰不可，则从而止之。若嗜利贪贿，下量族之良贱，年之长幼，则众相阻之。

各处坟墓，岁节寒食，子孙虽有事必亲展祭。茔木植不许剪伐。如年久平塌浅露者，当择净土盖之，更立碑石，深刻名氏，勿至烟难考。

子孙非年六十，不得与伯叔连坐，违者家长罚之。

卑幼不可抵抗尊长，一日之长皆是。有出言不逊，制行悖戾，悔之不悛者棰楚之。

子孙固当竭以奉尊长，长者不可挟此以自尊，扯拳奋袂，忿言秽语，使人无所容，甚非教养之道。若其有过，反复诰诫，甚不得已，会众耻之棰之。

孝、义、勤、俭谓之四宝，酒、色、财、气谓之四贼。能守其四宝而防其四贼，有不可以立身成家显亲扬名者乎。

---

① 资料来源：江有妹、江有基等主编《江氏族谱》。

族有鳏、寡、孤、独及老、弱、残、疾之宗，众宗咸宜抚恤。

宗族祖宗之枝叶，视宗族祖宗诚然在兹，可敬而不可欺。敬宗族即敬祖宗，欺宗族即欺祖宗。敬宗族宗族好之，宗族亦阴相之；欺宗族宗族恶之，祖宗宜阴殛之。

子姓不可好梨园，梨园一流全无正语，千状万态，无非供人笑晒。作之者奔超凑合，如颜而致疑；看之者家庭不顾，失业以愈神。日连袂，夜比肩，亲朋杂沓，外内不分，奸盗诈伪，从中窃发种种酿衅，可戒孰甚。

吴氏家训①

家无论贫富，总要子孙贤孝；人无论智愚，总宣教之诗书。大之扬名显亲荣宗耀祖，小之明理达词知名识数，以及星相医卜皆不能外。纵有贫极不能近医、鲁极不能记诵者，农、工、商贾皆为正业，亦宜从幼时教习礼义，讲明孝悌，庶知凛王章而守本分，不然，子弟之不逮，实父母之教不先，谁之过矣？！

千二郎公（友泉）祠堂

---

① 资料来源：吴继裕、吴德奖等主编《吴氏族谱》。

第四节
石灰铺姓氏源流探究[①]

探究一　民间与史载进士的人数不一致

据石灰铺民间族谱记载和现存进士匾，进士有石桥王监、松柏埇蓝本华、深坑塘曾学公、郭屋大垮郭茂均、满伙郭辉煊、梅子坝赖荣光、中心陂吴士韶等。但经查省志、州府志、县志等史书均无记载。究其原因：一是民间族谱对其祖先往往有拔高溢美的现象，特别族支内的小房支脉派，其子弟凡参加县试、乡试，不论功名如何，都制作进士匾，以光耀门庭，彰显家族的荣誉。二是士子随做官、经商的父兄或宗亲在外省读书且参加当地科考，中试通知只发往报考地。也许石灰铺古代这七位进士都在外省科考高中，籍贯地就没有收到中试通知，所以地方史书无记载。

探究二　石灰铺现有姓氏中没有明朝前古居姓氏

现居石灰铺镇姓氏的居住历史，最早只能追溯到明朝初洪武年间，此前1 500多年的姓氏居民哪里去了？难道石灰铺此前无人居住吗？当然不是。翻阅史志，在许多石灰铺现有姓氏居民于明朝年间迁来之前石灰铺就已有人居住，如枫树影的沈姓、背村范屋的马姓、井塘蓝屋的李姓、沙丕坝的余姓……石灰铺这些姓氏族支后裔的去向已无从查找，值得探究。

石灰铺镇没有明朝前居住的姓氏，大致原因：一是外迁异地发展。古代居民常因各种原因迁徙，流动性大。二是族支在发展中自然消失。如山桠寨（今保安沙丕坝一带）余姓，南宋末元朝初期从曲江迁居入籍，繁衍300余人，曾出几位

---

① 本节资料来源：明嘉靖版，《广东通志》，黄佐撰，广东省地方史志办公室誊印。《地缘》，英德市史志办公室编。《上杭县志》，福建人民出版社，1993年9月。明嘉靖版《韶州府志》。

秀才，后家族迅速衰败，人丁锐减，到元末明初时，最终消亡。三是古代水灾、瘟疫、匪患战乱等自然灾害及人祸威胁，导致村庄毁灭，家破人亡，幸存者远迁他乡避居。如元武宗至大二年（1309年），管屋人参与抗击元军，全村被杀，只剩两兄妹。四是攀附他姓或改姓。明初以前，一些居住历史久远的姓氏族支，或因人单势薄，或因不清楚本族支来龙去脉，将本族支归附到势力强盛的同姓族支中去，甚至改姓。如江源公之子友明（旻）公迁横石塘长尾岭后改为祖婆所属姓氏邓姓，外迁恩平的水口石姓永儒公部分后裔由于势单力薄改为李姓。

探究三　闽西客家人入籍石灰铺的原因

闽西系指现福建上杭、长汀、宁化、武平、永定、连城等县，古时属汀州。石灰铺客家人绝大部分原籍是闽西，其辗转从粤东、粤北或英德东乡等地迁徙而至。所以，闽西上杭等地是石灰铺客家人的祖地。据《英德县政府志》载，洪武二年（1369年）三月，英德全县只有编民百户，那时，石灰铺境内荒无人烟。明洪武至明末崇祯年间，落籍石灰铺镇的有石姓、蓝姓、江姓、吴姓、范姓、刘姓、李姓、曾姓、包姓、赖姓、巫姓、陈姓、沈姓、谢姓、丘姓、韩姓、郭姓、杨姓、黄姓、胡姓、廖姓、林姓、何姓等20余支原籍闽西上杭等地的族姓，使石灰铺变成村落遍布的"旺乡"。

为什么闽西上杭等地客家人在一路跋涉向粤西北迁徙的过程中，到石灰铺就停住脚步、择地而居？其因有四：第一，石灰铺自然条件优越，是宜居宜业之地。石灰铺景色优美，地广人稀，冈溪水纵贯南北，排灌方便，地形平坦，土地肥沃，得天独厚的自然环境，客观上给闽西上杭等地客家人提供了优越的生存发展空间。石灰铺与闽西上杭等地，同属亚热带季风气候，气温、降水、地貌、河（溪）流分布相似或相近，这使闽西上杭等地客家人迁入石灰铺就像在故乡一样，很快便适应，没有时疾（瘴气）反应。第二，石灰铺扼英西咽喉，起"中转站"作用。明朝初期，闽西上杭等地客家人响应朝廷移民诏令，向粤西北迁徙，他们涉北江、蹬草鞋坳、爬长径、越闸子坳后来到石灰铺落籍，开枝散叶。如油栏垌老曾屋文广公，先入籍石灰油栏垌后，后裔再继续外迁英西南、英西北以及阳山县乳源县等。第三，供职英德的闽籍官员的宣传推介。据英德史书记载，自北宋真宗咸平二年（999年）起至清顺治十八年（1661年）年间，英德有173位闽籍官员，正是他们把英德的信息传递给乡邻，吸引闽西上杭等地客家人迁徙至此。第四，石灰铺社会环境安稳，吸引移民入籍。明初至明中叶，历任英德知县执行明政府"流民复业者，各就丁力耕种，毋以旧田为限"的规定，有力推动了田地的垦辟。同时荡贼剿寇，确保社会安定，这致使闽西上杭等地客家人大量迁入，至成化六年（1470年）新增十二图、20都1甲。同时期，闽西上杭等地社会环境又怎么样呢？据《上杭县志》记载，从元末至正六年(1346年)至明弘治十年(1497年)，上杭县境内就发生7次农民起义战争，平均每20年爆发一场大战争。特别是正统十二年（1447年）至十四年(1449年)爆发福建史上规模最大的农民运动——邓茂七在沙县起义，波及全省44个县，上杭县城几乎被夷为平地，官兵征剿滥杀无辜，血流成河，尸堆成山。至正十四年(1354年)长汀、连城、武平大饥荒，战乱不已，社会动乱，灾害频繁，赋税徭役日益沉重。为躲避战乱和灾荒，闽西上杭等地客家人大量外迁、逃亡，入籍粤北英德、石灰铺等地。

附录　石灰乡六总姓氏

　　竹田总：曾、石、邱、郭、雷、莫、黎、刘、林、陈、欧、蓝、胡、朱、黄、包、巫、杨、麦、张、叶

　　乌坑总：邱、蓝、杨、钟、何、吴、黄、包、胡、李、王、林、曾、余、全、刘、朱、赖

　　麻地总：高、黄、吴、曾、傅、林

　　车田总：罗、张、巫、杨、周、曾、官、麦、刘、伍

　　三门总：吴、王、高、梁、张、邱、蓝、沈、林、江

　　涧溪总：包、胡、吴、钟、朱、陈

(资料来源：民国版《英德县志》，第441页)

第五节
一村十八姓　多姓混居客家村落

石灰铺镇共有 203 个村落，绝大多数村落秉承家客人聚族而居的习俗，建有祖祠、围屋。当族支人口增长，围屋拥挤，他们就在围屋围墙外筑排房和独幢房。但有的村落多族聚居，没有统一祖祠和围龙屋，住宅呈一排排一幢幢分布，各族支在长期的生产和生活中多姓混居、开放包容，有的村姓氏多达 18 个。多姓混居，是石灰铺客家村落一大特点。

箣塘　十三姓混居

箣塘村位于独山村委狮子岭旁，呈南北狭长分布，村庄占地面积约 35 000 平方米，混居林、朱、盘、张、刘、胡、罗、郭、廖、王、吕、文、冯等 13 姓。最早定居箣塘村的是郭、胡、朱等 3 姓，故箣塘村分为郭屋队、胡屋队、朱屋队 3 个村民小组，且延续至今。箣塘村现有 64 户 256 人。

箣塘村姓氏多，来自五湖四海，他们胸襟开阔，和谐相处。箣塘村是石灰铺镇最早的黑皮冬瓜基地，村民大量种植黑皮冬瓜，村民经济收入大幅提高，村中建起许多漂亮的楼房。

拱角沙湾　血脉相连

拱角沙湾村属于独山村委，因独山河从箣塘村南流到此地，形成一个大湾角，湾角顶端有一座古老石砌拱桥，故称拱角沙湾。拱角沙湾村，坐北朝南，占地面积约 6 160 平方米，混居李、廖、吕、刘、范、石等 6 姓。目前该村有 3 个村民小组，32 户 132 人。六姓之中李姓最早迁入本村定居，李太公早在清道光年间从大洞古竹坪徒迁至此开房发族。由于人少地多，尔后大湾镇同族李姓、大洞镇廖姓、黄花镇刘姓、本镇石姓相继迁入。在拱角沙湾村，异姓通婚普遍，异姓血脉相连，邻里关系和谐。

拱角沙湾村，地势平坦、土地肥沃，水利灌溉条件好，所产黑皮冬瓜个大、产量高，为石灰铺最大面积的黑皮冬瓜基地。

鹤树下　灾后留守的杨姓

鹤树下村属于竹田村委，村后有一棵树径160厘米的千年古赤仔树（海红豆），树上常年有白鹤栖息，故名鹤树下村。

鹤树下，占地面积约2 668平方米，从前居住杨、吴、麦、张、巫等五姓百余户人家，分别筑有杨屋场、吴屋场、麦屋场、张屋场、巫屋场等祠堂，为当地有名的大村落之一。该村耕地分布于竹田河漫滩及台地上，土层深厚肥沃，灌溉方便。清乾隆至嘉庆年间，是鹤树下村鼎盛时期，清道光十四年（1834年）五月，鹤树下村遭遇特大洪水，禾田失收；七月，洪水复涨，房屋被毁，山崩地陷，村址荡然无存。此后，吴姓、麦姓、张姓、巫姓等纷纷迁往他处谋生，只有杨姓10余户人家留守本土。目前鹤树下村混居杨、胡和黄姓，共21户83人。

大垄田　和谐八姓

大垄田村属于石灰村委，沿后龙园岭呈狭长分布，占地面积约101亩，分居水头、上屋、四伙、水尾4个村民小组，共137户726人，居住有蓝、王、钟、涂、吴、张、李、林等8个姓氏。王氏居后龙园岭龙头，亦称水头；蓝氏居后龙园岭龙尾，亦称水尾。据《象冈蓝氏祖茂公族谱》载，大垄田蓝氏是最早落居之姓，

大垄田村

其兄弟、堂兄、祖叔等从东乡鱼湾迁徙至此暂居，其后裔分别迁居竹田蓝屋和水边镇田心立宅开基，两兄弟留守本土上屋、四伙和水尾至今。清嘉庆年间，三门王氏竹潭公后裔迁至水头立宅开基。

吴姓从大湾牛扼塘、钟姓从佛子陂先后迁入四伙，且建有蓝氏、吴氏、钟氏、李氏四座祠堂，故名"四伙"。林姓原籍大洞，涂姓原籍上蓝涂屋，李姓原籍水径李屋，张姓原籍火山背。

沙寨 八姓同村

沙寨村属于石灰村委,因村后山麓四周分布深厚沙质土,故得此名。该村占地面积6 630平方米,分上楼和沙寨两个村民小组,混居何、杨、李、包、丘、罗、于、吴等8姓,共52户270人。据考证,何姓鼻祖福寿公于清朝嘉庆十九年(1814年)从连江口镇初溪坑口迁陡到此开基立宅,且设有祠堂,堂号赐策堂,已繁衍200年历史;李姓于20世纪30年代从大洞镇苦竹坪迁入。

沙寨村有种植茶叶传统,所产"梅尖"绿茶,醇厚逸香,远近闻名,可媲美"西湖龙井"。

黄竹园排子角 一村十八姓

黄竹园排子角村属于光明村委,因村四周长满黄丹竹,故名黄竹园;又因谢屋、王屋、胡丘屋、何屋、黄屋、李屋、曾屋等围绕望顶山麓而建,宅居呈一排排分布,故得名排子角。黄竹园排子角村占地面积约53 000平方米,先后居住有周、谢、黄、李、王、胡、丘、陈、程、曾、何、韩、钟、吴、张、刘、罗、朱等18姓氏,建有下周屋周氏祠堂、黄竹园谢氏祠堂、王氏祠堂、排子角谢氏祠堂、胡氏祠堂、曾氏祠堂、何氏祠堂、黄氏祠堂、李氏祠堂等,现只有排子角谢氏祠堂保存较完好。今黄竹园排子角村居住103户442人。

黄竹园排子角村古树多,有200年桂花树、150年红荔枝、250年黑色荔枝等;村内拥有古井、谢氏祠堂、兴灵祠等珍贵文物及遗址。

黄竹园排子角村

第六节
祠堂匾额旗杆夹　珍贵遗产①

石灰铺镇辖区内有215座祠堂，绝大部分始建了明清时期。祠堂遗存的匾额及旗杆夹是研究石灰铺历史文化、姓氏源流的重要载体。

匾额旗杆夹文化赏析

中宪大夫

此匾额原挂在惟东村委白围村刘氏宗祠中厅正堂上，属于封典封赠匾额类。据《韶州府志》载：英德县，明朝，刘元桂以子泽大赠中宪大夫。

根据《冈下刘氏族谱》载，刘元桂，刘泽大之父，字应魁，号宾秋，生于明嘉靖乙巳年（1545年）八月初二日，享寿四十九岁，府庠廪。生身头鬟，长高仪伟，貌衣冠肃穆，即之温良孝友素着，博雅宏词员笈。屡考高等塞于棘闱者，八试知命有所制也，中年而殒，淹然逝矣。育有泽大、泽久、泽及、泽英等四子二女，子女群长于水心围。

刘元桂，因长子泽大显贵，先后荣获朝廷皇封赠"奉直大夫""奉政大夫""中宪大夫"等匾额。"中宪大夫"匾额长期悬挂在白围村刘氏宗祠，"文革"期间遗失。

文魁

此匾额悬挂在勤丰村委上范村佛胜公宗祠中厅正堂门额上，属科举门第匾额类，香樟木质。匾牌中央横书"文魁"两大字；上题款"巡抚广东省等处地方提督军务兼理粮饷都察院右副都御史加六级绿军功三次"；下题款"康熙四拾四年岁次

"文魁"匾

---

① 资料来源：《英德县第三次全国文物普查资料登记汇编》。

乙酉科武五十六名范以礼"。清代科举乡试中试者称举人，一般第十一名以后称"文魁"。范以礼考取了五十六名，所以朝廷封赠"文魁"匾额。

圣序储英

"圣序储英"匾

此匾额悬挂于惟东村委桅杆下刘氏宗祠中堂，属科举门第匾额类，香樟木质，长95厘米，宽60厘米，厚5厘米。匾额上横书楷体"圣序储英"，右上款"广东巡抚部院布政使司程"，左下款"光绪廿九年（1903年）国子监大学生刘祥遇立"。

恩深洋水

此石匾额竖立在水口石洋水村的社岑下倒归坑三岔道社坛，长75厘米，宽48厘米，厚5厘米。匾额上横书楷体"恩深洋水"，属寺庙石匾类，质材麻石。为时任韶州府台吴大人所赠。道光壬寅年选拔直隶州同，水口石洋水村石载珠高中，官至五品。韶州府台吴大人受广东布政使司布使黄思彤委托，登门拜访。深谙天文地理知识的吴大人考察

"恩深洋水"石匾

白洋水村风水态势后，认为蜿蜒曲折的连江与竹田河穿山涧后绕村而过，两水汇合后水量激增，流经莲花石潭后到江面宽阔的紧水滩，浩浩荡荡东流，形似"白洋水"，象征聚水如聚财，财源茂盛，源远流长。所以韶州府台吴大人赠此石匾额。后来乡民就在社岑下倒归坑三岔道竖立此石匾额，设坛奉拜。

贡　元

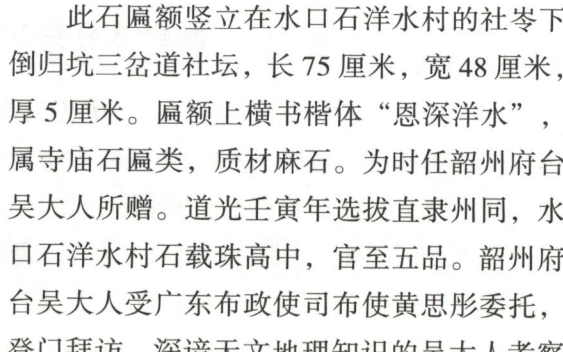

"贡元"匾

该匾额悬挂于三门王屋廷俊公祠中堂，属科举门第匾额类，香樟木质，长75厘米，宽48厘米，厚5厘米。匾额上横书楷体"贡元"，右上款"钦命两广总督部堂瑞、广东巡抚都院张为"，左下款"同治十一年候选儒学王朝桐立"。

皇恩宠锡

该匾额悬挂于三门塘窝丘氏宗祠，横书楷体，长100厘米，宽75厘米，厚3.5厘米，香樟木质。上款"特调英德县知县加三级纪录三次马骦焉"，下款"嘉庆二十四年恩锡寿职丘泽富立"。

"皇恩宠锡"匾

廷俊公祠前旗杆夹

该旗杆夹竖立于三门王屋廷俊公祠前，长39.5厘米，宽15厘米，高175厘米，条石各开两个方形通孔，麻石质材。上款"同治十一年冬毂旦"，下款"候选直隶州分州王朝权立"。1872年，王朝权参加朝廷拔选直隶州分州，俱已报捷，只是未曾补官，听候依法选用资格后，立此旗杆夹以光宗耀祖。

王朝权旗杆夹

石什公祖祠前旗杆夹

道光二十二年（1842年），石载珠参加选拔直隶州同考试，一举高中，官至五品，立旗杆以光宗耀祖。此旗杆夹质材为麻石，侧长40厘米，面宽13.5厘米，高175厘米，条石开两个圆形通孔，右上款"拔选直隶州同石载珠"，左下款"道光壬寅盛夏吉日立"。

朝宾公祠前旗杆夹

该旗杆夹竖立于三门王屋朝宾公祠前，长39厘米，宽13厘米，高178厘米，条石各开三个圆形通孔，麻石质材。上题"光绪二十三年丁酉科"，下题"钦赐副魁王治钧立"。1897年，王治钧参加县考试，取得副榜之首，成为英德名秀才。而后又为乡试副贡，王治钧立此旗杆以留名青史，光宗耀祖。

石载珠旗杆夹　　王治钧旗杆夹

第七节
水口石　依水而盛

水口石古村落位于石灰铺镇最南端，美丽的十二峰西麓下，连江下游洋水峡与竹田河汇合处。蜿蜒曲折东流的连江和滚滚南流的竹田河，穿越山涧幽谷后绕村而过，是一块难得的"龙气聚集，兴家发业"之风水宝地。水口石古村落开基祖石念公，于明洪武年间从闽西上杭迁徙竹田河下游活滩村暂居，其后裔万公、琳公于明朝正统年间定居水口石分房发族。深谙天文地理的水口石先祖，依据天人合一的朴素理念，针对水口石风水态势，秉承客家人的传统，在竹田河下游沿河两岸聚族而居，分布在洋老、围顶、田心、楼下、楼仔、井下、竹园心、塘背石老屋、下屋、新屋、竹田上墟、下墟等12个自然村落，历经600多年繁衍生息，逐渐发展成今天英德最大的石姓聚居地。

在英德民间，有一句流传甚久的俗语："东乡潭头邓，西乡水口石。""东

水口石洋水古村落鸟瞰

乡潭头邓"是指素有"千家村"之称的白沙镇潭头邓氏村落。而"西乡水口石"指的则是英德西乡有富甲一方之称的竹田河下游沿河两岸聚族而居的水口石古村落。

石氏琳公祖祠位于洋老村，建于明朝正统年间，是英德市重点文物保护单位。该祖祠为三开

开基祖石念公墓

三进两天池，造型美观，气势磅礴，有石雕、木雕、砖雕、楹联、匾额、镬耳、孔明灯等，祠堂顶上雕梁画栋、龙脊飞檐、工艺精巧，祠堂前九级台阶、墨砚形池塘等建筑物组成的客家围屋，形同阴阳两仪的太极图式。石氏琳公祖祠多次修葺，历经岁月的洗礼，至今风采依然。

崇文重教　英才辈出

水口石人自古以来十分重视教育，祖公置有祭田，田租收入除供族人祭祖外，还用于资助族中优秀学童读书。自清朝前期在村中设私塾，民国初自办洋水小学，请有德之士奉行圣人之教。据洋水《石氏族谱》记载，在明清时期，该古村落考取庠生、监生、增生、秀才、贡生、廪贡、例贡、武生及品官等50多人。如清咸丰年间保卫英德县城的韶州府千总石文宝；清末民国初保境安民的竹田乡团总石秉权；20世纪20年代赴法勤工俭学的石明德，学成归国，先后在南雄、佛山、汕头、广州等地任教，1943年秋，被英德县民国政府聘任为县立初级文澜中学首任校长。新中国成立后，特别是改革开放以来，水口石共有78位优秀弟子考上大学，其中有22人考取重点大学。

风光旖旎的洋水峡风光

滚滚南流的连江自西牛盆地折向东流，江面收紧，水流湍急，在莲花石接纳竹田河后，水量骤增。两岸蚌瑚山—寺尾山—社岭—十二峰—高道山，高低相连，蜿蜒对峙，山林重叠，河谷幽深，连江穿过15里长的洋水峡（古称鳖峡），形

成了一道道秀丽的自然人文景观：细沙溪流、浮云鹰鸟、撒网渔舟、迫颈峡、崖鹰湾、寺莲塘遗址、耸立江边的千斤石、水口莲花石、雄伟的宝江水泥厂码头、莲花石潭、沙角、崖婆岩、虾公嘴、黄金坑、紧水滩、旗鼓、营角……

水口石古村落的传说

莲花锁水口，财源滚滚来　"莲花石在县西南石灰图，状如莲花，横栏在白洋水口"①。莲花石是一座相对高度约50米的石灰岩孤峰。据说，发生洪水时，莲花石会自动上浮而不会被洪水淹没。如1982年"5·12"特大洪灾，水口石古村落周边一片汪洋，但莲花石却没有被淹。"莲花锁水口"即寓意为滔滔东流连江水与滚滚南流竹田河水，经莲花石阻挡回流，财气被莲花石锁住，源源不断地纳入水口石古村落村民口袋中，"莲花锁水口，财源滚滚来"也成为脍炙人口的民谚。

江边沙角，驿站军屯②　沙角是洋水峡紧依连江边的湾角，江砂因水流作用沉积于湾角前，形成沙滩，沙滩之上有湾角，故名沙角。传说西汉元鼎五年（公元前112年）南越国丞相吕嘉反汉，汉武帝派伏波将军路博德出桂阳（今连州）下洭水（连江），路博德把沙角作中转站，船队军士短暂驻扎于此，尔后继续南下，大战贞阳峡，在连江口与杨仆的大军会师，然后攻陷寻峡（大庙峡），破石门，直取番禺城（今广州），岭南悉平。"白洋水口汛兵六名，下至流寨汛二十里"③，此后沙角便成为驿站、邮驿、军屯，驻有军队，维持古道交通，其名称沿用至今。

水口石古村落已录入《清远传统古村落》名录。

洋水峡连江边沙角

---

① 道光版《英德县志》第112页。
② 参考许化鹏《西京古道行》，广州出版社。
③ 道光版《英德县志》第218页。

第八节
王屋古村　文风昌盛

王屋古村落位于石灰铺镇东南面三门垌的山间盆地，占地面积60 030平方米，居民365户，人口2 000多人。清澈的溪流绕村而过，村后林木浓郁茂密，庇佑王氏龙脉。该古村落始建于明朝永乐年间，发展于明朝后期，鼎盛于清朝后期和民国初期。据三门王屋村族谱记载，王氏始祖由祖婆钟氏携两子，于明永乐二十一年（1423年）从赣南安远县东乡水源堡第二图大陂倦村，迁入广东英州清义都石魁图三门乡推车岭，后定居窝角（地名）及中心街，经600年繁衍生息，至今王氏后裔已达2 000人之规模，乃当地有名的古村落。

该古村落是典型的聚族而居的古村落，村中街巷用鹅卵石或青石铺设，巷道纵横，错落有致。现保存古建筑和文物有廷俊公祠等5座祠堂、明清古民居36幢、书房下（学堂）2幢、碉楼13座、旗杆夹8副、匾额5块、古井6口，还有古桥、担石坳—佛子高古栈道以及众多祠堂祠联、堂联、门联。王屋古村落体现了客家人聚族而居的宗法文化、厚重的风水文化和历史文化。

该古村落自古尊儒术、重教育，文风昌盛。王氏族人秉承先辈植槐明志的祖训，民风淳朴，邻里和睦相处。据《廷俊公族谱》中辑录的王名嘱书，足见王氏宗族重视家规家训，其具体内容如下：

为人立心正直，处世公平，岁时祭祀祖宗香火，早晚侍奉父母，敬重怜幼，遁勤谨耕读，和睦亲族，教训子孙，方便穷人钱粮，听从祖训，父母有靠，妻儿皆全是宝，两房并无上下宗亲，子侄往来周知，大小事情共相扶持。

嘱书伯父：王名
同乡证人：陈旺
同都证人：赖宗
依口代书：杨正文

景泰三年（1452年）十一月吉日立

几百年来，王氏族人以此为家训家规，教育与激励后世子孙重耕读、怀祖德、敬父母、爱家乡、忠国家。

明清两朝，三门王屋古村落举人、秀才、品官多达近百人，如三品衔王楚基、举人王锡章、王兆丰等王氏古代名人。廷俊公祠匾额《本支题名录》详细记录了该村57名科场名士，具体如下：

庠生王道章	庠生王文英	庠生王文燕	监生王文煊
廪贡王人凤	庠生王哲人	庠生王作人	庠生王淑人
庠生王端人	庠生王特人	武生王正人	监生王亮乐
监生王家振	庠生王金菊	庠生王□敎	庠生王朝宝
监生王奕贤	监生王奕赞	武生王国选	增生王维翰
恩八品王世维	庠生王昌言	九品王开隮	例贡王朝桐
监生王汝弼	监生王汝成	监生王朝锦	六品王炳煊
武生千总王天衢	廪生王朝光	监生王凤清	九品王作坤
监生王作缚	武生王兆祥	监生王作标	监生王作楠
法政学生王福畴	监生王立训	九品王立珊	庠生王文路
举人王锡章	例贡王汝翱	恩绍八品王朝宾	监生王作霖
九品王作霈	九品王作雯	举人王兆丰	监生王作垣
钦赐副贡王治钧	教职王土钦	三品衔王楚基	监生王立效
九品王治熙	监生王式镰	监生王式緈	监生王式诗
庠生王式全			

廷俊公祠《本支题名录》

第十章 ▶▶▶
人才辈出　群英铸就冈溪魂

石灰铺钟灵毓秀、人杰地灵，历史上涌现出一批名人志士，如明朝四川提刑按察使刘泽大，清康熙举人范以礼，嘉庆九品寿职官丘泽富，韶州府台师爷杨名彪，父子秀才周文锦、周丙光，兄弟贡元王朝桐、王朝权，候选附马周凤鸣，韶州府千总石文忠，医药世家江永轩，直隶州同石载珠，名绅士钟时彦、江齐舟，清末儒商中和伯公，"白身穿朝"江满爷，留学法国的石明德，县参议吴昭谟等。现今全国劳模杨和新、全国三红旗手邹明庚、省级劳模丘亚四、抗美援朝老战士包应德、现役大校吴庆灵等优秀人才辈出。

刘泽大故居白围全景

第一节
石灰铺籍先贤

明朝四川按察使刘泽大

　　刘泽大（当地尊称刘道爷）于明朝万历年间中举，先后任广西桂林全州县官、江苏南京户部清吏司员外郎中、四川叙州知府、叙泸兵备道、提刑按察使。当地乡民称"一官管三省"，意思是指刘泽大曾先后在广西、江苏和四川三个省做官。

　　刘泽大自明万历年间中举后，始选广西桂林全州知州，诰命奉直大夫；二升南京中都军都督府经历司经历；三升南京户部江西清吏司员外郎，诰命奉政大夫；四升南京户部山东清吏司郎中；五升四川叙州知府，诰命中宪大夫；六升叙泸兵备道，恢复重庆功，加升二级，赐白金十二两；又叙平蔺功加升二级，赐白金二十两，且升提刑按察副使，诰命嘉议大夫。

　　刘泽大自朝廷赐俸归田后，为乡民兴利除弊，排忧解难，筑桥修坝、多有善举，乡民追慕至今，缅怀其功德。

康熙举人范以礼

　　范以礼是勤丰（古时背村图所辖）范屋村人，《英德县教育志》载："范以礼，英德县浛属背村图人，康熙四十四年（1705年）乙酉科举人，香山县教谕"。

　　范以礼自幼丧父，靠母亲一人种地维持家计，家境贫寒。范以礼自幼聪明勤奋，记忆超人，《三字经》倒背如流，读私塾时，常借萤火虫之光习文至深夜，其勤学之举感动乡邻。上京赶考时，得邻村江满爷鼎力资助及好心乡民的支持，一举成名。如今勤丰范屋村范氏宗祠内仍悬挂一块牌匾，匾中央横书"文魁"两字。

　　范以礼为官清廉，关心百姓疾苦，深得百姓爱戴，被人们尊称为"范举人"。他辞官告老还乡后，尽做善事，佳话连连。去世后，当地仍流传许多范举人逸事，如"鸡嫲啼，鸡公知，举人一定范以礼""紧水推沙粗在后，猛风吹谷瘪先行""肥田种芋梗长叶大，瘦岭种松肢歪鼻噬"等，证明一代文人范以礼的社会影响深远。

附　牛角挂书包，捉萤火虫照明读书

范以礼自幼丧父，范母守节把幼子抚育成人。范母家贫如洗，四壁空空，靠租种土地、出卖体力养家糊口。幸得楼下江满爷可怜，资助其子入塾读书，以望日后振兴家门。穷人孩子早当家，范以礼特别珍惜来之不易的读书机会，刻苦勤奋，好学不倦。懂事的范以礼放学后，为江满爷家放牛，换补家贴，放牛的时候，把书包挂在牛角上，一边放牛，一边读书。

年少的范以礼常在夜晚捧书苦读。由于家贫，没钱买油灯，为此他十分苦恼。一个夏夜的晚上，范以礼坐在茅棚里默默回忆读过的书，忽然发现茅棚外有许多萤火虫飞舞。他心中灵机一动，开始捉萤火虫，把它们装在白纱布缝制的口袋里，挂在案头。从此，他每天晚上借着萤光苦读。

功夫不负有心人，范以礼在省城乡试高中举人，其牛角挂书包和捉萤火虫照明读书的故事，一直是范氏后裔乃至当地四邻八乡教育子女读书的典型。

钦赐"白身穿朝"江满爷

江琮，字京良，按英德江氏世系排为八世祖，系美村村委楼下江屋村人氏，明朝后期翰林，富甲一方。其一生行善，豪爽侠义，声溢乡梓，有口皆碑；因其有三兄弟，又排行老三，故尊其为江满爷。长子跃鳞，清朝初期任朝廷内阁中书科察使，后任连县城守使；次子飞鳞，清朝初期任香山县左堂洲同江东任所。

江氏宗祠"兴朝翰史"

"江琮，崇祯年间，饥大歉，琮捐柴买米赈给饥窘，明年又歉，竭家赈给所活者，众前南韶参议萧公详旌额曰，仁爱流芳"①。崇祯年间，背村峒大旱，夏秋未下滴雨，粮食颗粒无收，百姓流离失所。江满爷决定开仓施粥百天救济灾民，在

---

① 康熙十二年《英德县志》第33页。

自己村前搭棚置锅30余口,每天雇佣200多人运粮、运柴、煮粥布施灾民。各地灾民听闻江满爷施粥,从四面八方涌向粥棚。在第80天,江满爷粮仓和库存白银已空,还差20天,如何坚持施粥?江满爷叫管家把下寓乡仙桥陂下100亩良田卖掉,用卖田的钱买粮使施粥坚持下去。江满爷施粥救灾的善举帮助成千上万灾民度过灾荒,受到灾民称颂。此事传到京城,顺治皇帝非常高兴,钦赐其"白身穿朝"匾,意即虽无官位,但可以面见皇上。此匾从前悬于背村楼下江屋祠堂正门,清后期遭大火烧毁,后韶州府台设立"兴朝翰史"牌匾,至今悬挂在背村楼下江屋祠堂正门。

乐善好施的朝宾公

朝宾公,三门王氏十五世祖,科考文秀才,恩八品衔。朝宾公一生勤劳,是当地的大户人家,生活富裕。但他十分节俭,平生乐善好施,常有急难济困、救荒赈灾之举。咸丰四年三月大旱,村民无水开耕,发生饥荒现象。心存善意的朝宾公便令家人煮粥赈灾,每天煮两大锅粥施予村民,直至夏收时期。到了晚年,朝宾

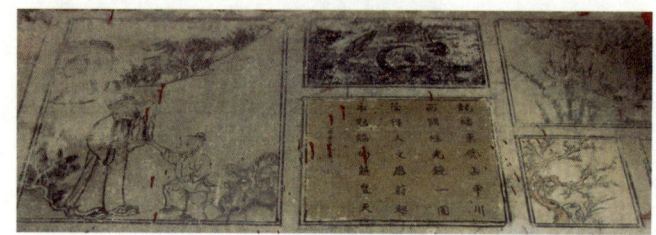

王朝宾画

公做出了更为惊人的举措:召集所有租田户、欠债户到家中,设宴招待,宴会结束,便当众宣布赦免一切田租、屋契、借贷,众人听后皆鞠躬致谢。

为教育子孙勤俭持家,做到知书达礼,朝宾公立下家训:勤劳俭朴可持家,勤读诗书享荣华;堂前父母要孝顺,膝下儿孙皆牵挂;鳏寡孤独莫歧视,贫困乡邻要周济;若要儿孙代代强,代代莫缺读书郎。朝宾公子孙遵循家训,后代人才辈出。《韶州府志》载:"王朝宾,英德人,享年九十七岁,亲见八代五世同堂。学士王彤额曰:寿符华祝。生平好善乐施,筑桥修路,乡间高其义。"

王朝宾八代五世同堂,王彤奉诏题赠额(匾额式)上联:

钦命:翰林院编修兼撰文国史馆武英殿纂修提督,广东全省学政加二级纪录十次。王彤奉诏题赠为"寿符华祝"。

下联:

同治元年旌赏:现年九十开一前后,亲见八代五世同堂,恩八品王朝宾立。

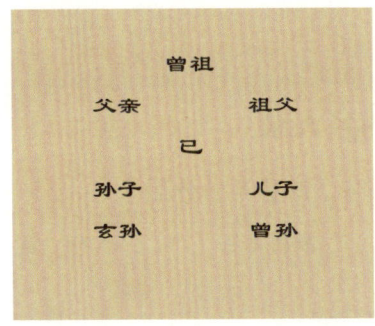 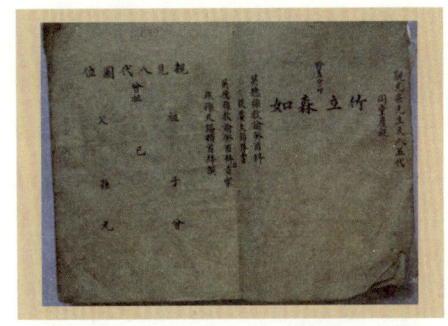

英德县教谕王天锡赠亲见八代图位匾（文）

清直隶州州同石载珠

石载珠，族名石自蕴，出生于清朝嘉庆末年，道光壬寅年（1842年）选拔直隶州州同。

传说石载珠出生时天空祥云密布，整个村庄呈现祥瑞之气，有一位相士预言水口石洋水村出贵人。果不其言，石载珠出生后，聪明伶俐，知书识礼，孝敬父母，爱护幼弟。在私塾读书时就显示过人之处，三岁识字，七岁吟诗，私塾先生个个称其长大必有作为。石载珠初入邑学，再入府学，弱冠之龄已过县试，取得秀才身份，获得参加乡试的资格。

石载珠于清道光初期考取岁贡，后出仕任职直隶州，因为官清廉、勤政爱民，后升任直隶州州同。任上，石载珠招民垦田，发展农业，其所治州县商业繁华，钱粮充足，政令畅通，老百姓安居乐业，朝廷御赠其"司马协恭"的牌匾。

石载珠热心教育，出资修葺镬耳楼（俗称"书房下"），招收石氏族幼童入读。乡民在祠堂前竖立一块麻石旗杆夹，表彰石载珠的功绩，以教育和鼓励石氏族人勤耕苦读，成为国家栋梁之材。

"司马协恭"牌匾

附录1 石灰铺名人录

表1 石灰铺籍科举名录（部分、排名不分先后）

序号	姓　名	原　籍	朝　代	获科举名	任　官
1	包金正	乌石岗	明嘉靖年间		年官
2	包金龙	乌石岗	明嘉靖年间		任富川所史
3	包宗理	乌石岗	明万历年间		年官
4	刘泽大	冈下	明万历二十五年	丁酉科举人	叙州知府、四川提刑按察使
5	包一澧	乌石岗	明万历年年间		贵溪县典史
6	刘元桂	冈下	明万历年间	府学庠生	皇赠中宪大夫
7	刘泽广	江夏	天启四年	岁贡	湖广武昌县丞
8	刘泽宽	江夏	万历辛酉年	拔贡	南京顺江府通判
9	刘克绪	冈下	清朝顺治二年	岁贡	湖广襄阳府总兵
10	江跃鳞	美村楼下江屋	清崇德四年	武生	赐中书科察使，连县城守
11	江飞鳞	美村楼下江屋	清顺治七年	武生	香山县同江车任所
12	范以礼	美村上范	清康熙四十四年	乙酉科举人	香山县教谕
13	赖君彰	石灰乡	乾隆三十四年	岁贡	
14	曾文鲁	石灰乡	康熙五十一年	岁贡	
15	李昌儒	美村乡	乾隆四十三年	岁贡	
16	赖作宾	惟东水迳	乾隆六十年	监生	
17	李春儒	惟东水迳	乾隆六十年	监生	
18	石载珠	竹田乡水口石	道光十七年	贡元	直隶州同
19	石文忠	竹田乡水口石	咸丰八年	武生	韶州府千总，军功六品
20	石镇南	大田田心	清嘉庆年间	郡庠生	
21	丘正居	胖子埌丘屋	清朝年间	国学	
22	蓝云先	竹田乡	光绪十六年	监生	
23	石　泉	竹田乡	光绪十九年	庠生	
24	刘祥遇	沙坪乡桅杆下	光绪二十九年	监生	
25	黄梦昇	友联水背	明天启年间	庠生	
26	黄中帮	友联水背	清顺治年间	庠生	

续表

序号	姓　名	原　籍	朝　代	获科举名	任　官
27	黄建极	友联水背	清顺治年间	庠生	
28	黄越	友联水背	清康熙年间	庠生	
29	江琮	美村楼下江屋	明崇祯年间	翰林	俗称江满爷
30	莫培锦	竹田乡莫屋村	光绪二十九年	秀才	
31	莫家兴	竹田乡莫屋村	清嘉庆年间	庠生	
32	莫意元	竹田乡莫屋村	清乾隆年间	庠生	
33	莫非麟	竹田乡莫屋村	清康熙年间	庠生	
34	蓝天彩	保安松柏塱	清康熙甲午年	国子监生	
35	蓝本华	保安松柏塱	清乾隆乙亥年	赠进士职郎	
36	赖荣光	保安梅子坝	清朝	进士	
37	麦雪芬	车田田坝	清嘉庆年间	武生	军功六品
38	江中和	上蒲塘	清咸丰二年	贡元	名乡绅，俗称中伯老爷
39	钟时彦	美村钟屋	清道光五年	监生	名乡绅
40	江大正	美村江屋下伙	约清乾隆十年	武生	军功八品
41	江瑄	美光大塘面	明朝后期	国学生	
42	石玉简	大田田心	清初	国学生	
43	江玺	美村楼下江屋	明万历年间	庠生	
44	江桂林	美村江屋下伙	道光九年	府学	英德法官
45	蓝子享	竹田井塘	清雍正年间	国子监生	
46	巫云清	新联塘湾	清朝	国学生	
47	巫发钦	新联塘湾	清朝	国学生	
48	蓝宗荣	竹田井老	清光绪二十六年	国子监生	
49	石柱明	大田围顶	明朝中期	廪生	
50	石柱元	大田洋老	明朝中期	廪生	
51	石万翘	大田围顶	明朝末期	国学生	
52	江维全	美光大塘面新屋	乾隆十五年	国学生	
53	石为璇	大田田心	清康熙	监生	
54	石镇岳	大田田心	清嘉庆年间	武庠生	
55	蓝宗钦	竹田井新	清道光年间	国子监生	
56	刘定国	江夏	清顺治十一年	武科举36名	台州大平县宗师洪考
57	刘克玑	江夏	明崇祯八年	例贡	阳山县教谕
58	刘维纲	江夏	康熙三十二年	府学	
59	刘应魁	江夏	乾隆三十五年	国学生	

续表

序号	姓名	原籍	朝代	获科举名	任官
60	刘光弧	江夏	雍正十二年	国学生	
61	刘子惠	江夏	咸丰七年	府学第一名	
62	吴士韶	勤丰中心陂	清代	进士	
63	吴廷政	美村枫树影	明代	庠生	
64	吴士元	美村下园	清道光	庠生	
65	赖士帮	水径赖屋	明代	武生	
66	吴其池	雷公寨中厅	清末	监生	
67	包大斌	子塘楼下	清初	国子监生	
68	郭焕璋	大田郭屋	清初	监生	
69	郭子翰	大田郭屋	明末	邑学	
70	郭云汉	大田郭屋	清中叶	监生	
71	郭司真	大田郭屋	清中叶	监生	

资料来源：①《韶州府志》《英德县志》。②各有关姓氏族谱。③宗祠匾额、旗杆夹、各有关姓氏先祖墓碑铭。

表2 石灰铺镇获得省（部）级以上荣誉人物名录

（1950—2014年）

序号	姓名	性别	获奖时工作单位	获奖时间（年月）	颁奖单位	荣誉称号
1	丘亚泗	女	五区勤丰片	1956	省政府	省三等劳动模范
2	杨和新	男	美村勤丰俱乐部	1960.5	省政府	省先进个人
3	杨和新	男	石灰铺业余文工团团长	1960.6	国务院	全国文教体卫先进工作者
4	邹明庚	女	惟东大队党支部书记	1979	全国妇联	全国"三八"红旗手
5	邹明庚	女	惟东大队党支部书记	1983	全国妇联	全国"三八"红旗手
6	朱章和	男	石灰铺邮电所所长	1963.3	省政府	省先进工作者
7	赵丕发	男	石灰铺税所专管员	1964.3	省政府	省先进工作者
8	江大焯	男	美光大队党支部书记	1964.1	省政府	省劳动模范
9	朱章和	男	石灰铺邮电所所长	1964.5	省政府	省五好职工
10	李祖楼	男	石灰铺公路道班	1982.7	省政府	省抗洪救灾先进个人

序号	姓名	性别	获奖时工作单位	获奖时间（年月）	颁奖单位	荣誉称号
11	石琦	男	石灰铺中学	1982.7	省政府	省抗洪救灾先进个人
12	赖有	男	石灰铺大队	1982.7	省政府	省抗洪救灾先进个人
13	石朝强	男	石灰铺大田大队	1982.7	省政府	省抗洪救灾先进个人
14	叶时宋	男	石灰铺竹田大队	1982.7	省政府	省抗洪救灾先进个人
15	罗家跃	男	石灰铺派出所所长	1995.2	省公安厅	省优秀人民警察
16	郭永红	男	石灰铺二中校长	1995.9	省教育工委	南粤优秀教师
17	赖德强	男	石灰铺二中教导主任	1997.9	省教育工委	省教书育人优秀教师
18	钟光辉	男	石灰铺一中副校长	2000.9	省教育工委	南粤优秀教师
19	范亚四	女	石灰铺中心小学	2004.9	省教育工委	南粤优秀教师
20	吴丽萍	女	石灰铺中学副校长	2012.11	省教育工委	省山村优秀教师
21	陈伟清	男	石灰铺镇统计站长	2007.10	省统计局	省农业普查先进个人
22	林有媚	女	石灰铺镇退休职工	2013.3	省妇联	广东百名好媳妇
23	蓝亚尊	男	石灰铺一中	2002.9	省教育工委	南粤优秀教师

表3 石灰铺镇（含美村乡、竹田乡、沙坪乡）民国时期县参议名录

（1930—1949年）

时　期	姓　名	所在乡	备　注
1935—1939	吴昭谟	美村乡	
1940—1945	石明德	竹田乡	县教育界代表
1946—1948	包文堂	沙坪乡	

表4 石灰铺镇历届省、地市（含韶关市）人代会／党代会代表名录

（1954—2014年）

会　议	届　数	代表姓名
省党代会	第一届	李快来
	第二届	江大焯
	第三届	—
省人代会	第一届	周平
	第二届	
	第三届	—

会　议	届　数	代表姓名
市（含韶关、清远）人代会届数	韶关市第七届人代会（1983.12）	钟先相
	清远市第一届人代会（1988.12）	—
	清远市第二届人代会（1993.11）	范秀科
	清远市第三届人代会（1998.11）	—
	清远市第四届人代会（2003.6）	郭永红
	清远市第五届人代会（2007.1）	郭永红、刘冠声
	清远市第六届人代会（2012.1）	郭永红

表5　石灰铺镇历届县（市）人大代表和政协委员名录

（1954—2014年）

县（市）人代会届数	人代会代表姓名	县（市）政协届数	政协委员姓名
英德县第一届人代会（1954.6）（第五区）	吴德昭、蓝应、何衍沾、邹继僯、钟光甫、曾献坤、江梯浪、曾昭妹、包如僯、李快来、李秀莲、包亚娣、蓝定群、林带娣、郭洋生	政协英德县第一届委员（1957.5）	—
英德县第二届人代会（1957.1）（美村区）	胡兴中、胡日嵩、江中兴、朱善夫、包儒灵、罗时路、江就送、梁重星、吴秀金、石锡英、李快来、许才、李神均	政协英德县第二届委员（1962.7）	—
英德县第三届人代会（1958.5）	刘泽柱、马文清、胡兴中、谢民、吴德妹、谢细妹、李快来、牛善夫、江有娣、潘爱民	政协英德县第三届委员（1980.7）	—
英德县第四届人代会（1960.12）	周继来、付维新、邹继僯、胡兴中、黄锡侨、曾宪苟、巫神养、付社娣、廖诗生、陈金娣、徐士许、李观远、钟家练	政协英德县第四届委员（1984.6）	—
英德县第五届人代会（1963.9）	谢煌、邹继僯、胡斯荣、何大连、周邦权、钟光胡、丘亚泗、蓝永田、王想、郭石养、曾亚娣、蓝神锡、黄带、包儒汉、廖昌耀、江提浪	政协英德县第五届委员（1987.3）	—

续表

县（市）人代会届数	人代会代表姓名	县（市）政协届数	政协委员姓名
英德县第六届人代会（1980.7）	周家彬、王神生、许秀春、吴德惜、张亚石、蓝兴修、王门富、石秀庭、石丰洋、胡昌泗、林彩平、黄神新、陈社平、张林、包儒广、邹明庚、吴吉奉、刘勇、冯南旺、范月生	政协英德市第六届委员（1990.5）	包继生
英德县第七届人代会（1984.6）	冯南旺、陈水妹、邹明庚、蓝兴修、黎柱、廖曹业、杨和招、刘福平、包继贤、张林、江中央、梁志强、曾庆林、郭红梅	政协英德县第七届委员（1993.3）	许木星
英德县第八届人代会（1987.5）	林社金、包生芳、全自永、全自娇、王门富、杨佛观、赖祥山、罗定煜、李永桥、曾国荣	政协英德市第八届委员（1998.3）	杨东林
英德县第九届人代会（1990.5）	石社坤、江大墙、钟光永、赖兴梅、梁重禄、王辉、黄观妹、吴吉修、蓝春远、张妹、刘明忠、郭谦遇	政协英德市第九届委员（2003.3）	钟光惜、曾宪进
英德县第十届人代会（1993.3）	江有佩、周秀珍、甘启兴、石朝、刘福林、黄锡群、李神锦、钟秋、蓝兴修、沈其先、赖其炳、包友田、江大墙	政协英德市第十届委员（2007.1）	刘冠声（常委）、黄焕党、华北、钟光惜、蓝永红
英德市第十一届人代会（1998.4）	江有佩、黄锡光、欧观远、郭从新、刘亚六、巫彩云、吴集龙、杨定、甘启兴	政协英德市第十一届委员（2011.12）	黄焕党（常委）、蔡伯高、湛子建、钟光惜、华北、蓝永红
英德市第十二届人代会（2003.4）	丘昌练、莫世修、陈元端、欧观远、胡瑞兰、钟卜煌、张才芳		
英德市第十三届人代会（2007.1）	范秀和、阙柱金、吴开和、范后双、钟卜煌、彭伙有、刘冠声、赖兴梅		
英德市第十四届人代会（2011.12）	郭永红、丘佰福、黄双娣、刘冠声、江有存、莫世修、丘昌练、范后双、吴开和、曾桥娣		

资料来源：英德档案馆、《英德县志》（2006年版）、《英德县政府志》（1994年版）、《英德县人大志》、《清远市志》（2012年版）及石灰铺镇档案室。

续表

表6 石灰铺籍专业技术人员名录(部分)

(排列不分先后,截至 2014 年 12 月)

序号	姓名	原籍	获最高学位毕业院校	获学位/研究方向	获高级技术职称	住地或工作部门
1	郭建平	大田地头坪	华中科技大学	硕士/自动化	高级工程师	广州
2	范德标	新联范屋	汕头大学医学院		主任医师	深圳布吉
3	石少萍	大田田心	中山医科大学		副主任医师	洺洸医院
4	蓝天	石灰水尾	美国伊利洛伊大学	博士		美国伊利洛伊州
5	曾庆亮	转村深坑塘	西安工程大学	硕士/产品设计	高级讲师	广州大学
6	林永威	友联林屋	韶关学院	英语教育	中学高级	石灰铺中学
9	巫峡	新联塘湾	美国伊利诺伊大学	博士		美国伊利诺伊州
10	范兰旺	勤丰上范	广东外语外贸大学	硕士/物流管理		德国快递公司
11	石朝丁	大田田心	兰州大学	硕士/MBA		深圳罗湖
12	管小英	保安管屋	华南师范大学	硕士/涉外英语		广州医科大学
13	蓝美玲	石灰上屋	华南师范大学	硕士/政史		英德一中
14	郭丽华	大田大垮	华南理工大学	硕士/行政管理		番禺国税
15	刘志玲	竹田下山	华南农业大学	硕士/生物工程		广州检验检疫局
16	刘佳锐	惟东水心	华南师范大学	硕士/光电技术		清远电信
17	李永红	独山沙湾	清华大学	硕士/MBA		浙江杭州
18	胡水平	石灰鸭麻墩	广州大学		中学高级	清远二中
19	李虹	惟东大径	广州大学		高级经济师	佛山外贸
20	包莞榆	石灰哈嘛窝	暨南大学	硕士/环保技术		钦州环保
21	石睿	大田竹园心	华南农业大学	硕士/生物技术	讲师	华南农业大学
22	蓝小兰	竹田井老	广州大学	硕士/美术		
23	黄福禄	惟东城下	贵州大学	硕士/法学		阳山检察院
24	黄小娃	惟东城下	赣南师范学院	硕士/美术设计		清远职业技术学校
25	包秀勤	子塘上围	南方医科大学	硕士/遗传学		
26	杨静	勤丰合坑	南方医科大学	硕士/口腔		清远人民医院
27	管倩文	保安管屋	西南政法大学	硕士/法学		东莞公证处
28	蓝文舒	保安下蓝	广州大学	硕士/英语教育		英德博物馆

续表

序号	姓名	原籍	获最高学位毕业院校	获学位/研究方向	获高级技术职称	住地或工作部门
29	何记炳	惟东山下	华南师范大学		高级讲师	英德职校
30	刘廷望	惟东水新	长沙理工学院	硕士/桥梁设计		惠州路桥设计院
31	李小飞	惟东李屋	中山大学医学院	双学士/临床		中山大学附属医院
32	曾凌	新联桐鼓陂	牛津布鲁克斯大学	硕士/管理学		佛山高明地税局
33	巫志牛	新联塘湾	广东工业大学		高级工程师	广东广播电台
34	杨定维	勤丰乌坑			一级警督	广州消防局
35	林署云	友联细林屋			律师	浈阳律师所
36	郭周旋	大田满伙			律师	广东执正律师事务所
37	罗开群	保安井水角			副主任护师	清远妇幼保健院
38	黄伟明	惟东城下	北京师范大学	硕士/教育管理	中学高级	清远市教育局
39	刘小青	惟东水新		硕士/法学	律师	惠州律师事务所
40	范后岳	勤丰范屋			律师	英都律师事务所
41	石少聪	大田田心	湘潭工学院		注册会计师	广州佳仕佰公司
42	江海波	美光大塘面	广东工业大学		验证专家	深圳美资企业
43	江明	美光大塘面	英国伦敦大学	硕士/经济学	高级经济师	广州花旗银行
44	许雪梅	美村街	广州医学院		副主任医师	英德市计生所
45	欧秀月	保安下欧			副主任医师	英德市妇幼院
46	梁芳	三门老梁屋	北京大学	博士/生物技术		深圳研究生分院
47	李茵茵	子塘打鼓墩	中山大学			广州南沙海关
48	成永德	社区钟屋岭	华南理工大学	硕士/IT技术		珠海工商银行
49	李苍彬	美光曹至坌	华南师范大学		中学高级	英德职校
50	王贤锋	保安上蓝	广东教育学院		中学高级	英德中学
51	周秀金	光明庙背	东北师范大学	研究生/教育	中学特级	英德市一中
52	江惠红	美光大塘面	华南师范大学		中学高级	英德中学
53	胡斯定	石灰排子	华南师范大学		中学高级	英城街中学
54	杨定煌	勤丰乌坑	东北师范大学	研究生/教育		石灰铺中学
55	曾社带	新联老曾屋	东北师范大学	研究生/教育		石灰铺中学
56	陈祖杰	石灰井栏下	华南师范大学	硕士/化学	中学特级	清远工贸

续表

序号	姓名	原籍	获最高学位毕业院校	获学位/研究方向	获高级技术职称	住地或工作部门
57	吴碧华	美村街	广东外语外贸大学	硕士/英语教育	中学高级	清远二中
58	欧阳辉	保安下欧	韶关学院		中学高级	清远二中
59	蓝莉芳	竹田井新	广东医学院	双学士/临床		英德人医
60	蓝小敏	保安下蓝	哈尔滨理工学院	IT技术	高级工程师	广州
61	江会忠	美光大塘面	华南师范大学		中学高级	南雄中学
62	石远夏	大田田心	广东工业大学	硕士/信息技术	高级工程师	清远移动
63	石远豪	大田围顶	广东工业大学	硕士		
64	曾美玲	美村田寮下	华南师范大学		中学高级	英德教育局
65	江中泰	美光大塘面	广东技术师范学院	旅游管理	讲师	惠州旅游学校
66	曾志明	美村田寮下	华南理工大学	民用建筑	高级工程师	英德广英花园
67	石少庆	大田田心	华南农业大学	IT技术	高级工程师	东莞微软公司
68	吴必科	勤丰中心陂	韶关大学	物理	高级工程师	黄埔电厂
69	包生耿	子塘上围	中山大学	硕士/历史学	高级讲师	广东外语外贸大学
70	吴庆灵	勤丰中心陂	武警指挥学院		大校	海南武警总队
71	何远溪	惟东新屋	武汉雷达学院		上校	广西军区
72	石碧辉	大田楼仔	国防大学	硕士	中校	海军某训练基地
73	杨和安	勤丰乌坑	桂林高炮学院		中校	原桂林驻军
74	范捷好	新联范屋	华南师范大学		经济师	深圳蛇口
75	刘文彬	大田大塘	廊坊武警学院		中校	中山市消防支队
76	朱明锋	美村街	清华大学	硕士/商法	律师	广州中信证券
77	石利毅	大田田心	广州大学		记者	中山广播电视网络公司
78	丘新浓	石灰寺前	广东工业大学		高级工程师	顺德美的集团
79	刘远彬	竹田上山	桂林陆军学院		上校	新兴市武装部
80	李招安	独山麻塘	总后勤指挥学院		上校	清远交通局
81	李神层	美光山口	广东政法学院		一级警督	清远交警支队
82	李彩娣	美村牛牯岭			副主任护师	韶关中医院
83	莫建国	美村江屋			讲师	华农珠江学院
84	王昀晖	居委	厦门大学	硕士/新能源		
85	杨发智	勤丰乌坑	中山大学	硕士/经济学		中新产业
86	杨发勇	勤丰乌坑	中山大学	硕士/管理学	律师	东莞南城

续表

序号	姓名	原籍	获最高学位毕业院校	获学位/研究方向	获高级技术职称	住地或工作部门
87	范耀威	勤丰下范	暨南大学		高级工程师	上海DDB公司
88	吴集仕	美村田察下	南华大学		高级工程师	东莞帮联公司
89	黄目升	友联水背	重庆交通大学		一级建筑师	中交四航设计院
90	蓝文祥	竹田井新			上校	北京大兴
91	郭观就	大田大垮			上校	台航空兵教官
92	沈其亮	三门龙润湖	长安大学		高级工程师	英德规划局

资料来源：石灰铺镇政府档案。

附2 石灰铺镇历届班子成员[①]

1940年 美村乡乡长钟裕亭，副乡长刘濂溪；沙坪乡乡长张秉唐，副乡长包文堂；石灰乡乡长杨瑞召，副乡长石秀香。

归第二区署辖，区长钟凤岐。

1945年 美村乡乡长李扬升，副乡长周兴光；

沙坪乡乡长刘春和，副乡长蓝裕婷；

石灰乡乡长石秉权，副乡长曾杰。

归第二区署辖，区长陈熙民。

1949年 美村乡乡长周兴光，沙坪乡乡长罗有锡，竹田乡乡长石秉权。

1949年10月—1950年5月 美村乡乡长江有提，副乡长李维柱；惟山乡乡长谢民，副乡长吴中兴；竹田乡乡长石朝辉，副乡长曾庆贺、刘德荣。

归英西区所辖，书记周平，区长杨锡柱。

1950年6月—1954年3月 美村乡乡长江有提，美光乡乡长李快来，石灰乡乡长李招汉，三门乡乡长王神坤，子塘乡乡长罗时洋，惟东乡乡长刘太悦，独山乡乡长邹继僯，保安乡乡长李石松，转村乡乡长林神松，竹田乡乡长蓝定耀。

归英德二区所辖，书记赖明威、后黄焕廷，区长唐乔，后伍学良；副区长

---

① 资料来源：英德档案馆；《英德县政府志》（1994年版）；《英德县志》（2006年版）；《英德县人大志》；石灰铺镇政府档案资料。

高嵩山、谢民、林启祥、胡克泉。

1954年12月（第一届政府） 英德五区区长吴德昭，后林畅民；副区长胡克泉、林启祥、高嵩山、曾伙光、谢民、许才。

1956年9月（第二届政府） 区长吴德昭，后许才；副区长邹继僯、全辉源、谢民、李快来（女）。

1959年4月（第三届政府） 社长胡克泉，后邹继僯；副社长管汉，全辉源李快来（女）。

1959年12月（第一届党委） 书记谢煌，副书记吴德昭、邹继僯、邓观意。

1960年10月（第四届政府） 社长邹继僯，副社长全辉源、李才、邓长寿。

1961年11月（第二届党委） 书记赵瑞才，副书记邹继僯、何太福、赖平、陆汉。

1963年3月（第五届政府） 社长邹继僯，副社长全辉源、汤仕举。

1966年3月（第三届党委） 书记汤仕举，副书记邹继僯。

1970年3月（第四届党委） 书记苏彰彬。

1973年3月（第五届党委） 书记苏彰彬。

1980年1月（第六届党委） 书记刘勇。

1981年7月（第六届政府） 社长冯南旺。

1983年2月（第七届党委） 书记冯南旺、林社金（1986年8月后）。

1983年3月（第七届政府） 社（区）长钟先相。

1987年1月（第八届党委） 书记林社金。

1987年1月（第八届政府） 区（镇）长林超群。

1990年4月（第九届党委） 书记林社金。

1990年4月（第九届政府） 镇长林石荣。

1993年4月（第十届党委） 书记林石荣。

1993年4月（第十届政府） 镇长曾庆群。

1996年1月（第十一届党委） 书记曾庆群。

1996年3月（第十一届政府） 镇长石社坤。

1999年1月（第十二届党委） 书记曾庆群。

1999年3月（第十二届政府） 镇长林奕平。

2002年1月（第十三届政府） 镇长范秀和。

2003年3月（第十三届党委） 书记曾庆群、范秀和（2003年6月起）。

2006年8月（第十四届党委）　　书记范秀和、郭永红（2010年8月起）。
2006年8月（第十四届政府）　　镇长阙柱金、刘军（2009年3月起）。
2011年7月（第十五届党委）　　书记郭永红。
2011年11月（第十五届政府）　镇长刘军、林秀丽（2012年6月起）。

第二节
石灰铺籍商界人物

崇商重商是石灰铺客家人的传统,良好的交通条件,为石灰铺人外出经商提供了便利。早在元朝延祐年间,石灰铺境内就出现摆卖石灰的"商人",并逐步形成了美村街、竹田墟、独山闹和石灰铺街四大商贸集市,涌现一批商贾富豪:一船金银的石氏四亚公、九坛黄金的江满爷、拥有冈下半壁江山的仲龙公、双万户的吴翠廷等。新中国成立以后,特别是改革开放以来,刘太英、黄焕党、刘光京、胡可艺、吴开情、谢有增、罗细柱、石神金、刘冠声、王文托、曾庆祥、丘昌练、江大安、石朝达、刘永煌、韩国平、周必艺、林亚明、蓝炎、刘卫东等一批商界精英脱颖而出。

刘太英　石灰铺城镇化的助推手

清瘦的身影,精神的脸庞,朴素的着装,不善言辞,一个典型的农民企业家的形象,他就是英德市聚龙房地产有限公司总经理刘太英。

石灰铺镇第一代驾驶员

刘太英

刘太英,石灰铺镇社区人,20世纪80年代初,靠着从亲友处东拼西凑借来的钱,购置了一辆手扶拖拉机,跑起了短途运输,成为当地第一代驾驶员。刘太英凭着自己吃苦耐劳的秉性,每天早出晚归,几年下来,攒下了第一桶金。富而思进,逐渐富裕起来的刘太英并没有放缓他创富的步伐,不断推出的项目拼接出一个他心中的创富版图:从20世纪80年代中期起,先后承包耕地种植糖蔗;1989年,开办轮窑砖厂,年产红砖800

聚龙花园一角

万块；1991年，组建工程队，承接建筑工程项目……

聚龙花园　石灰铺城镇化的见证

2000年，刘太英看到石灰铺城镇化进程、小学布局调整后，墟镇、当地农民生活水平不断提高所带来的房地产市场潜力、机遇。他抓住这一契机，果断出击，与他人合伙成立英德市聚龙房地产有限公司，在石灰铺墟镇开发建设聚龙花园小区。聚龙花园是石灰铺镇目前规模最大、第一个电梯洋房的住宅小区，建筑面积达5万平方米，商品房400多套，2012年竣工上市，销售业绩喜人。2013年，刘太英紧接着开发建设聚龙花园第二期项目，规划建筑面积达6万平方米。聚龙花园，现已成为石灰铺标志性的地产项目，是石灰铺城镇化建设的见证。

富而思源，富裕起来的刘太英，不断回报家乡，先后为创教育强镇、水灾救助、扶贫济困等社会事业捐款。

黄焕党　自强不息缔造"创美实业"

《易经》曰："天行健，君子以自强不息；地势坤，君子以厚德载物。"黄焕党创业的成功故事给这句话做了最好的诠释。

黄焕党，石灰铺镇友联村人，广东创美实业董事长。他一手打造的广东创美实业旗下拥有穗港消防花都公司、穗广石艺园林工程有限公司、创美房地产开发有限公司、创美农业发展有限公司、桑缘农业发展有限公司等多家企业，员工规模达1 000多人。

一枚铜钱　赐予他智慧的源泉

星河国际

黄焕党出生于石灰铺镇一个贫苦家庭，加上家里兄弟姐妹多，少年的他，上学时家里交不起学费，只好用米换来学费，勉强上了几年小学。懂事要强的他，没等小学毕业，便辍学回家，帮父母分担家务，在家务农。1985年，不满15岁的黄焕党，怀着对未来的憧憬，南下珠三角打工，足迹遍及南海、广州、深圳，后在花都这块属于他的福地停留下来。在花都，由于文化水平较低，黄焕党只能到建筑工地做小工，挑泥水，繁重的劳作、微薄的工资，并没有难住他。在花都，他睡过街，摆过地摊，还曾在花都火车站睡了三天三夜。苦难，磨炼着这个年轻小伙的意志。黄焕党攒下的一分一厘，都是用血汗换回来的。

在花都，一对退休老夫妇的出现，是黄焕党人生的转折点。这对老夫妇欣赏这位年轻小伙的踏实、勤奋，将自己手中的一个三轮车饼摊交给他做，并手把手教他做饼技艺。这对老夫妇将黄焕党当作自己的孩子看待，不但在事业上对黄焕党给予扶持，还教给他做人的道理，并送一枚铜钱给他，告诫他做人、做事要像铜钱的方和圆一样，做到方圆有致，方正灵活。黄焕党从此将这枚铜钱时刻戴在身上，每每遇到困难，这枚铜钱就是他智慧的源泉。第二年，由于花都禁止街摊摆卖，黄焕党将饼摊转让，到同乐酒店茶楼干了半年点心师，他以真诚和精湛的技艺获得茶楼老板的赞赏，赢得了众多顾客的好评。

创美实业　成就传奇的人生

1993年，黄焕党开始了他的创业历程，与朋友相继承包佳美酒店、新世纪酒店、东方酒店等多家酒店生产制作部，投身餐饮制作行业；1994年，先后开办三间美容院，与著名美容机构尚艺连锁并驾齐驱；1997年，投资经营花都赤坭宾馆；1999年，创办穗港消防花都公司,涉足消防工程建设;2000年,成立创美房地产开发有限公司,进军房地产业,开发建设的楼盘有花都创美花园、美丽家园、英德星河国际等;2006年,成立穗广石艺园林工程有限公司;2013年,回到家乡石灰铺镇,成立创美农业发展有限公司、桑缘农业发展有限公司。短短的20年,黄焕党缔造了一个庞大的企业王国,用他的真诚为企业赢得了市场和发展空间。创美实业,成就了黄焕党的传奇人生;黄焕党,引领着创美实业的阔步发展。

成功创业的黄焕党,在成功面前并没有满足,而是不断提升自身及管理团队的管理素质和文化素养。2007年,他与公司核心团队考入了南昌大学MBA硕士研修班,学习企业管理等课程,攻读硕士学位。富裕起来的黄焕党,心怀感恩,回报社会,热心社会公益和慈善事业。2011—2013年广东扶贫济困日捐款共120万元,为家乡兴建筑桥修路捐资210万元;汶川地震捐款10万元,玉树地震捐献物款5万元;资助30多名贫困大学生……

诚信赢人心,奉献有收获。2010年起,黄焕党当选为英德市第十届和第十一届政协常委。

刘光京　勇担责任创办"新纪元学校"

刘光京,石灰铺镇惟东村人,广州市白云区新纪元学校董事长,广州市白云区第八、第九届政协委员,广州市白云区民办教育协会常务理事。

回报母亲是他前行的动力

刘光京出生在英德市石灰铺镇一个贫困家庭,父亲去世较早,母亲一人带大他们兄妹三人。到了上学的年龄,由于家境贫困,刘光京靠上山砍柴换钱读书。那时去镇里读书要走十几里山路,路不好走,每学期开学初的几天他都起早摸黑上山砍柴,挑柴到学校伙房抵学杂费,就这样艰难地读到了初中。母亲非常疼爱刘光京,虽然贫困,但省吃俭用供他读书,把家里的希望寄托在他身上。从小刘光京就暗下决心,

刘光京

要在母亲有生之年改变家庭的贫困面貌,好好孝顺她。

20世纪90年代初,因家境困难,刘光京南下广州打工谋生,以减轻家里负担。当时他去广州的车费不够,还向朋友借了10元钱作盘缠,为了节省几毛钱的车费,他挑着行李从英德汽车站步行到火车站。到了广州,费尽周折才终于找到了一份工作,可没干满两个月,企业就搬走了。为了生存,刘光京只好骑自行车从广州比较偏远的地方拉菜到市区买,每天天没亮就出发,到晚上八九点钟才回到家里。辛苦了大半年,却没有攒到多少钱,无奈之下,刘光京决定把老婆和孩子送回英德老家,自己一个人继续在广州闯荡。就在回广州途中,他遇到了一位同学,在交谈中了解到该同学当时在广州开拖拉机给人家拉货,生意还不错。聪慧的刘光京便从亲友处借来1 000多元买了一辆旧拖拉机,跑起了短途运输。从此,刘光京事业便步入一条发展的快车道。1994年起,他用攒下的钱相继购置了三辆东风汽车。1996年,刘光京开始涉足水泥、石灰油等建材生意。

责任化为满园芬芳

在广州生活多年,刘光京发现有很多外来工子女无法在广州读书,即使上学,也要交一大笔赞助费,子女上学难成了刘光京身边所有外来工的一大难题。为了让这些外来工子女有书读,1999年,刘光京用自己辛辛苦苦挣来的所有积蓄与三

新纪元学校校庆10周年活动

位朋友一起在白云区创办新纪元学校。办一所学校困难自然不少，且办学投资大、效益低，面临重重困难。不久，三位股东选择了退出，这给刘光京带来了不少的压力。刘光京抱着"把教育当作人生的事业，解决外来工子女读书难的问题，造福社会"这样一个信念，选择独自承担了一切挑战，决心把学校办好。

办学初期由于经验不足，再加上经济压力大，刘光京有一段时间整晚都睡不着觉。现学校工会主席、白云区优秀教师张爱珍回忆起学校创办初期，说："我从湖南一家职业中学辞职来到新纪元学校，学校创办初期，条件相对艰苦，但刘董事长真心办学，以校为家，关心员工，当时刘董事长一家住在没有空调的房子里，而我们教工宿舍都装上了空调，受刘董事长的影响和感染，我们看到了学校未来的发展，2001—2012年10年间，全校21名教师没有一个流失。"

"有心做一件事，没有做不好的。"刘光京是这样说的，也是这样做到的。经过14年的拼搏，他创办的广州市白云区新纪元学校得到了社会各界的一致好评。2006年、2008年学校先后两次被评为白云区民办教育先进单位，刘光京本人在2008年被评选为白云区民办教育先进工作者，并于同年当选为广州市白云区政协委员。2010年7月学校设立新纪元幼儿园，实现了学前教育和小学教育相衔接的一体化教学模式，在校学生近2 000人。刘光京与朋友合作还先后创办了东莞东翔学校、南海西樵实验学校。

厚德惠泽社会乡梓

事业成功，不忘回报社会。14年来，刘光京多次捐资社会事业，所捐款项近300万元。倾心教育扶贫，资助家庭困难学生减免学杂费达85万元，发放奖学金90万元；为家乡兴建设施、修路（包括目前在建工程）捐资51.5万元；为"建设富裕和谐白云出把力"捐款20万元；2004年，帮扶河源市双江小学物款达6万元；2008年5月汶川地震捐献物款10.5万元；2010年4月玉树地震捐献物款7.5万元；2013年4月雅安地震捐献物款8.8万元……

由于自己书读得少，为提高自身的文化素质和办学水平，刘光京先后到华南师范大学、中山大学进修，学习教育管理、MBA等课程，并参加广东电视台举办的形象口才班学习。展望未来，新纪元学校必将成为白云区民办教育一张闪亮的名片。

石神金 点"石"成"金"谱写商业神话

石神金，石灰铺镇大田村人，英德市贵隆矿业贸易有限公司董事长。

中学时代初露锋芒

石神金

在1971年，石神金读高中一年级。由于当地生产石灰，当时生产队生产的石灰销路不畅，这年暑假，生产队两船共20吨石灰待售，生产队没有一人敢接受这一任务。年轻气盛的石神金自告奋勇走出来，在众人疑虑的目光中，石神金和船长押着两船石灰从连江顺水而下，经北江一路南下。这时的石神金其实心中也没有底，夜晚，船在江中行，两岸万家灯火，他问船长这是什么地方，船长告诉他已到了佛山，石神金随即叫船长将船停靠在佛山码头。第二天一早，石神金便上码头，往佛山城区走，他找到佛山外贸局。局领导见到这个还是学生的年轻小伙子，很是佩服，就安排一名主管基建的干部随他前去码头验货，这名干部在查看后对石灰质量表示满意，当即收下了两船石灰。回到家乡的石神金，因销售两船石灰一下成了当地的名人，附近乡镇的石灰厂领导纷纷骑着自行车找到他，要求帮助推销石灰。

一次偶遇成事业起点

1972年，高中毕业的石神金回到大田大队做会计，1982年底调任石灰铺区公所农工商联合总公司副经理，这是一家以贸易为主的乡镇企业。1984年，石神金到山西贩运焦炭，返程经北京坐火车回广东，正是在这次火车上，他遇上了他人生转折的一个关键性人物，昆明铁路局运输科的王科长，两人在车上闲聊起来，并互相留了地址。1987年，石神金给昆明铁路局运输科王科长写了一封信，请求帮忙解决车皮运输焦炭，不久从昆明铁路局寄来的20个车皮计划书到了石神金的手中，这在计划经济时代，可是千金难求的东西。车皮到手了，手头没资金，怎么办？石神金首先到英德市农行申请借款15万元，在20世纪80年代这可不是一个小数字,银行行长怕担风险,不敢借。他又找到佛山一朋友,朋友听后二话不说,给了他一张13万元的汇票,他拿着汇票连夜到广州火车站坐车赶往昆明。就这样,从贵州盘县红果装运的15个车皮的焦炭一周内运到了广州石围塘站。站场通知取货时,石神金还没有找到销路。这时,他跑到佛山,在祖庙附近的一个公用电话亭拿着电话本给一家家企业打电话,最后说动了佛山铸造厂,厂方派人过来看货,由于焦炭质量好,价格比市面便宜,佛山铸造厂将这批货全部买下了。这一批货,石神金就赚了30万元。赚了第一桶金后,他不断扩大经营,1989年开始扩展煤炭生意,供货遍及珠三角地区,包括广州铸管厂、广州柴油机厂、广州电机厂、广州缝纫机厂、南海犁头铸造厂、江门甘化厂、江门电机厂、江门造船厂、新会铸造厂等一大批企业及台泥、海螺、亚东水泥等知名企业,并将业务伸展到辽宁、四川、江西等地。一个庞大的煤炭销售商业网络经他的手编织而成。

英德设市的特约代表

石神金富而不忘家乡,热心家乡社会公益事业,多年来为家乡建设捐资达数百万元。每逢家乡遭遇水灾,他都热心捐款。2011年英德水灾,他捐资20万元。2010年,石神金捐献两辆公务用车给石灰铺政府,以改善当地政府办公条件。石神金是个热心肠的人,是在佛山的英德人联系的纽带,数批英德公安到佛山警校升督深造,他都安排车辆接送、负责食宿。大田村支部郭书记说:"石总乐善好施,村委的灶具等用品都是他掏钱买的,每年回家都会给村委捐款帮补办公经费。"真是金杯、银杯都不如家乡父老乡亲的口碑,金奖银奖都不如家乡父老乡亲的夸奖。

1994年3月英德撤县设市,石神金作为商界为数不多的特约代表之一参加市政府组织的庆典活动,这是英德市政府对这位英德石灰铺籍商人的肯定。

王文托　强势"益农"益民富民

王文托,石灰铺三门王屋村人,1979年出生,英德市益农生产资料经营有限公司总经理。

1997年,高中毕业的王文托在家乡石灰铺墟镇开办了一家农资经营门店,专营化肥、农药等农业生产资料。由于当时农资基本由当地供销系统专营,王文托

王文托

的门店销售情况并不理想。1998年，王文托关掉门店，投入物流运输业，因经营有道，其经营的物流公司不断发展、壮大，到高峰时公司拥有近20辆大型拖车。2000年，王文托南下顺德进军建筑业，开发乐从木业市场等大型项目。

2003年4月10日，王文托回到起创业的起点，创办英德市益农生产资料经营有限公司，从事化肥、农药等农业生产资料经营。经过10多年的经营和发展，目前益农公司已成长为英德市最大的农资流通企业，拥有从业人员63人，建有配送中心、13家直营店、省级万村千乡农资店84家、国家级农资店63家、客户网点450个，销售区域覆盖整个粤北地区，实现营业收入近亿元。公司与湖北三宁化工股份有限公司、深圳芭田生态工程股份有限公司、广东拉多美化肥公司、云南云天化股份有限公司、宁波中化化学品有限公司、广东植物龙生物技术有限公司、青岛海利尔化学有限公司、广西勤德股份有限公司、青岛海大生物集团有限公司等知名厂商深度合作，推介最优质的农资产品；并与华南农业大学植物营养学院、青岛海洋大学农学院建立合作关系，推广科学的种植技术，聘请专家教授指导科学施肥技术。同时，公司建立一套涵盖商品采购销售、库存管理、客户关系等业务板块的信息管理系统，企业经营管理水平不断得到提升。2010—2013年，益农公司连续4年被评为广东省供销系统农资连锁经营龙头企业30强，是广东省农资流通协会监事单位。

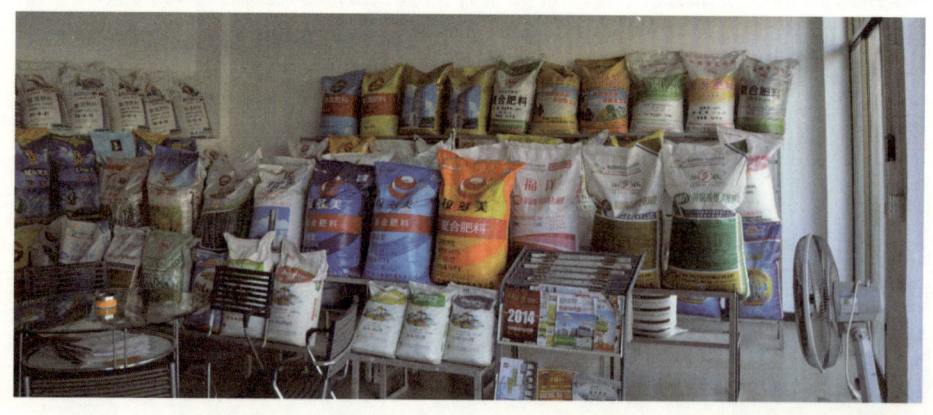

益农公司营销部

2011年起，发展起来的王文托回到家乡，投资房地产开发，先后在石灰铺开发建设天和大厦、民安楼等项目，在英德市区开发建设海棠花园等项目，其中海棠花园建筑面积近5万平方米，住宅200多套，商铺2 000多平方米。

富而思源，富裕起来的王文托积极投入家乡的扶贫济困事业，多年来累计投入扶贫资金近300万元。2008年，他投入100多万元对三门至王屋近3公里长、7米宽的乡村公路进行水泥硬底化改造。原来村民种的冬瓜、竹笋、甘蔗等农产品，只能用板车等人力工具拉出来，现在村民上山骑摩托车、开汽车，极大地改善了家乡村民的生产生活条件。

叶会群　包装印刷专家

叶会群，三门墟人，南海狮山广东天智印刷科技有限公司、佛山市天业彩印有限公司总经理。

商界试水

1990年初，叶会群南下南海里水镇，在藤艺店卖家具，月薪150元，这在当时还算是不错的一个收入。然而，内心并不安分的她，将仅仅做了40多天的工作辞掉，在里水镇旧货市场租了3间档口，做起电视、复印机等电器生意。当时很多从国外进口的电视机在引进后需做调试处理，因此叶会群当口的生意较火红。1992年，

公司大门

叶会群将档口搬迁到大沥镇平地电器市场。1995年叶会群到她姐姐的工厂任文员，当她看到当地的录像投影厅生意很兴旺，就想自己开一间投影厅，可姐姐、姐夫觉得这一行业安全隐患较大，劝她放弃了。

1997年叶会群与当地的伦先生结婚，夫家从家公到伯父叔父一直都是从事印刷行业。第二年叶会群与丈夫决定自己创业，他们利用家庭的人脉资源选择包装后工

序作为创业的切入口。资金是他们创业遇到的第一个难题,夫妻俩将家里的一辆桑塔纳轿车卖掉,筹集了8万多元,加上其姐姐支持的5万元,买了4台机器,公司就这样运作起来。丈夫伦先生负责市场接单,叶会群负责工艺设计和生产。夫妻俩每天起早摸黑,接过来的业务,把印刷工序给其他厂家做,后工序自己做,几经打拼,企业慢慢步入正轨,生产规模不断扩大。1999年下半年,工厂投入近100万元购置印刷机,公司业务量庞大。2000年,工厂搬迁,厂房面积从600多平方米扩大到1 000多平方米,再投入240多万元购置印刷机,此时的工厂已拥有6台印刷机,公司成长为佛山市规模较大的一家印刷企业,叶会群与丈夫埋头苦干,享受公司成长壮大给他们带来的成功和喜悦。

"生命一号"成就的商机

2003年,就在公司业务处于迅速发展的阶段,叶会群看到牙膏、化妆品等日用化工产品包装市场的前景,做出了一个令家人和公司员工不解的决定:企业转型升级,做特种印刷,为客户提供从设计到印刷的产品服务。大家一致认为公司业务发展很快,特种印刷技术要求高,凭公司现有技术水平和实力,难度很大,觉得这种想法简直是异想天开。叶会群力排众议,领着公司骨干致力于技术提升及产品开发。当时公司的厂长介绍了"生命一号"保健品客户的业务,叶会群到商场买了一套"生

先进的生产设备

命一号"产品回到公司,照着样品自己设计,没有特种纸,与先生连夜赶到中山买,印刷后工序无法突破,叶会群带着两个技术人员到广州一家公司打样,对方不让技术人员进工作室,叶会群留在现场,仔细观察对方操作要点,并将它们一一记在心里,回到公司指导技术人员多次试验,经过三天两夜的技术攻关,后工序难题解决了。可当叶会群拿着自己设计的样品来到"生命一号"公司时,对方告诉她,他们已通过招投标确定了合作伙伴。伦先生埋怨地看着熬夜几天的妻子,叶会群反而安慰丈夫说:"没关系,样板出来了,我知道我们可以做出来。"紧接着叶会群把目标转向老客户,带着样板游说老客户,劝说老客户采用特种印刷技术。叶会群的真诚打动了客户,经过一些客户试用推广,市场反映良好,此后带动其他客户主动找上门来,公司生意红火起来,霸王、水密码等一些品牌企业成为公司的合作伙伴,产品出口法国、日本、韩国等发达国家。2005年初,公司搬迁到南海里水镇,更名为佛山市天业彩印有限公司,厂房面积增至6 000多平方米,比创业初增长10倍。2006年5月,再更新一批国内先进的印刷设备,公司的发展又迈向一个新台阶。

永不止步

敢于尝试,永不止步,是叶会群在商界经营的真实写照。2008年,叶会群凭着敏锐的商业触角,引进当今世界最先进的热转印技术,进军布艺印刷市场。2014年,公司再度搬迁至南海狮山自己建设的一个占地面积40亩、建筑面积5万多平方米的现代化工业园区,并更名为广东天智印刷科技有限公司。叶会群专注于特种印刷,为防他人模仿,公司引进世界顶级的曼罗兰R708 LV八色连线冷烫印刷设备,突破传统烫金技术新领域,将其他竞争对手远远抛在后面,天智已成为珠三角印刷企业的标杆。天智目前正推进两大发展战略:一是产业链延伸,筹备上马特种纸生产;二是筹备公司上市。天智,现已成为珠三角印刷行业一颗耀眼的明珠。敢于尝试,是天智总经理叶会群固有的经商品质;永不止步,是天智企业与生俱来的禀赋。

赖奕武 心系家乡赤子情

赖亦武,惟东村人,中山市佳良织带有限公司董事长。

怀揣40元闯天下

赖亦武

1989年，赖奕武怀揣父亲给的40元南下珠海，第一份工作就是在珠海弹信织带有限公司任操作工，从此，他与这一行业结下了不解之缘。做了一年半后他跳槽到信隆织带有限公司，机灵、勤奋的赖亦武很快学会了织带生产的机械工艺和技术。1991年，赖亦武来到属于他的福地——中山市小榄镇，在祥发织带厂做师傅，凭着技艺和勤奋努力，月薪从进厂初的1 200元跃升到1996年的8 000元，这对于一个普通的打工者来说，无疑是成功的。然而志向高远的赖亦武并不满足于此，1997年，他做出了人生的一个重要决定：自己创业。

小商品成强势品牌

创业谈何容易，首先是资金问题，赖亦武拿出自己积攒的5万元，金龙制衣厂老板苏先生、苏小姐两兄妹在了解到赖亦武的困难后，二话不说，当即拿出12万元资助其办厂。就这样，在朋友的帮助下，赖亦武购置了两台织造机，成立了

佳良织带厂车间一角

中山市佳良织带有限公司。为节省资金，他自己制作一些生产辅助设备，自己开摩托车、三轮车送货，每天天没亮就起床，晚上有时忙到深夜三四点钟。天道酬勤，赖亦武领着一班员工，艰苦创业，让佳良织带厂不断地成长壮大。技术出身的赖亦武深知，质量是企业赖以生存的基础，为确保产品质量，佳良公司一是购置先进的织带生产设备；二是重视员工队伍建设，培养企业技术骨干。目前，厂里的技术骨干多是创业初期跟着赖总至今的。优秀的产品质量，为企业赢得了口碑，产品在中山市场占有率保持在60%以上，并远销欧美、东南亚市场，并与金龙制衣厂（健壮牌内衣）、南极人服装等一批品牌企业建立了长期的合作关系。一流的产品质量，推动了企业的长足发展，佳良织带现拥有世界先进织带机98台，厂房面积近7 000平方米，企业员工120多人，实现年产值3 500万元。佳良织带，已成为织带行业的一个强势品牌。

情义汉子心系家乡

"对于家乡人，能帮就帮。"赖亦武是这么说的，也是这么做的。每当家乡人来到中山找到他，他都会热情接待，在中山工作、经商的老乡每每遇到困难，他都会热情相助。豪爽，是这位情义汉子血管里流淌的基因。每次回到家乡，赖亦武都会为村里上了年纪的老人捎上慰问品，哪家遇上困难，他都会热情相助。去年，村里一位103岁老人过世，这个家庭就3位老人，年纪最小的已70多岁，家里没钱，赖亦武给了1万元给老人办后事。对于家乡公共事业，他总是很慷慨，石灰铺至惟东公路、惟东至沙坪公路的修建，他踊跃捐资，每年中秋节都慰问镇老人院老人。这位情义汉子的热心，赢得了家乡人民的敬重和赞誉。

石燕婷　宣纸上的舞者

石燕婷，1989年生，英德石灰铺人，广州青年美术家协会副秘书长，广东省书法家协会会员，清远市书法家协会副主席，南山诗书画院副院长，广东岭南诗书画研究院、翁山诗书画院书画师。"砚汀小筑"书法私塾的创办人。

石燕婷九岁开始师从一粟山人习书法，是老先生退休后收下的第一位学生，所以燕婷后面的数十位年龄不一的同门，都尊称燕婷为大师姐。燕婷习书法从欧阳询楷书入手,自拜师于一粟山人后,每逢周末,她都按时到老先生家,习书法、学《四书五经》等传统国学。书法一直伴随着燕婷的成长。然而,燕婷大学本科攻读的专业却是经贸英语,时常有人问她,为何不选择读书法专业,燕婷大致是觉得不想把兴趣变成专业的缘故吧。

　　大学毕业后,燕婷在企业工作了两年,繁忙的工作节奏,逐渐让她无法静心写字。有一天,加完班回家的路上,燕婷在内心深处问自己:这是我真正想要的生活吗?虽然工作生活看似光鲜亮丽,但燕婷心里却感到越来越空洞无力。于是她毅然辞去不错的工作,花了一年的时间复习,考上了与书法专业相关的全日制研究生,在读研期间,她终于找到了一种能让自己有存在价值感的生活状态。

　　硕士毕业后,燕婷在广州创办了一家以她斋号"砚汀小筑"命名的成人书法私塾,很多学员慕名而来,学员们虽然工作繁忙,但每周坚持在燕婷的指导下完成一定的临习量,也常在微信里交流书法习作。在2016年广州天河区举办的面向全省征稿的第三届"春暖花开——女子书法作品展"中,书法私塾里有五名学员获奖。

　　莫道书家无女圣,燕婷作为一名年轻女性书画师,其书法优雅清逸,作品多

石燕婷

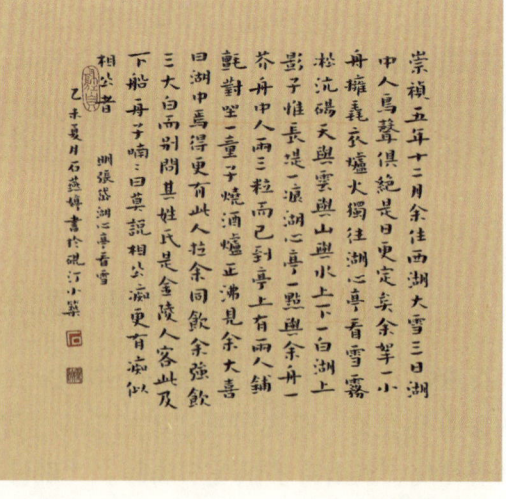
张岱湖心亭看雪

次参加全国、省、市等重要展览,并被众多学术机构及私人藏家收藏。

曾细妹 "卡钻王"成就美丽人生

曾细妹,石灰油栏垌村人,郴州商学院毕业,广州市卡钻王珠宝有限公司副总经理。

南下广州 闯出一片天地

曾细妹,一个颇具乡土气息的名字,与她文静而不失热情、谦虚而富睿智的形象有一定的反差。这个从石灰铺镇山村走出来的女子,凭着自己的一股闯劲,一步步迈入成功之路。1996年7月,从湖南郴州市商业学校(现郴州商学院)会计专业毕业的曾细妹,被分配到英德市新华书店,对于这样一份令人羡慕的稳定工作,她不甘于就此平淡,毅然决定南下广州。在广州黄埔她进入一家外资家具厂做业务员。1998年9月,她跳槽到广州番禺一家台资电子企业做业务,从此,开始了长达10多年的电子行业工作经历。长期浸泡市场,凭着自己对市场的准确把握,2003年,她从服务企业辞职,自己创办了一家电子厂,专业生产游乐设备及备件的电子产品。

曾细妹

夫唱妇随 投身美丽事业

作为一个女人,事业成功并不是生活的全部。广州是曾细妹人生的福地,在这里她遇到了她人生的另一半——她的丈夫吴海宁,两人于2003年喜结连理。吴海宁毕业于湛江师范学院美术系,在家乡做了半年教师后辞职来到广州,凭借自己的专业投身珠宝设计行业。2006年,吴海宁与朋友创办一家珠宝企业,2012年朋友退出。2013年3月,吴海宁以他广阔的视野和过人的胆识,注册设立广州市卡钻王珠宝有限公司,专业从事黄金、K金、铂金、钻石、翡翠等珠

卡钻王广州华林国际分店

宝饰品的加工生产及销售业务。由于业务的不断扩大，2012年，曾细妹夫唱妇随，投入卡钻王负责市场拓展。目前，卡钻王正谋划进驻全国各主要城市大型商超，卡钻王正迎来高速发展的春天。

卡钻王在曾细妹夫妇的努力和呵护下，已成长为珠宝行业的一个高端品牌；曾细妹夫妇的人生也因卡钻王而美丽！

胡可艺　引领300乡邻闯商海

胡可艺，石灰简溪排子村人，佛山南海甫峰五金机电贸易有限公司总经理。

从送货郎到总经理

胡可艺

1994年，初中没毕业的胡可艺离开家乡，来到佛山，由于文化水平低，他倾其所有买了一辆三轮车，做起了给人送货的营生。半年后，他应聘到一家五金店做业务，从此与五金贸易结下了不解之缘。1999年，胡可艺与朋友合伙开了一间五金店，在干了两年之后，他便跳出来自己独立经营。由于他刻苦勤奋，加上经营有方，五金店业务慢慢红火起来。2008年，他注册成立南海甫峰五金机电贸易有限公司。十多年的经营，十多年的努力，甫峰公司从小到大，由弱变强。在2008年金融风暴中，当年公司亏损100多万元，但这并没有难倒这位汉子。"肯做就有出路，只要你愿意做，肯付出，就会有机会"，胡可艺是这么想的，也是这么做的，甫峰公司在当地已小有名气。

三百乡邻奔他而来

胡可艺成功的消息不胫而走，众多乡邻都找到他，打听他所经营的五金城的概况。不论哪个乡亲来到南海找他，他都热情相助。通过"一带一"传帮带的方式，近300名石灰铺乡亲随他进场开店，就这样，石灰铺人在南海五金城的五金机电生意如雨后春笋般地发展起来,被外人戏称"石灰铺五金城"。胡可艺的三个弟弟和一个妹妹也先后来到南海,跟着哥哥一起干,弟弟妹妹业务能力强,兄弟一条心,甫峰公司的生意越来越红火,并于2011年在英德开了一家分公司,如今弟弟妹妹先后在佛山买房、成家,安居乐业。

甫峰,石灰铺人在南海竖起的一个字号,胡氏四兄妹用汗水和智慧铸就的一个平台!

甫锋公司南海专卖店

郭国询 把烧烤炉卖到欧美

郭国询,大田大垮村人,佛山南海智达五金制品有限公司总经理。

大浪淘沙显本色

郭国询,小学读到三年级就辍学在家。1986年,年仅15岁的郭国询离开家乡来到广州,跟着三哥在清平水产批发市场学做水产生意。在这里,郭国询跟着三哥从早上5点一直忙到晚上12点,早上赶到顺德进货,午后回到档口,开始卖货。跟他同来的同村10多个小伙伴,由于年龄小,受不了这份苦,干了没多久就一个个回家去了。当时的郭国询,有一天也背着三哥

郭国询(中)

跑到火车站，想坐车回家，由于没票上不了车，就只好返回。经过深思熟虑，郭国询觉得要成就一番事业，必须要有坚韧的毅力，遂决定从此踏踏实实跟着三哥做水产生意，这一干就是20多年，当年与他一同下广州的那帮同龄人到最后就剩下他一人在这里坚守。广州黄沙市场开张时，郭国询兄弟俩与一个朋友合伙开了一个档口。

智达公司产品陈列室

把烧烤炉卖到国外

2008年，郭国询利用其连襟做五金厂长所积累的技术与资源，邀其姐夫3人合伙在南海里水镇，租赁一间2 700多平方米的厂房，创办南海智达五金制品有限公司，专业生产烧烤炉、暖炉、壁炉等产品。开厂之初，业务接单很少，加上欧美金融危机，投入近200万元的生意毫无起色，但他们已没有退路，只好咬牙坚持下来，克服重重困难。公司加大市场拓展力度，不遗余力向外推销。郭国询记得有一次与姐夫两人抬着水果篮到暨南大厦联系一客户，却碰了个钉子。经过不懈努力，在他们的坚持下，公司当年接下3 100多万元的业务，实现扭亏为盈，并出现业务增长势头。2012年公司搬迁至狮山镇永和工业区，厂房面积扩大至10 000多平方米，员工120多人，产品涵盖烧烤炉、暖炉、壁炉等达200多种，全部外销欧美市场，年销售额达1 000万美元。公司坚持创新，设立产品工程部，负责产品及工艺的设计、管控，确保了产品质量，赢得了客户的信赖。智达五金，正以矫健的步伐阔步迈上发展的快车道！

郭国询多年来保持这样一个习惯：每年春节回广州黄沙市场，与三哥卖完海鲜一起回家吃团圆饭。这个习惯融入了他对三哥的情谊，也融入了他对经营了20多年的水产生意的眷恋！

江有贺　商界精英情牵家乡

江有贺，1971年生，美村伙砖屋人，中山市宇创装饰工程有限公司总经理，中山市清远商会执行秘书长。

机遇　垂青于好学上进的人

江有贺，给人的第一印象是精干，思维敏锐，富有热情。1988年从石灰铺中学一毕业，他便来到中山，应聘到中山市石歧糖厂工作。苦于文化底子薄，为提升自己的业务理论水平，江有贺利用工余时间报读夜校电工技术专业，学习电工理论知识。理论知识的丰富，极大地提高了江有贺业务操作水平。1992年，一次偶然的机会，一位朋友看上了他的工艺技术，邀请他做电装维修，从此，江有贺开启了他人生的新篇章。凭借其过硬的技术实力和良好的口碑，客户接踵而来。1993年，一个装修公司老板将

江有贺

电装工程转给他做。2002年，江有贺在中山创立了自己的公司——中山国艺装修工程部；2006年，设立不锈钢装修部，承接公路栏杆、学校工程；2008年，注册成立中山市宇创装饰工程有限公司，从事建筑物内外装饰、学校球场工程等。凭着过硬技术和诚信经营，宇创装饰在当地小有名气。

服务家乡　辛苦并快乐着

中山市清远商会于2012年成立，富于热情及奉献精神的江有贺，被乡亲推举为商会执行秘书长。从此，江有贺利用商会这个平台，回报社会，回报家乡。2013年英德"8·16"水灾，商会得知水灾信息，当天9点即召集商会会员开会筹资，第二天清早江有贺便与会员代表采购了两车物资，即时出发，沿着"石

江有贺总经理（左二）

灰铺—洽洸—大湾—连江口"的线路深入灾区,参与救灾抢险,顾不上吃饭,中午吃干粮面包,直到深夜1点多钟才回到家。2014年起,他连续两年组织商会出钱出力,为在中山市就读的英德学子设立奖学金,为大茅岛麻风病康复长者庆祝佳节。老家英德及石灰铺老乡到中山办事找到商会,江有贺总是热情接待、相助。为此耗费大量的时间和精力,但他从未有过埋怨,他为自己有能力为乡亲做点事而感到高兴,虽然辛苦,却很快乐。

王帮荣　情定十二峰景区

王帮荣,三门村人,英德市十二峰旅游景区董事长。

十天完成一百套桌凳

王帮荣

王帮荣,因小时候家庭经济条件较差,读了几年小学就辍学在家。20世纪70年代末,作为生产队外派劳动力的王帮荣被安排到镇供销社从事木工活,由于勤奋和努力,很快他便掌握了过硬的木工技术。当改革春风吹向南粤大地之时,王帮荣敢为人先,果断出手,将连年亏损的镇办企业农机厂承包下来。他发现附近乡镇及茶场学校的课桌凳破旧,认准了这个大市场后,接下来王帮荣一个学校一个学校地跑。王帮荣的真诚打动了各个学校,订单接踵而来,企业很快就扭亏为盈。一次,英德中学定做100套桌凳,离开学交货仅10天时间。接到订单后,王帮荣和他的工友们日夜加班,终于赶在学生开学前将100套课桌凳交付到英德中学,学校对这批课桌凳质量也感到很满意。因价格合理,质量优良,英德很多学校在购置课桌凳时都主动找他,企业也渐渐红火起来。

三年打造乐从国际木业市场

1994年,王帮荣看到当时建筑行业前景,转而开始经营建筑业。他的第一单工程是石灰铺中心小学新教学楼，王帮荣利用多年的积累带资兴建，在保证质量的前提下，提前交楼。多年经营为其赢得了良好的口碑和信誉，王帮荣先后兴建了九龙镇新市场、九龙二中等工程。1997年，王帮荣带领工程队南下珠三角，在顺德，他揽下了顺德区乐从国际木业市场的工程项目，领着工友，历时3年，将近5万平方米的乐从国际木业市场打造成当地地标建筑。

2003年，善于捕捉商机的王帮荣决定进军房地产市场。2006年，总面积2万多平方米、五幢八层楼的海棠花园顺利竣工，并很快售罄。此后，他在石灰铺墟镇先后投资兴建了民安大厦、天和大厦。

天和大厦小区

情定十二峰景区

2006年冬，王帮荣做出他人生的一个重大决定：回家乡搞旅游，开发十二峰旅游景区！十二峰景区交通便利，临近广乐高速英德出口，景区资源丰富：生态优良、桫椤密布、瀑布众多、温泉优质，人文底蕴深厚。王帮荣拟将十二峰打造成一个集现代观光农业、生态旅游、漂流探险、温泉度假为一体的国家4A级的生态旅游景区。他第一期投资3 000多万元，经近两年建设，完成十二峰猴王谷漂流，并为村里修建了一条长4公里、路面宽7米的水泥路。2008年8月26日，十二峰成功举办由广东省社体中心主办、英德市政府承办的"广东省第四届漂流大赛"。但2013年的"8·16"及2014年的"5·22"两场水灾，因山体滑坡对营运中的十二峰景区造成巨大的损失，造成景区营运中断。面对困难，王帮荣没有气馁，而是越挫越勇，他誓言要把景区尽早建设好。近两年，他的工作重心已转移到十二峰景区的规划建设上。

回首创业的艰辛历程，王帮荣说："最大的理想是把十二峰旅游景区搞起来，把家乡人带富。"这是一个商界精英对家乡的赤诚之情！

吴开情　富而崇德报效家乡

吴开情，美村白楼村人，佛山市开航电器有限公司总经理。

从售票员到电器老板

吴开情

1992年，吴开情怀着美好憧憬南下深圳，应聘到某汽运公司做售票员，负责接旅客、售票、扫地，每天起早贪黑，在车上工作15个小时。这份工作他足足做了3年。在这里，吴开情深深体验到生活的艰辛。1995年，吴开情离开深圳来到佛山，在一家电器批发公司任推销经理，在这里，他一干就是10年。吴开情回忆说，老板是潮汕人，给老板打工的10年，就是他学习生意经的10年，潮汕人的经商之道，使他终身受益。

2005年初，吴开情离开了原来的公司，决定自己单干，他注册成立了佛山市开航电器批发公司。公司成立初期，夫妻俩起早贪黑跑市场、自己送货，凭着信誉和朋友的支持，公司业务不断扩大。2007年初，吴开情投资4间商铺，并相继在佛山、南海、江门、英德等地设立多间连锁经营网点。

热心公益　回报家乡

吴开情有着强烈的责任感和使命感，生意步入正轨后，他把朋友、家人请来公司帮忙打理生意。吴开情摒弃"同行如敌"的陈旧观念，在生意上手把手地教他们，

开航电器英德专卖店

鼓励他们出去单干，独立经营，在资金上给予支持。如今，经吴开情扶持过的亲朋好友达120人之多，他们都从事五金电器批发零售。受过吴开情一手扶持的小弟，如今经营5间铺面，聘用60名工人。"授人以鱼，不如授人以渔。"吴开情动情地说，他是这样说的，也是这样做的。

富而不忘家乡，富裕起来的吴开情热心公益，报效家乡。2007年白楼村道建设、2009年白楼村祠堂文化室修缮、2011年中厅村祠堂文化室重修、2014年白楼美丽新村建设，吴开情慷慨捐资，为家乡的建设做贡献。

石灰铺商界扫描

黎志坚和他的宇鹏饮食

黎志坚，石灰铺镇社区人，韶关学院毕业，宇鹏饮食管理有限公司董事长、佛山车天下科技有限公司总经理，佛山市英德商会副会长，英德市石灰铺经济文化促进会会长。

宇鹏饮食创立于2004年，是一家集餐饮制造、配送及管理于一体的专业经营公司，拥有职工100

黎志坚

多人。公司秉承"讲究营养、重视保健、力求科学、保证卫生"的经营与服务理念，现已开发英德市第四中学、大站印山中学、西牛中学、下砝学校、大洞学校、英德市盛邦投资发展有限公司等单位食堂。

佛山车天下科技有限公司成立于2015年12月，是一家专业从事车载智能系统的营销服务企业，公司落户佛山智慧新城。公司经营的车小悟车载智能系统，集汽车导航、车载WiFi、行车记录仪、电子狗、车载对讲机、在线音乐、汽车互联、汽车防盗、电话、人工秘书等功能，自投放市场以来，受到爱车一族的追捧。

江有存和他的英照光电

江有存，石灰铺镇美村人，英德市英照光电工程有限公司董事长，清远市城市道路照明协会副会长、英德市青年商会副会长、英德市个（私）协副会长、英德市工商联执委，英德市第十四届人大代表，英德市第十一届政协文史委员。

英德市英照光电工程有限公司是一家集灯光工程设计、安装，室内水电安装，建筑材料销售于一体的综合性企业，致力于道路、楼体、桥梁、商业环境、园林景观、节日庆典等的亮化工程，是英德市大型工程、政府机关大楼、酒店的指定供应商，开业12年来，旗下的"科极灯饰"拥有良好的资信和口碑。该公司拥有一支30多人的技术及管理团队，以行业一流水平为企业标准，为客户提供完善、专业、节能的照明产品及解决方案，赢得广大客户的信赖与支持。近年来施工的大型照明工程有英德市政府政务中心、英德市公安大楼、英德市财政大楼、滨江园、北江河堤岸、人民大桥、浈阳大桥、人民医院外科大楼、樱宾会、城市豪庭、英州明珠广场等亮化工程。

英照光电先后被清远市、英德市工商局评为"文明诚信经营户"，被评选为"清远市城市照明工作先进单位"及"广东省守合同重信用企业"。

江有存

蓝宗胜和他的鼎舆房地产

蓝宗胜,保安莲塘坪村人,华南建设学院毕业,英德市鼎舆房地产开发有限公司总经理。

凯旋湾是鼎舆房地产成功打造的北江岸畔的一个休闲小区,楼盘位于英红园北江畔,环境优美,生活配套设施齐全,英红中心小学坐落于小区对面,周边商铺、酒店林立,临近农贸市场。小区开发总面积16万平方米,建筑总套数1 032套,地下停车位800多个。第一期开发面积18 000平方米,房屋138套,现已售罄;第二期开发面积19 600平方米,房屋152套,2014年10月刚一上市,就受到当地刚需买家追捧。

蓝宗胜

钟秋旺和他的佳和门业

钟秋旺,石灰铺美村人,四川内江机械学院毕业,英德市佳和门业有限公司董事长。

佳和门业是一家专业从事钢门、工艺门生产、销售为一体的企业,产品涵盖豪华不锈钢大门、套门、单门、工艺门、钢塑室内门等系列,产品热销全国各地。

公司拥有一支专业的产品设计、制造及管理团队,产品设计居行业领先水平,制造技术精湛,可根据客户需求量身定做,实现研发设计、生产销售、售后跟踪一条龙服务。公司本着"团结实干、稳健发展、质量为生命、服务为本"的经营理念,以"重合同、守信用、服务至上"的企业宗旨,造中国最好的门,让客户尽享高雅尊贵。

钟秋旺

石灰铺大事记

（一）帝制时期（公元前 111 年—公元 1911 年）

汉武帝元鼎六年（公元前 111 年），置含洭县，治所鱼咀；今石灰铺区域属含洭县。

泰始六年（470 年），在贞阳西 60 里，曾短暂设冈溪县，县治所位于古冈溪水流域三角洲一带，今石灰铺区域属冈溪县辖。

唐乾符六年（879 年）黄巢兵攻破西衡州治所含洭后，进犯贞阳，遭麻寨将兵阻击与之交战，追击至背村垌，铜锣庙僧人敲响铜锣，乡民操戈与寨将乡兵一起与之激战，黄巢兵不敌，退至含洭，从此不敢进犯。

元延祐元年（1314 年），废真阳、浛洸两县入英德州，真阳与浛洸之间沿线十里为一铺，列亭传，置邮驿，设驿丁。石灰铺为"铺"所在地，形成石灰铺的雏形。

明初置浛洸巡检司，石灰铺区域归其所辖。

明正德九年（1514 年），浛洸巡检司易名洸口巡检司，石灰铺区域归其所辖。

明嘉靖五年（1526 年），春三月至秋月，岁大饥，古冈溪水两岸乡民如蕨根树皮，死亡相继。

万历二十五年（1597 年），冈下人刘泽大考取丁酉科七月恩拔贡，八月乡试中恩贡本科举人，历任桂林全州知州、南京户部员外郎、叙州知府、叙泸兵备道、四川提刑按察司副使。刘泽大存世作品有文 4 篇、诗 3 首、摩岩石刻 1 方。

崇祯八年（1635 年），秋大旱，四乡乏食，米价飞涨。江琮捐柴买米赈给饥窭，明竭家赈给所活者。众前南韶参议萧公详旌额曰"仁爱流芳"。其嗣子江跃鳞授（特赐）内阁中书。

崇祯十二年（1639 年），知县吴永澄始建桃溪书院，请邑人刘泽大赋题诗。

崇祯十四年（1641 年），知县吴永澄修《英德县志》，请邑人刘泽大作序（全序文 435 字，此版县志佚）。

崇祯十五年（1642 年），刘泽大在莲塘寨聚奎楼翠屏署撰写《浛属冈下刘氏族谱引》。今存手抄本。

康熙四十四年（1705 年），清二都背村图人范以礼，考取乙酉科举人，官至香山县教谕。当时，范以礼中举后荣耀骑着红头大马，在知县贺梦龙、教喻、典史、训导等县官陪同下，荣归故里。

乾隆五十年（1785 年）二月，大旱至五月，大饥，斗米六百五，饿殍相望。

清嘉庆二年（1797 年），车田坝麦氏开基祖麦扶公携三个儿子，在古冈溪水中游（今新联河段）筑陂截水，架构水车（当地人称天车），引水灌溉农田。

道光八年（1828年），三日雨雹，大如碗，屋瓦破裂。

道光十七年（1837年），西乡水口石人士石载珠拔选为直隶州同，官职五品。

道光二十一年（1841年），美村图名绅士钟时彦等募修洽属达县咽喉闸子坳前后石路。

道光二十六年（1846年）冬，白云寺遭火灾后，乡民捐资重修白云寺金容书馆，方便附近乡民子弟就近入读私塾。

咸丰五年（1855年），曾任韶州千总的水口石村武秀才石文忠，退役返乡后组织乡民抗拒匪贼，维护一方安宁。

咸丰九年（1859年）六月，太平军石达开率部从曲江南下，绕英德县城，折入美村、石灰铺、独山等地分驻，未扰民，攻陷洽洸，杀巡检。

同治三年（1864年）正月十三日，雨雪如棉花，山谷积雪，经旬不消，乡果树多枯死。

同治十一年（1872年）美村乡绅士江齐舟等募捐款修砌闸子坳前后青石板路，计一千二百丈，赢得往来客商称颂。

光绪三年（1877年）四月二十八日，水涨，淹田塌屋无数，秋禾歉收，岁大饥，饿殍相望，民采土茯苓戒竹草以为食。

光绪十年（1884年），英德县城及洽洸商贾募捐款项在连江洋水峡高道旗鼓滩及营角紧水滩筑石基，解决江心多石船易触礁之患，方便往来船只。

光绪十五年（1889年），美村乡绅士江中和等募捐修砌雷公寨坳—西垌坳古栈道的雷公寨坳段，方便行人商客往来，且建有碑记。

光绪十八年（1892年）冬，三寓土匪血洗美村老闹，发生惨绝人寰一幕：狂烧滥杀，破门入屋，火烧商铺18间，烧死6人、牛9头；掳掠店主12人，在沙径撕票3人。此后，美村老闹部分商号迁到背村街经营。

光绪三十三年（1907年），农历丁未年，连江流域暴发洪灾，称"丁未年大水王"，竹田上墟全毁，后搬迁到下墟兴建。

（二）中华民国时期（1912—1949年）

民国九年（1920年）至民国二十八年（1939年），美村乡长吴昭谟（吴典然），当选两届英德县参议员。

民国十年（1921年），美村油粘米参加英德县第一次农林展览会获一等奖。

是年春，三寓匪首李富率土匪50多人，劫杀美村老闹，火烧墟尾牛岗寮，遭乡民围攻，匪不敌，退之。

民国十一年（1922年）三月一日至七日，在广东省第二次农产品展览会上，美村油粘米获优秀奖。

民国十四年（1925年）秋，三寓枇杷山匪首谢观想率土匪百余人，再次血洗背村老闹：劫店铺，火烧商铺一整天，数十家房舍鞠为瓦砾，墟场面目全非，损失钱财无法统计。此后，背村老闹大部分商号迁移背村街。

民国二十年（1931年）6月30日，农历辛未年，北江连江流域连降暴雨，山洪暴发，致竹田河两岸农舍房屋被废，财物尽遗。

民国二十三年（1934年），国民革命军广东独立三师长吴伯英奉命率部纵火焚烧走马坪草蒿贼窝，捣毁土匪路贼藏身之地。

民国二十七年（1938年）秋冬，石灰铺辖区从龙沟曲至走马坪尿径口的沿线乡民筹集资金与人力参与修筑英德第一条公路——英浛公路，全长35公里，架设石灰铺和闸子两座混凝土简易桥梁。当时浛洸吴诚兰等3人，合资购买2辆以烧木炭、火水（煤油）为动力的老爷车往返浛洸—石灰铺—美村—英德之间，后因日军侵犯桥梁被毁，老爷车行驶中断。

是年，英德始建电话所，美村始设基层电话点，装有电话一台。

民国三十三年（1944年）农历五月十八日清晨，国民革命军159师部因驻地三门廷俊公祠堂遭日机轰炸扫射，多名村民伤亡。廷俊公祠堂前厅被炸塌，祠堂前半月形池塘遭2枚炸弹形成两个大坑。

是年，农历五月十七日，汉奸（日本间谍）1人潜入美光曹至垒侦察，被美村乡团俘获，在黄皮园因施刑过度猝死。五月十九日中午时分，美光曹至垒遭日机报复轰炸，投弹3枚，炸毁下屋廊角，幸无人员伤亡。

民国三十七年（1948年）2月下旬，三门大角园发生灭门案，王文山一家（四尸五命）被绑匪杀害，次年该案告破，主谋凶手于次年夏天伏法。

民国三十八年（1949年）10月19日，英德县政府驻英西办事处成立，周平任办事处主任兼支前委员会主任，石灰铺全区解放，相继建立美村乡、惟山乡和竹田乡基层政权组织。

（三）中华人民共和国时期(1950—2014年)

1950年

9—10月，何亚敬、梁仲发、王立傅、包应德、罗兰清等32位青年响应政府号召，参加抗美援朝志愿军，其中何亚敬、梁仲发、王立傅3位烈士长眠于朝鲜。

12月，美村乡、沙坪乡和竹田乡组织英浛公路沿线村民，修复35公里长的英浛公路，至次年3月全线通车。

12月，美村乡为英德县第一个土改试点乡（副点），全乡有14个行政村、3 400多村民参加土改。

是年冬，北江军分区10团3营的三支小分队分别进驻惟山乡、美村乡和竹田乡一带村庄，分别驻扎白围刘氏宗祠、合水庙和竹田小学，与当地民兵一起清剿李富、曾杰等股土匪，镇压反动门会、恶霸地主。

1951年

4月，美村乡、惟山乡和竹田乡镇压一批伪职人员、反动门会、恶霸地主、反革命特务、反共救国军和匪首，维护社会稳定。

12月，成立美村乡供销合作社。

1952年

4月，撤乡设区，改称为第五区(区政府驻美村墟)，辖美村乡、美光乡、石灰乡、三门乡、子塘乡、惟东乡、独山乡、保安乡、转村乡、竹田乡等10个小乡。

8月，开展土改复查工作。

12月，县道美村至坑口咀四级路修通，全长17.3公里，其中美村境内美村至沙迳7.2公里。

是年冬，开展查田发证工作，土改结束。

是年，成立美村卫生所。

1953年

3月，掀起互助合作化高潮。

1954年

4月，全区10个小乡进行第一次基层普选，全区登记选民10 475人，参加投票9 379人，投票率占89.6%。选出：美村乡长吴茂煌、美光乡长李快来、石灰乡长全辉源、三门乡长丘幼蔺、子塘乡长刘陆、惟东乡长赖其华、独山乡长李上富、保安乡长蓝水容、转村乡长曾献坤、竹田乡石记得。并推选出席英德县第一届人代会吴德昭等15位代表。

是年，在美村、走马坪设道班，维护英浛公路石灰铺段。

是年，斗湾陂引水工程竣工，流量达0.5米/秒，灌溉面积1 400亩。

是年冬，美村车缝站创立，辖竹田和独山分站，实行公私合营。

1956年

2月，全区91%农户参加初级社，基本实现农业合作化。

6月5—12日，中共英德县第一次代表大会召开，美光乡长李快来被选为主席团成员，并被推选为代表出席中共广东省第一次代表大会。

是年，韶关专区在美村区召开现场会，推广美村区勤丰俱乐部文化夜校学习普通话的经验做法。

是年，创办美村邮电所。

是年，擅山陂水库竣工，库容70万立方米，灌溉农田800亩。

是年，县道走马坪至八宝山公路修通，其中石灰铺境内走马坪至独山段5公里。

1957年

8月，惟东大径水库动工兴建，次年5月竣工，库容173.2万立方米，灌溉农田4 500亩。

是年冬，石美乡开展整风"反右"运动，12人错划为"右派"分子，1979年平反纠正。

1958年

5月，石美乡机关从美村墟迁入石灰铺墟。

9月，成立红旗人民公社（驻洽洸），下辖石美乡等。

同月，掀起"大跃进"高潮，大办公共食堂共256间。

10—12月，修筑石灰铺至惟东10公里简易公路、美村至三门6公里简易公路。

是年冬，修筑美光乌坭湾水库，次年春竣工，库容19.5万立方米，灌溉农田500亩。

1959年

2月，开展全民办邮电，且实现全公社生产队队队通邮。

4月，从红旗人民公社析出石灰铺人民公社。

5月起，公社机关部门及主要单位逐渐从美村墟搬迁至石灰铺墟。

9月，生猪和鸡、鸭、鹅等实行派购。

是年冬，修筑并加固岩口、洞头、黄泥坑、井塘、黄寨塘、陂头山、埌下、赤沙埌、塚背塘、圆山下、观塘窝、倒洞等一批小型山塘水库。

1960年

1月，县公安局侦破台湾特务李基案。李基，美光山口人，1959年在澳门参加"国防部7710公司"特务组织，潜回家乡发展多人加入特务组织，后被我公安机关抓获。

7月，石灰铺公社社长邹继僯（先进单位代表）、勤丰俱乐部主任杨和新（先进个人代表）出席全国文教体卫系统群英会，《英德报》头版头条报道。

是年，公社礼堂和党委办公大楼建设启动。

是年，粮食歉收，有村民以糠饼、野菜、蕉头、马蹄箕、山薯等充饥，全公社有856人因营养不良患水肿病，死亡5人。

1961年

4月，全社生产队实行"三包、一奖、四固定"制度。

11月，中共英德县第二次代表大会召开，美光大队党支书记江大焯被推选为中共广东省委第二届代表。

是年，公社购置一台40千瓦柴油发电机发电，供公社机关和墟镇居民照明。

1962年

12月，全社主要机关及每个生产大队通电话、通邮。

是年，成立石灰铺公社水利管理所。

1963年

6月，县委在石灰铺开展"小四清"运动试点。

是年，遇百年旱灾，降雨量比平常年份减少一半，全社水稻及农作物失收。

是年，成功兴建石灰铺公社第一座石桥寨陂水轮泵站。

1964年

6月17—23日，石灰铺普降特大暴雨，山洪暴发，子塘河、石灰铺河、新联河、竹田河两岸农作物遭遇洪水浸泡11天，颗粒无收。

1965年

是年春，英浛3.5万伏线路投入营运，石灰铺公社并入国家电网，电灯照明逐步普及乡村。

8月，石灰铺公社四清分团成立，代替当时公社党委工作职能，开展"大四清"运动。

9月，竹田上墟电排站成功兴建。

1966年

8月，"文革"开始，干部教师被揪斗，独山小学校长吴基煜、石美中学地理教师江川等被迫害致死。

10月，建立石灰铺公社航运队，有两艘机动船，六艘驳船，总吨位240吨，驻洋水码头。

1968年

4月，石灰铺公社革命委员会成立，代替公社主持日常行政工作。

12月，公社接收来自广州和英德县城共三批250名知识青年，下放到美光、惟东、子塘等地安家落户，接受贫下中农再教育。

1969年

7月5日，石灰铺派出以基干民兵为骨干的70人参加英德人民大桥建设，1971年1月20日竣工通车。

9月，美光大队党支部书记李仕池应邀赴京参加国庆20周年观礼。

1970年

12月，石灰铺公社创办公社农械厂，有机床3台(套)、生产犁耙等农具及维修拖拉机。

1988年关闭。

1972年
2月,石灰铺公社从汕头澄海聘请45位老农分驻全公社各生产队,指导帮助提高农业耕作水平。

10月,全公社民兵参加锦潭水库建设。

1973年
9月,石灰铺公社在老虎岩置开荒场大队,开垦荒地5 000亩。

10月,竹田白石水库竣工,库容140万立方米,灌溉农田800亩。

是年,恢复与完善石灰铺农业技术推广站。

1974年
是年春,美光大队试种97.11亩春小麦品种"墨西哥小麦",亩产达315斤,创全县单产之最。

1975年
8月,在水背岭枫树坪创办公社陶瓷厂,生产缸、盆、钵等陶产品。1981年关闭。

9月下旬,石灰铺组织民兵410人,赴大站—莫屋—望埠铁路沿线,建设万亩"标准样板田"。

12月18—20日,连续3天大雪,红薯芋头等秋冬作物损失惨重。

是年冬,公社组织各大队民兵突击连,集中美村墟—车站—上蒲塘一线,改造平整良田千亩。

1976年
3月19日—4月5日,持续低温阴雨天气,造成春耕秧苗大面积死亡,夏粮大减产。

6月17日,石灰铺粮管所037仓储存优质稻谷霉坏1 185公斤、变质15万公斤;保管员李某被开除留用察看处分,副所长遭免职通报处分。

11月20日,石灰铺组织18人赴海南岛崖城公社,进行水稻"化杀"三系繁育杂优稻种。

1977年
是年,美光红瓦屋试种3.73亩早造矮优2号,亩产1 056.9斤,创全县单产之最。

1979年
2月,石灰铺动员复退军人12人重返前线,参加中越边境自卫还击作战。

是年冬,全社地主、富农分子帽子被摘,其子女成分定为社员。

1980年
2月,石灰铺落实党的政策,妥善安置干部、职工、教师等31人的工作。

是年,恢复原独山农历二、八墟日,美村农历一、五墟日。

1981年
5月,石灰铺召开致富敢富动员大会,表彰石朝友等5位"万元户"。

8月，省野生稻资源普查组，在松柏塱罗汉塘发现30亩野生稻，其中成片20亩。

1982年

5月12日，连江流域发生特大暴雨，子塘河、石灰铺河、竹田河洪水暴涨，沿岸农田作物受浸，房屋倒塌无数，1.1万人被洪水围困，3 800人无家可归，死亡14人；冲走粮食82万斤、化肥250吨、白糖7 000斤；浸死耕牛、生猪共608头。

7月，全社推行家庭联产承包责任制，分田分地分山责任到户。

1983年

12月，撤销公社、生产大队、生产队建制，实行社改区、大队改乡，设石灰铺区公所。

是年，石灰铺区种植桑树4 500亩，成为英德县蚕桑基地主产区之一，涌现出许多家庭式蚕桑场和养蚕专业户。

1984年

是年，石灰铺区实现村村（自然村）通电目标。

1985年

4月，石灰铺区计划生育办公室成立。

1986年

12月，石灰铺区自筹资金，兴建150千瓦打鼓墩烂陂水电站（今锦潭七级电站）。

1987年

4月，撤区设镇，石灰铺区公所改为石灰铺镇，乡改为管理区。

是年，光明林场试种麻竹笋成功。此后，石灰铺成为"麻竹笋之乡"主产区之一。

1990年

2月，全镇16个村民委员会改为管理区办事处，为镇政府派出机构。

1991年

7月，林社金调九龙镇任镇委书记，林石荣接任镇委书记。

1992年

1月14日，曾庆群任石灰铺镇委副书记。

4月9日，镇第九届人民代表大会第三次会议召开，选举许木星为副镇长，通过了《关于集资兴建石灰铺镇第二初级中学的议案》。

11月9日，保安爆竹厂（位于塘坭桥牛坳下）发生特别重大爆炸事故，死亡16人，轻伤2人。

1993年

2月15日，镇第十届党代会召开。林石荣当选为镇委书记，曾庆群、石社坤当选为镇委副书记，包儒修、谢有才、周秀珍、曾灶林当选为镇委委员，包儒修当选为镇纪检书记。

2月24日，镇第十届人民代表大会召开，选举江有佩为人大主席团主席、曾庆群为镇长，范后忠、许木星、巫凯声为副镇长。

6月28日，镇第八届妇代会召开，选举周秀珍为妇联主任。

7月10日，共青团镇第十次代表大会召开，选举赖国胜为团委书记，蓝惠忠、黄元娣为团委副书记。

1994年

3月17日，宝江水泥材料有限公司签字仪式在镇政府举行。

5月3日，镇第十届人大二次会议，通过兴建石灰铺二中及选址议案，通过石灰铺镇1994年集资维修乡村道路的议案。

6月18日，7月14日，发生特大洪灾，全镇受灾人口2.36万，水稻绝收870.6公顷、倒塌房屋246间、死亡牲畜27头，直接经济损1 514.76万元。

7月19日，清远市中级人民法院在我镇召开宣判执行大会，对石利明、石利金等两名抢劫杀人犯进行宣判死刑，执行枪决。

1995年

1月8日，年吞吐量50万吨级的宝江水泥厂码头建成并投入使用。

1月22日，石灰铺镇程控电话开通。

2月17日，镇委书记林石荣调英德市企委，曾庆群接任镇委书记。

7月15日，石灰铺液化气厂建成并投产。

7月23日，英德市宝江水泥材料有限公司水泥熟料厂举行试产庆典仪式。

8月20日，投资200万元兴建的石灰铺第二初级中学，投资100万元兴建的石灰铺一中综合大楼和学生宿舍楼建成并投入使用。

8月23日，石灰铺碧林生宝饮料厂建成并投产。

是年，石灰铺镇被英德市委、市政府评为一等先进单位。

1996年

1月29日，镇第十一届党代会召开，会议选举曾庆群任镇委书记，石社坤、朱国如任镇委副书记，钟光惜、曾灶林、包儒修、黄锡辉、周秀珍任镇委委员，包儒修任镇纪检书记。

3月26日，镇第十届人民代表大会召开，会议选举江有佩为人大主席，石社坤为镇长，范后忠、许木星、包儒修、罗家跃为副镇长。

5月8日，中共中央政治局委员、广东省委书记谢非一行视察石灰铺苦丁茶饮料厂。

6月19日，共青团石灰铺镇第十一届代表会召开，会议选举蓝惠忠为共青团石灰铺镇委书记，黄元娣、江育和为共青团镇委副书记。

7月19日，镇第九届妇代会召开，会议选举周秀珍为镇妇联主席。

是年，石灰铺镇被英德市委、市政府评为一等先进单位。

1998年

是年，石灰铺镇开展撤区设村工作，原管理区改为村民委员会。

1999年

1月25日，镇第十二次党代会召开，会议选举曾庆群为镇委书记，林奕平、朱国如、郭永红为镇委副书记，石社坤、钟光惜、包儒修、黄锡辉、彭志勤、李中诏为镇委委员，包儒修为镇纪检书记。

11月12日，镇第十届妇代会召开，会议选举付莲花为镇妇联主席。

是年，全镇普及水稻抛秧技术。

2002年

1月6日，镇第十三次党代会召开，会议选举曾庆群为镇委书记，范秀和、陈秀兴为镇委副书记。

1月9日，镇第十三届人民代表大会召开，会议选举曾庆群为人大主席，包儒修为人大副主席，范秀和为镇长，钟光惜、黄锡辉、孙少伟、杨东林为副镇长。

2003年

6月，曾庆群书记调西牛镇党委任职。

2004年

1月18日，石景河景区对外开放。

2005年

10月21日，镇第十三届人民代表大会六次会议召开，会议选举蓝惠忠为人大副主席，钟光惜、刘丁科、范秀和为副镇长。

是年，由英德市永源水力发电有限公司开发建设的箭塘五级、坝角六级、烂陂七级、高桥下八级、桥头九级等锦潭河梯级水电站竣工发电。

2006年

2月20日，投资3 000万元的蚕茧拉丝项目落户石灰铺镇。

3月19日，总投资2 500万元的能成矿业有限公司开机试产，年生产能力30万吨。

3月28日，镇政府及社会各界筹资140多万元铺设1.8公里的民安路和直通英洐公路的横街水泥路；投资210多万元铺设惟东公路。

3月30日，广州红联实业有限公司投资1.2亿元的公墓项目启动。

同日，省道347线英德市区至洽洸段项目改造完成。

4月28日，宝江水泥材料有限公司日产2 500吨的新型干法旋窑水泥熟料生产线竣工投产。

6月28日，镇党委、政府在中心小学举行捐款活动，为杨威龙同学募捐28 791.8元。

8月10日，镇第十四届党代会召开，会议选举范秀和为镇委书记，阙柱金、陈秀兴为镇委副书记，钟光惜、邓启轮、蓝惠忠、郭仲武、谢伟和、林谦、吴吉美为镇委委员，郭仲武为镇纪委书记。

8月13日，香港瀚都集团公司投资5 000万元的茶多酚项目落户石灰铺。

11月2日，英德市三门十二峰旅游开发项目启动。

11月23日，镇第十四届人民代表大会召开，会议选举范秀和为人大主席，蓝惠忠为人大副主席，阙柱金为镇长，钟光惜、刘丁科、陈慧蓉为副镇长。

11月20日，投资6 000多万元的碳酸钙精细粉项目启动。

是年，石灰铺镇被英德市委、市政府评选为一等乡镇。

2007年

10月15日，投资50万元的美村市场扩建项目完工。

是年，独山村坝角组筹资400多万元建设新农村，24户村民当年住上新居。

是年，投资60万元的民安、德政两条街道绿化项目完成。

是年，英德市宝江水泥余热发电项目启动，总投资5 000万元。

是年，加竣房地产开发有限公司石灰铺地产项目启动。

是年，全镇铺设水泥路面47.6公里，总投资1 200万元。

是年，石灰铺镇被英德市委、市政府评选为一等乡镇。

2008年

1月中下旬至2月中旬，受强冷空气影响，石灰铺出现大面积的"冻雨"天气，最低气温-5.2摄氏度，全镇受灾作物面积达2万多亩，冻死一批耕牛生猪家禽，直接经济损失239万元。

7月，三门十二峰漂流项目建成开业。

8月26日，广东省第四届漂流大赛在三门十二峰度假区举行。

10月，宝江水泥余热发电项目建成并投产。

是年，镇政府投入200多万元在民安、德政两条街道铺设广场砖，安装街道路灯。

是年，温氏集团英洲分公司及温氏饲料厂、温氏生猪繁育场项目落户石灰铺，总投资2.7亿元。

是年，石灰铺镇连续五年被英德市委、市政府评选为一等乡镇。

2009年

3月，盈进农场落户三门村大角园，总投资2 100万元。

4月10日，石灰铺镇第十四届人民代表大会第三次会议召开，会议选举刘军为镇长。

12月，镇委书记范秀和任副处级干部。

年底，全镇36个农村饮用水安全工程启动，总投资1 000多万元，受益人口达8 616人。

是年，广东省农业龙头企业德丰公司落户石灰铺。该公司是一家集畜牧渔养殖、水果、蔬菜、茶叶种植及农副产品加工、饲料、有机肥生产于一体的综合型农业开发企业，总投资9亿元。

是年，英西220千伏输变电站项目落户石灰铺。

是年，保安养牛场落户石灰铺，总投资5 000万元。

是年，恒驰矿业有限公司落户石灰铺，总投资8 000万元。

是年，撤销镇经营管理站、残联办，分别并入劳动保障事务所、社会事务办公室。

是年，石灰铺镇被英德市委、市政府评选为一等乡镇。

2010年

1月8日，镇委委员郭仲武调英德市纪委。

5月14日，华北调入石灰铺镇任镇委委员、镇纪委书记。

8月，郭永红任镇委书记。

9月7日，英德市市长马家庆到石灰铺调研。

9月21日，英德市"三边"整治现场会在石灰铺镇召开，市委书记徐建文到场做重要讲话，市直各单位负责人、各镇党委书记、镇长参加。

9月27日，英德市委书记徐建文到石灰铺调研。

是年，广州宗盛、集创碳酸钙加工基地落户石灰铺，总投资1.5亿元。

是年，石灰铺镇政府投入640万元对英浛公路镇区路段升级改造。

是年，石灰铺镇被英德市委、市政府评选为一等乡镇。

2011年

6月18日，英德市德丰农牧发展有限公司党支部成立并举行挂牌仪式。

6月30日，石灰铺镇组织100多名干部职工参加市政府组织的"广东扶贫济困日万人行"活动，共募捐2.8万元。

7月4日，镇第十五届党代会召开，会议选举郭永红为镇委书记，刘军、郭伟锋为镇委副书记，华北、钟光惜、范秀和、王金松、林谦、陈志刚为镇委委员，华北为镇纪委书记，刘惠明为纪委副书记。

8月，镇综治维稳中心办公大楼、招待所、干部职工周转房动工兴建。

9月，三门蛇引饮水工程动工兴建，项目总投资800多万元，受益人口2万人。

同月，石灰铺教育强镇工作全面启动。规划建设中学建教师周转房两幢、中心小学学生宿舍楼一幢、综合教学楼各一幢及一所幼儿园，总投资4 200多万元。

10月12日，镇第十五届人民代表大会第一次会议召开，会议选举郭永红为镇人大主席，黎海坤为镇人大副主席，刘军为镇长，蓝惠忠、林谦、刘丁科、曾文亮为副镇长。

2012年

1月，刘军调英德市政协工作。

5月15日，林秀丽调入石灰铺任镇委副书记、镇长候选人。

5月16日，清远市市长江凌在英德市市长马家庆、石灰铺镇委书记郭永红的陪同下，深入石灰铺调研。

6月4日，清远市委书记葛长伟深入石灰铺镇调研"三农"工作，视察了英德市德丰农牧发展有限公司。

6月15日，镇第十五届人民代表大会第二次会议召开，会议选举林秀丽为镇长。

7月4日，清远市人大常委会副主任邓光荣到石灰铺镇调研。

8月13日，投资140多万元的石灰铺综治信访大楼和投资300多万元的会议室综合大楼竣工并投入使用。

8月，石灰铺镇被清远市评为"畜禽生产大镇"。

10月8日，镇农业技术综合服务中心成立，内设农业组、林业组、水利组、畜牧水产组和农产品质量安全监督检查站。

10月18日，广东省长朱小丹深入石灰铺镇保安村青山下视察新农村建设工作。

11月5日，英德市代市长黄镇生到石灰铺调研，视察了英德市德丰农牧发展有限公司和金鸡山公园。

2013年

1月18—19日，石灰铺镇创省教育强镇工作通过省督导评估组验收。

3月13日，总投资1 000多万元的三门蛇引饮水工程竣工并投入使用。

3月15日，清远市纪委书记邓梁波在英德市纪委书记梁润江、镇委书记郭永红等的陪同下深入石灰铺调研基层党风廉政建设工作。

3月18日，广东省教育厅授予石灰铺镇"广东省教育强镇"称号。

4月8日，英德市委书记徐建文在市委常委刘达维的陪同下深入石灰铺调研，对农村改革、新农村建设、小城镇建设作重要指示。

5月8日，英德市副市长、公安局长廖贤就、清远市公安局交警支队政委李神层等到石灰铺镇派出所调研。

6月，清远市龙头企业创美农业有限公司落户友联乌坭巷。

8月16日，受台风"尤特"影响，保安、新联、竹田、大田、社区等村（居）委遭受严重洪涝灾害，15 829亩农作物受浸绝收，1 214间房屋倒塌，受灾人口29 937人，直接经济损失达2.2亿元。

10月11日，清远市副市长谢杰斌在镇委书记郭永红的陪同下，到石灰铺调研，并指导灾后复产重建工作。

11月6日，广东省丘陵山区农业机械化技术推广现场会在石灰铺镇德丰农牧发展有限公司举行。

12月13日，石灰铺镇美村市场落成。

2014年

1月，石灰铺中心小学被广东省档案局授予"省一级档案综合管理单位"。

1月5日，石灰铺镇英西城农贸市场升级改造完工并隆重开业。

3月18日，全镇村（居）"两委"换届选举工作完成，支书主任"一肩挑"100%，两委交叉人数41人。

3月28日，镇第十五届人大四次会议召开，会议听取并审议通过《政府工作报告》《人大工作报告》《2013年财政决算和2014年财政预算报告》。

5月22日，受强暴雨影响，石灰铺镇大田、竹田、新联、友联等村农作物受浸，石大公路竹田段塌陷；墟镇被淹两天两夜，商户损失惨重；三门坑边村200多亩良田被泥石流覆盖，全倒户8户，蛇引饮水工程供水中断一个星期。全镇直接经济损失2亿元。

5月31日，清远市委书记葛长伟到石灰铺镇三门坑边村视察灾情，指导救灾复产工作。

12月12—14日英德市首届农民运动会中，石灰铺代表队获抛秧苗项目第一名，搬红薯项目第二名，剥花生项目第四名，全健排舞项目第一名。

12月15日，英德市委书记徐建文到农村综合改革示范点——石灰铺镇竹田村调研农村综合改革工作。

是年，广东绿源生态旅游公司、英德市英州红茶叶有限公司、三门肉牛养殖场、领地山庄观光饮食等4个新签约项目落户石灰铺，签约金额2.52亿元。

镇政府投资180万元，完成乡村道路建设4.7公里，其中社区赖屋1.4公里、美光茶场至乌泥湾900米、市烟花爆竹仓库400米、下屋1.2公里、独山簕塘800米。

是年，石灰铺镇被评为广东省"宜居乡镇"。

参考书目：嘉靖版《韶州府志》、同治版《韶州府志》、康熙版《英德县志》、道光版《英德县志》、民国版《英德县志》、《英德县政府志》（1994年版）、《英德县志》（2006年版）、《清远市志》（2012年版）、《清远市改革开放大事记》、《英德年鉴（2003—2015年）》、《英德政协文史资料》（第10～15集）、《英德市电力工业志》、《英德县农业志》、《英德县水利志》等。

后记

　　编写一本关于石灰铺历史人文的读本，是石灰铺镇各界的共同愿望。2006年以来，镇文史小组，就已着手做了大量前期走访群众、实地勘查、搜寻挖掘、资料整理、翻阅史料等基础性的工作。2014年初，在镇委书记郭永红、镇长林秀丽等领导的关心和支持下，《畅古谈今：印象石灰铺》一书的编写工作正式启动，镇政府组织了以副镇长蓝惠忠领衔的编辑团队。编辑组成员怀着满腔热情、崇高的使命感积极投入工作，从下乡采访到实地勘查，从搜集原始资料到组织提炼、斟词酌句、谋篇布局、审稿定稿，经过两年多的艰辛努力才得以付梓。

　　《畅古谈今：印象石灰铺》一书系统介绍了石灰铺镇的地理环境、历史沿革、社会经济、教育卫生、文化民俗、地方特产、姓氏源流、地方人物等方面的内容，向社会各界推介石灰铺、宣传石灰铺。本书在编写与出版过程中，得到镇直属各部门、各村（居）委、驻镇各企业等的积极参与；并得到了曾庆群、吴德奖、丘金生、石丰洋、曾庆暖、谢绍美、吴茂煌、李玉清、石树修、石朝玉、江有佩、张文传、王式猛、王式佳、曾献瑞、蓝远、蓝春和、胡克泉、郭彬等老领导、老同志和许多石灰铺文化学者的鼎力支持，他们对文稿提出许多具有建设性的意见和建议；本书的出版发行得到了刘光京、黄焕党、刘太英、石神金、王帮荣、黎志坚、江有存、蓝宗胜、王文托、石燕婷、钟秋旺、叶会群、赖奕武、曾细妹、胡可艺、江有贺、郭国询、蓝炎、吴开情、刘卫东等一批石灰铺籍商界精英的慷慨相助。在此向他们表示崇高的敬意与衷心的感谢!

　　本书得到了政协英德市文史委、英德市史志办、英德市博物馆、英德市图书馆、英德市档案馆、《清远日报》英德记者站等单位大力支持,我们收集了许多作者的图文资料,并根据编排需要做了适当删改;编写组还查阅并引用了大量英德、清远及韶关等地方史志文献及兄弟镇(街)有关文史资料;同时,吴、江、胡、刘、丘、李、林、范、巫、蓝、王、曾、赖、石等姓氏族人提供了族谱支持。限于篇幅,未能一一列举,在此一并致谢!

　　本书虽几易其稿,反复校勘,但由于时间仓促,加之我们专业水平有限,书中错漏在所难免,恳请读者批评指正。

编写组

2015 年 10 月